教育部高等学校旅游管理类专业教学指导委员会规划教材

旅游消费者行为

LÜYOU XIAOFEIZHE XINGWEI

◎ 林德荣 郭晓琳 编著

重庆大学出版社

内容提要

本书是教育部高等学校旅游管理类专业教学指导委员会规划教材中4门核心课程教材之一。本教材遵循规划教材编写指南要求,紧紧围绕"十三五"时期我国旅游高等教育新型人才的培养目标,以旅游消费者行为学基本理论为基础,以旅游消费者的旅游过程为主线,系统地剖析了旅游消费者的需要与动机、旅游购买决策过程、旅游消费者体验、旅游购后评价与行为,以及影响旅游消费者决策行为的内、外部因素。全书共12章,内容包括:旅游消费者行为概论,旅游消费者需要与动机,旅游消费者购买决策,旅游消费者体验,旅游购后评价与行为,旅游消费者个性与自我概念,旅游消费者的感知,旅游消费者的学习与记忆,旅游消费者的态度,文化、亚文化与旅游消费者行为,社会群体与旅游消费者行为,旅游目的地形象与情境的影响。

本教材力求做到说理简明扼要、知识完整系统、方法先进具体、案例典型实用,能反映当下旅游消费者行为研究的热点问题,体现明显的时代特色。本教材可以作为高等院校旅游管理类专业(含旅游管理、酒店管理、会展经济与管理专业)以及相关专业类本科生教材和教师的教学参考书,也可供旅游业界,包括企业管理人员、旅游行政管理人员学习参考。

图书在版编目(CIP)数据

旅游消费者行为/林德荣,郭晓琳编著.--重庆:重庆大学出版社,2019.8(2022.4 重印)
教育部高等学校旅游管理类专业教学指导委员会规划教材
ISBN 978-7-5689-1551-9

Ⅰ.①旅… Ⅱ.①林… ②郭… Ⅲ.①旅游—消费者行为论—高等学校—教材 Ⅳ.①F590

中国版本图书馆 CIP 数据核字(2019)第 086815 号

教育部高等学校旅游管理类专业教学指导委员会规划教材
旅游消费者行为
林德荣　郭晓琳　编著
责任编辑:尚东亮　　版式设计:尚东亮
责任校对:谢　芳　　责任印制:张　策

＊

重庆大学出版社出版发行
出版人:饶帮华
社址:重庆市沙坪坝区大学城西路 21 号
邮编:401331
电话:(023)88617190　88617185(中小学)
传真:(023)88617186　88617166
网址:http://www.cqup.com.cn
邮箱:fxk@ cqup.com.cn(营销中心)
全国新华书店经销
重庆升光电力印务有限公司印刷

＊

开本:787mm×1092mm　1/16　印张:15.75　字数:365千
2019 年 8 月第 1 版　　2022 年 4 月第 4 次印刷
印数:9 001—14 000
ISBN 978-7-5689-1551-9　定价:39.90 元

编委会

总 序

一、出版背景

教材出版肩负着吸纳时代精神、传承知识体系、展望发展趋势的重任。本套旅游教材出版依托当今发展的时代背景。

一是落实立德树人这一根本任务,着力培养德智体美劳全面发展的中国特色社会主义事业合格建设者和可靠接班人。以习近平新时代中国特色社会主义思想为指导,以理想信念教育为核心,以社会主义核心价值观为引领,以全面提高学生综合能力为关键,努力提升教材思想性、科学性、时代性,让教材体现国家意志。

二是世界旅游产业发展强劲。旅游业已经发展成为全球经济中产业规模最大、发展势头最强劲的产业,其产业的关联带动作用受到全球众多国家或地区的高度重视,促使众多国家或地区将旅游业作为当地经济的支柱产业、先导产业、龙头产业,展示出充满活力的发展前景。

三是我国旅游教育日趋成熟。2012 年教育部将旅游管理类本科专业列为独立一级专业,下设旅游管理、酒店管理、会展经济与管理 3 个二级专业。来自文化和旅游部人事司的统计,截至 2017 年年底,全国开设旅游管理类本科的院校已达 608 所,其中,旅游管理专业501 所,酒店管理专业 222 所,会展经济与管理专业 105 所。旅游管理类教育的蓬勃发展,对旅游教材提出了新要求。

四是创新创业成为时代的主旋律。创新创业成为当今社会经济发展的新动力,以思想观念更新、制度体制优化、技术方法创新、管理模式变革、资源重组整合、内外兼收并蓄等为特征的时代发展,需要旅游教材不断体现社会经济发展的轨迹,不断吸纳时代进步的智慧精华。

二、知识体系

本套旅游教材作为教育部高等学校旅游管理类专业教学指导委员会(以下简称"教指委")的规划教材,体现并反映了本届"教指委"的责任和使命。

一是反映旅游管理知识体系渐趋独立的趋势。经过近 30 年的发展积累,旅游管理学科在依托地理学、经济学、管理学、历史学、文化学等学科发展基础上,其知识的宽度与厚度在不断增加,旅游管理知识逐渐摆脱早期依附其他学科而不断显示其知识体系成长的独立性。

二是构筑旅游管理核心知识体系。旅游活动无论作为空间上的运行体系,还是经济上的产业体系,抑或是社会生活的组成部分,其本质都是旅游者、旅游目的地、旅游接待业三者的交互活动,旅游知识体系应该而且必须反映这种活动的性质与特征,这是建立旅游知识体系的根基。

三是构建旅游管理类专业核心课程。作为高等院校的一个专业类别,旅游管理类专业需要有自身的核心课程,以旅游学概论、旅游目的地管理、旅游消费者行为、旅游接待业作为旅游管理大类专业核心课程,旅游管理、酒店管理、会展经济与管理3个专业再确立3门核心课程,由此构成旅游管理类"4+3"的核心课程体系。确定专业核心课程,既是其他管理类专业成功且可行的做法,也是旅游管理类专业走向成熟的标志。

三、教材特点

本套教材由教育部高等学校旅游管理类专业教学指导委员会组织策划和编写出版,自2015年启动至今历时3年,汇聚了全国一批知名旅游院校的专家教授。本套教材体现出以下特点:

一是准确反映国家教学质量标准的要求。《旅游管理类本科专业教学质量国家标准》既是旅游管理类本科专业的设置标准,也是旅游管理类本科专业的建设标准,还是旅游管理类本科专业的评估标准。其重点内容是确立了旅游管理类专业"4+3"核心课程体系。"4"即旅游学概论、旅游目的地管理、旅游消费者行为、旅游接待业;"3"即旅游管理专业(旅游经济学、旅游规划与开发、旅游法)、酒店管理专业(酒店管理概论、酒店运营管理、酒店客户管理)、会展经济与管理专业(会展概论、会展策划与管理、会展营销)的核心课程。

二是汇聚全国知名旅游院校的专家教授。本套教材作者由"教指委"近20名委员牵头,全国旅游教育界知名专家和教授,以及旅游业界专业人士合力编写。作者队伍专业背景深厚,教学经验丰富,研究成果丰硕,教材编写质量可靠,通过邀请优秀知名专家和教授担纲编写,以保证教材的水平和质量。

三是"互联网+"的技术支撑。本套教材依托"互联网+",采用线上线下两个层面,在内容中广泛应用二维码技术关联扩展教学资源,如导入知识拓展、听力音频、视频、案例等内容,以弥补教材固化的缺陷。同时,也启动了将各门课程搬到数字资源教学平台的工作,实现网上备课与教学、在线即测即评,以及配套老师上课所需的教学计划书、教学PPT、案例、试题、实训实践题,以及教学串讲视频等,以增强教材的生动性和立体性。

本套教材在组织策划和编写出版过程中,得到了教育部高等学校旅游管理类专业教学指导委员会各位委员、业内专家、业界精英以及重庆大学出版社的广泛支持与积极参与,在此一并表示衷心的感谢!希望本套教材能够满足旅游管理教育发展新形势下的新要求,为中国旅游教育及教材建设开拓创新贡献力量。

教育部高等学校旅游管理类专业教学指导委员会
2018年4月

前　言

　　旅游消费者行为是伴随旅游业发展而产生的一种社会经济和文化现象。中国改革开放40年来，随着社会经济的日益发展和人民生活水平的不断提高，外出旅游已经成为人们的生活方式，而旅游消费也就成了人们生活中很重要的一部分。

　　中国已成为世界上旅游消费增长最快的国家之一。据国家旅游局2018年2月6日消息，2017年全年我国国内旅游人数达到50.01亿人次，比上年同期增长12.8%；出境旅游人数为1.30亿人次，全年实现旅游总收入5.40万亿元，增长15.1%。

　　近年来，随着人们外出旅游次数的增多和旅游经验的丰富，我国旅游消费者日趋成熟，他们已经不能满足于早先那种走马观花式的团队旅游观光模式，而开始选择与家人、朋友，或者同事一起，以"私人定制"的自由行方式外出游览。尤其是年轻一代的旅游消费者对旅游产品的选择日益多样化和个性化。在旅游购买决策中，他们不仅关注旅游设施，而且越来越重视服务质量和旅游体验，尤其关注旅游产品品牌个性与自我概念的一致性。因此，旅游目的地管理者和旅游业者必须重视旅游消费者的需求和行为特征，关注影响旅游购买决策的主要因素，采取有针对性的营销策略和管理措施，切实提高服务质量和服务水平，满足旅游消费者不断变化的需求。这也是旅游营销学者时常强调的，不了解目标市场旅游消费者的心理与行为特点，就无从谈起制定正确的营销策略和取得最佳的营销效果。

　　可见，旅游消费者行为研究在旅游市场营销理论体系中占有重要的基础性地位，是研究旅游市场细分、目标市场选择、市场定位、营销战略与策略组合的基本出发点。这就要求加快研究旅游消费者行为理论和培养相关管理人才。而培养管理人才的关键是要有一支先进的、具有国际化视野的、能够把理论与实践相结合的师资队伍，以及一套能够适应时代需求的、具备完整理论体系和实践要求的教材。为此，2017年，教育部高等学校旅游管理类专业教育指导委员会决定牵头组织编写一套紧密依托《旅游管理类专业教学质量国家标准》，以委员主编为主，突出创新创业教育、应用型本科教育和"互联网＋"的特点，集中反映近几年来全国旅游管理类专业理论研究与行业实践新成果的新时代全国性规划教材。

　　本书由林德荣、郭晓琳共同编著。全书共分12章，具体分工如下：厦门大学管理学院旅游与酒店管理系林德荣教授负责第 1 章、第 2 章的编写;浙江大学宁波理工学院商学院郭晓琳讲师负责第 3~12 章的编写;厦门大学管理学院旅游与酒店管理系博士研究生丁玲、时昭,硕士研究生彭小飞、闵欣等同学做了前期的资料搜集与整理工作;全书由林德荣进行大纲拟定和总纂定稿。

在编写过程中,我们参阅了众多国内外专家学者的相关著作、论文和国内外同行的观点及其研究成果,他们的研究为我们提供了思路和参考材料,极大地丰富了本书的内容,特此说明并谨致谢忱!

由于作者水平有限,书中疏漏与不当之处在所难免,敬请读者批评指正。

林德荣　于厦门大学

2019 年 1 月 29 日

目 录

第1章
旅游消费者行为概论

【学习目标】

- 掌握旅游消费与旅游消费者行为的相关概念、旅游消费者行为的特点；
- 了解与熟悉旅游消费者行为研究的历史；
- 掌握旅游消费者行为的基础理论和研究旅游消费者行为的意义；
- 掌握旅游消费者行为的定量、定性研究方法及两者相结合的研究方法。

1.1 旅游消费者行为的概念

要了解旅游消费者行为的概念，有必要对旅游消费与旅游者消费等相关概念做相应的辨析。

1.1.1 旅游消费与旅游者消费

1)有关旅游消费与旅游者消费的界定

国内旅游学界有关旅游消费与旅游者消费的概念之争，时至今日似乎还没有一个统一的结论。比较有代表性的观点认为，这两个概念可以从经济意义和技术意义的视角来加以界定。

（1）经济意义上界定（静态区分）

从经济意义角度出发，可以认为所谓的旅游者消费是指人们从一般消费者到旅游者角色转换后所发生的各项消费，是旅游者在自己的常住地以外的消费，其中主要包含旅游过程中的食、住、行、游、购、娱等部分，强调对旅游目的地经济的影响。而旅游消费，则是指为了方便旅游活动的顺利进行而发生的消费，是"为了旅游活动的发生发展而引致的消费，是由旅游单位（旅游者）使用或为他们而生产的商品和服务的价值"（世界旅游组织——WTO），它强调旅游消费对目的地和客源地的双向影响。即旅游消费＝旅游者消费＋旅游前及旅游后消费（涉及旅游经济影响的正确计量问题，包含关系）。

（2）技术意义上界定

旅游者消费必须是旅游者离开自己的常住地以后的消费，这是对旅游者消费在空间上的基本要求，也是旅游消费与其他形式的消费之间存在的一个不同之处。旅游者消费行为的实现必须以空间位移的实现为前提，即先必须"旅"，且要"旅"离自己的常住地之后方可进行这种消费，即表现为"异地性"。而旅游消费强调的是一个过程，是一种生产、体验、经历形成的全过程。

2）有关旅游消费的争论

旅游消费是人们的基本生活需要满足之后而产生的更高层次的消费需要，是旅游活动正常进行和旅游经济正常运行的必要条件。我国旅游学界对旅游消费概念的研究最早可追溯到20世纪80年代中期。到目前为止，关于旅游消费的概念，旅游学界比较有影响的观点不下10种：

①旅游消费是指"为了旅游活动的发生发展而引致的消费，是由旅游单位（旅游者）使用或为他们而生产的商品和服务的价值"。（世界旅游组织——WTO）

②旅游消费是指人们在游览过程中，通过购买旅游产品来满足个人享受和发展需要的行为和活动。（林南枝 等，1994）

③旅游消费是以货币形式表示的关于旅游需求在一系列服务和物产方面所花费的总和。（罗贝尔·郎加尔，1995）

④旅游消费是指人们在旅行游览过程中，为了满足其自身发展和享受的需要，而进行的各种物质资料和精神资料消费的总和。（罗明义，1998）

⑤旅游消费细分为基本消费、主动消费和随机消费三部分，其中主动消费指在参观景点、游玩娱乐等方面满足出游动机和目的的花费。（张凌云，1999）

⑥旅游消费是"人们在旅行游览过程中为了满足个人发展和享受需要而对各种产品、劳务使用和消费的行为与过程"。（邹树梅，2001）

⑦旅游消费是旅游主体在有时间保证和资金保证的情况下，从自身的享受和发展需要出发，凭借旅游媒体创造的服务条件，在旅游过程中对物质形态和非物质形态存在的旅游客体的购买和享用的支出（投入）总和。（宁士敏，2003）

⑧旅游消费实际上等价于旅游者对核心旅游产品的消费。核心旅游产品是旅游产品的原始形式，具有满足旅游者审美需要和愉悦需要的效用和价值。狭义的旅游消费就是主要以购买可借以进入景区（点）进行观赏和娱乐的票证的方式消耗个人积蓄的过程。（谢彦君，2004）

⑨旅游消费是人们满足自己精神文化需要的一种感性消费，虽然旅游消费水平要受制于经济发展水平，但旅游者一般都不把经济活动看成旅游消费的目的。（吴清津，2006）

⑩旅游消费作为一种消费方式，主要由旅游消费意识、旅游消费习惯、旅游消费能力、旅游消费水平、旅游消费结构等构成。（田里 等，2007）

3）本书采用的定义

从以上各种定义可以发现,人们在旅游消费与旅游者消费这个问题上实际还存在概念上的混淆。主要表现在:其一,把旅游消费与旅游者消费混为一谈。其二,把旅游与旅游消费混为一谈,把旅游消费当作旅游本身,或者认为旅游消费是旅游活动的中心内容,从而判断旅游是一种经济现象(谢彦君,2004)。旅游消费活动内容繁杂,影响因素很多,从实质来看,旅游消费主要是为了满足人们个人精神需要的一种较高层次的感性消费活动,是高层次的社会性消费,它是在一定社会经济条件下发生和发展的,受社会风气影响和制约的一种社会经济文化活动。

综上所述,本书关于旅游消费的定义基本采纳宁士敏(2003)的观点:即旅游消费是旅游主体在有时间保证和资金保证的情况下,从自身的享受和发展需要出发,凭借旅游媒体创造的服务条件,在旅游过程中对物质形态和非物质形态存在的旅游客体的购买和享用的支出(投入)总和。

1.1.2　旅游消费者行为

从本质上讲,现代旅游活动就是一种消费活动。因此,可以认为旅游者也就是消费者。参照上述对旅游消费作出的定义,本书所指的旅游消费包含旅游者消费,因而书中所提到的旅游消费者的行为,也就自然包含旅游者作为消费者的消费行为。

总体来说,学者们对旅游者消费行为的界定基本上沿袭了消费者行为学对消费者行为的界定,认为消费者行为可以看成由两部分构成:一是消费者的行为;二是消费者的购买决策过程。这两个过程相互渗透,互相影响,形成消费者行为的完整过程(孙九霞 等,2015)。

1）关于旅游消费行为的几种定义

①旅游消费行为是旅游者选择、购买、使用、享受旅游产品、旅游服务及旅游经历,以满足其需要的过程。旅游消费行为有广义和狭义之分。广义的旅游消费行为包括从旅游需要的产生、旅游计划的制订到实际旅游消费以及旅游结束回到家之后产生的感受(满意程度)的全过程。而狭义的旅游消费行为则强调行为是一种外在的表现,因此旅游消费行为仅指旅游者的购买行为以及对旅游产品的实际消费。(曹诗图 等,2008)

②旅游消费行为并非只是经济性的消费行为,而是受到当时的社会文化背景、消费者自身的个性以及情感等复杂因素影响的感性消费。因此,旅游消费行为可分为两部分:一是旅游者的行为,即购买决策的实践过程;二是旅游者的购买决策过程,主要指旅游者的购买实践之前的心理活动和行为倾向。(吴清津,2006)

③旅游消费行为是受到多种因素影响的,具有综合性、边缘性、超常规性特点的体验活动,而并非仅仅是简单的购买行为。它的产生、兴起、进行、结束这整个过程可以从心理、地理、社会、经济、文化等多个层次进行多角度考察。

在此基础上,谷明还提出了定义旅游消费行为的 6 个维度,即:外层定义维度(空间维度、时间维度、文化维度)、内层定义维度(经济支持维度、心理体验维度、社会互动维度)。

（谷明,2000）

④旅游消费行为是指旅游者为了满足旅游需要,在某种动机的驱使下,用货币去实现需要并获得相关服务的活动。这里的旅游消费内容,包括食、住、行、游、购、娱的全部或任一方面。（陈春,2003）

2)本书采用的定义

从上述学者对旅游消费行为的定义来看,从概念①至概念③都强调旅游消费行为是一个消费过程,是旅游者的一个购买决策过程。而概念④对旅游消费行为的定义则更像是给旅游消费的定义。综合上述看法,本书认为:旅游消费者行为是指旅游者为了满足旅游愉悦、审美以及逃逸等体验的需要,选择并购买旅游产品的过程。这个过程包括出游前需要的产生、决策过程、在旅游目的地或者景区的消费、购后评价等几个主要环节。

1.2 旅游消费者行为的特征

同样地,要了解旅游消费者行为的特点,就必须首先了解旅游消费的特点。

1.2.1 旅游消费的特征

旅游消费作为一种特殊的、情感性消费形式,是一个对多种形式的产品和服务进行消费的多层次、多环节的综合现象,它是在旅游过程中产生的,贯穿于整个旅游活动过程中。旅游消费具有以下基本特征（贺小荣,1999;孙九霞 等,2015）:

1)从本质上看,旅游消费是经济性消费

消费是经济学中的一个基本概念。同样,旅游消费也是旅游经济学的一个基本概念。因此,旅游消费带有天然的经济性。此外,旅游消费的每个环节,无论是食、住、行,还是游、购、娱,都无不与金钱,与消费者的经济承受力息息相关。研究表明,当人均 GDP 达到 300~400 美元时,开始产生近距离的国内旅游消费;当人均 GDP 达到 1 000 美元时,开始产生面向周边国家和地区的近程出境旅游消费;当人均 GDP 达到 3 000 美元时,开始产生中程距离的国际旅游消费;当人均 GDP 超过 6 000 美元时,开始产生远程的洲际旅游消费。

2)从时间上看,旅游消费是闲暇性消费

旅游消费行为的实现必须具备一个最基本的条件,即充裕的闲暇时间。人们闲暇时间多,则可以进行长时间、长距离的旅游消费,闲暇时间少,则只能选择近距离的花费时间少的旅游消费。闲暇时间对人们的旅游消费行为具有决定性的作用。当然,闲暇性消费有多种类型,但旅游消费反映了人们闲暇消费的需求趋势,已经成为闲暇消费的一种重要类型,它集度假、观光、休闲、康乐于一体,是其他类型的闲暇消费所不能匹敌和替代的。

3) 从主体内容上看, 旅游消费是一种综合的文化性消费

发展旅游业, 经济是基础, 文化是灵魂。没有文化含量的旅游产品是很难吸引旅游者前去购买的。旅游消费的综合的文化性特征, 主要体现在其消费内容、消费对象及旅游结果上。首先, 从消费内容来看, 旅游消费所包含的核心旅游产品、旅游媒介产品和旅游纪念品等都富有地方特色的文化内涵。而核心旅游产品从类型上来说它包含了观光型、休闲度假型、消遣娱乐型、文化科普型、宗教朝觐型、公务商务型及家庭个人事务型等形式, 又具有综合性特点。其次, 从消费对象来看, 为了实现旅游目的, 旅游者必须凭借某种交通工具, 在旅途中必须购买一定的生活必需品和旅游用品, 解决吃饭、住宿等问题, 是集食、住、行、游、购、娱于一体的综合的文化性消费活动。最后, 从旅游结果来看, 旅游消费不仅满足了旅游者的精神享受需要, 陶冶了情操, 提高了身体素质, 同时还开阔了视野、增长了知识。所以, 旅游消费是旅游消费主体、旅游消费客体和旅游消费媒体相互作用所表现出来的一种综合的文化性消费。

4) 从人际关系上看, 旅游消费是情感性消费

旅游消费是通过旅游消费者消费一定数量的旅游产品来实现的。而旅游产品不同于一般产品。在一般产品中, 人的劳动价值物化在物质产品中, 人与人之间的关系被具体的物所掩盖。而在旅游产品中, 人的劳动价值不是物化在物质产品中, 而是以人对人直接服务的形式体现出来, 反映的是人与人之间的情感关系, 即旅游服务人员和旅游消费者之间的情感关系。在旅游消费过程中, 旅游服务人员与旅游消费者直接接触这一特点, 决定了旅游管理人员、服务人员个人素质的高低, 服务态度的好坏将会对旅游消费者的精神、情感产生极其深刻的影响, 甚至决定着一次旅游消费活动的成败。高质量的情感服务将给旅游消费者留下终生难忘的美好回忆, 并可能导致旅游者对该旅游目的地的依恋。反之, 则只能给他们以噩梦般的感觉, 甚至从此望"游"却步。这充分说明了情感因素在旅游消费中具有极其重要的地位。

5) 从过程上看, 旅游消费是一种体验性消费

旅游消费主要是为了实现旅游者的旅游体验, 无论是一次赏心悦目、陶冶情操的快乐之旅, 还是一次感觉糟糕、不愿再提起的厄运之行, 旅游者在此过程中都得到了一种不同于平常的体验。虽然旅游消费在本质上是精神消费, 但旅游者在完成这种消费时的具体行为却对旅游消费的对象物本身及其存在环境有着实际的物质影响, 并可直接或间接地通过货币形式体现。

6) 从消费环境上看, 旅游消费是一种脆弱性消费

首先从内部消费环境看, 旅游消费受到旅游消费主体、旅游消费客体和旅游消费媒介物的影响。比如, 旅游消费主体的受教育程度、收入状况、闲暇时间的多寡、身体状况、家庭状况, 旅游消费客体的旅游环境质量、门票价格、可进入性, 旅游媒介物的信誉、设施状

况、服务质量等,其中的任何一个因素都可以影响一次旅游消费活动的实现与否。其次从外部消费环境看,旅游消费受一个国家或地区的政治、经济、社会稳定状况的影响。如果一个国家的政局波动、经济出现危机、社会动荡,则这个国家或地区的旅游消费活动将不可避免地受到冲击。可见,旅游消费是一种受内、外部消费环境影响极大的脆弱性消费。

1.2.2 旅游消费者行为的特点

与旅游消费的特点一脉相承的是,旅游消费者行为具有复杂性、受动机驱使和具有个体差异性等特点。

1) 旅游消费者行为具有复杂性

旅游消费者行为包含着多方面的意义。首先,从过程上看,一般产品消费过程可划分为购买、消费、处置等3个可明显分离、依序发生的阶段。但是,这3个阶段在旅游消费过程中并非泾渭分明,尤其是随着现代通信技术的发展,网上预订、网上支付成为一种常见的方式后,旅游消费者的购买阶段和消费阶段并没有明显的分界线。其次,从行为上看,旅游者在消费之前、消费过程中会受到旅游者的态度、动机、认知、经历、所处的社会、经济、文化背景的影响。另外,旅游消费者往往在购买旅游产品的同时就开始评估旅游经历,并在整个消费过程中以及消费之后继续评估自己的旅游经历,而不是像有形产品消费者那样,在使用产品之后才开始评估产品。而且,旅游消费者对旅游消费的评估往往夹杂着主观性较强的情感因素。此外,与有形产品相比,大多数旅游消费过程都不存在处置阶段。所以,旅游消费者行为是一个复杂的过程。(孙九霞 等,2015)

2) 旅游消费者行为受到旅游动机驱使

旅游消费者的行为,毫无疑问地将受到旅游动机的驱动。旅游消费者行为的多样化,也是旅游动机多样化的必然结果。不同的旅游动机,所表现出来的旅游消费行为是不一样的。比如,旅游者所持的是审美型旅游动机,则他所要选择的旅游目的地应该是风光独具的景区、景点,或者是历史文化遗产地,或者是极具地方特色的少数民族地区;若是出自商务旅游动机,旅游者则会选择都市区,其食住行等方面的行为就会与审美型的旅游行为有所不同。

3) 旅游消费者行为具有个体差异性

从人口学特征的角度看,每个旅游消费者的学历、收入、年龄、职业、信仰等,是不会完全相同的。即使有一部分旅游消费者具有相似的人口统计学特征,但其生活方式和个性也不会相同。因此,每个旅游消费者的行为、爱好等就会有个体差异化的特征。这也给旅游目的地的接待工作带来了不小的困难。这就要求旅游接待单位在确保标准化服务的基础上,最好能够做到个性化服务,最大限度地满足旅游消费者的合理需求,给旅游消费者留下难忘的回忆。

1.3　旅游消费者行为的理论基础

现代科学发展过程中,各学科之间的理论和方法上的相互借鉴和综合运用,使得一些新学科具有一个明显的特征:它们既不属于自然科学体系,也不属于社会科学体系,甚至也不属于技术科学体系,它们是在解决社会实践问题的过程中,由自然科学、社会科学和技术科学的相关内容互相渗透、相互综合后而产生的一种具有新的性质的科学体系——综合性学科。旅游消费者行为就是这样的一门学科。构成旅游消费者行为研究的理论来源和基础主要包括心理学(普通心理学、社会心理学)、社会学、人类学、经济学和行为科学等相关领域的成果。

1.3.1　心理学

心理学是一门研究人类的心理现象、精神功能和行为的科学,既是一门理论学科,也是一门应用学科。心理学作为一门科学,是从 1879 年德国学者冯特受自然科学的影响,建立心理实验室,脱离思辨性哲学成为一门独立的学科开始的。该学科经过一百多年的发展,已经形成了相应的不同分支。心理学对个体的研究包括人的动机、知觉、态度、个性、情绪、学习过程等。心理学对消费者行为的研究把消费者购买行为中的心理现象作为其研究的侧重点,并认为消费者是一个心理、意识和行为融为一体的个体,消费者行为是消费者消费心理和消费需求不断满足的过程。因此,心理学的理论和研究方法为更好地理解旅游消费者行为提供了帮助,包括需求的唤起、消费决策的过程、消费者特质产生的影响等,与旅游消费者行为研究息息相关的是普通心理学和社会心理学。

1)普通心理学

普通心理学是心理学的主干分支学科,研究对象是一般正常人的心理现象及其基本规律。研究的具体内容包括:心理动力、心理过程、心理状态和个性心理 4 个方面。心理过程及其机制、个性心理特征的形成过程及其机制、心理过程和个性心理特征相互关系的规律性是普通心理学研究的核心内容。普通心理学的具体内容,如表 1.1 所示(杜炜,2009)。

表 1.1　普通心理学的具体内容

心理动力系统	心理动力系统决定着个体对现实世界的认知态度和对活动对象的选择与偏好
心理过程	心理过程是指人的心理活动发生、发展过程,即客观事物作用于人脑并在一定时间内大脑反映客观现实的过程,包括认知过程、情感过程和意志过程,三者合在一起简称"知情意"

续表

心理状态	心理状态是介于心理过程与个性心理之间的既有暂时性又有稳固性的一种心理现象,是心理过程与个性心理统一的表现
个性心理	个性心理是显示人们个别差异的心理现象。由于每一个人先天因素、生活条件、教育影响、从事实践活动等不同,心理过程在每个人身上产生时又带有个人特征,这样就形成个人的兴趣、能力、气质、性格不同。人的心理现象中的兴趣、能力、气质和性格,称为个性的心理特征

2)社会心理学

社会心理学从一开始就比较关注具体的个人行为和心理问题如何受到社会的影响。它是一门系统地研究处于社会环境中的个人和群体的社会行为及社会心理的本质和原因,并预测其发展和变化的科学。(孙九霞 等,2015)社会心理学的具体研究对象主要包括 4 个方面:个体的心理及行为(人的社会化、自我与同一性、社会动机、社会感觉和认知、态度改变)、社会交往和互动的心理及行为(人际关系、社会影响、社会结构和互动)、群体心理及行为、社会心理学的应用研究。社会心理学形成之后,一直存在两种不同的研究取向。其一是心理学取向的社会心理学,在研究方法上以实验法为主,侧重对个体心理现象的研究,主要流派有精神分析、行为主义和认知流派等。其二是社会学取向的社会心理学,研究方法借鉴社会学的研究方法,使用调查法、观察法和访谈法等多种研究方法,产生了符号互动论和社会交换理论等学派。这两个学派虽然存在分歧,但也逐渐表现出整合的趋势。其中,心理动力理论、社会学习理论、社会认知理论、符号互动理论与社会交换理论是社会心理学研究中的重要理论。具体如表 1.2 所示(乐国安,2003)。

表 1.2　社会心理学研究中的重要理论

重要理论	代表人物	理论要点
心理动力学理论	弗洛伊德 R. P. 库佐尔特 阿德勒 霍妮 弗洛姆	弗洛伊德的经典精神分析学说中不乏有关社会心理学的重要思想。其中尤以"本能""超我""人格发展"和以俄狄浦斯情结为核心的群体心理学学说最为明显。之后的社会文化学派更将社会的研究视角作为发展心理动力学派的必然立足点,例如,阿德勒的社会兴趣学说、霍妮的基本焦虑学说、弗洛姆的社会潜意识学说等
社会学习理论	J. B. 华生 赫尔与斯金纳 班杜拉	发端于行为主义的社会学习理论认为,外部环境比内在心理机制更能影响人的行为。人类的社会行为主要通过社会学习习得和改变。社会学习理论的代表人物班杜拉指出,学习行为的获得与学习行为的表现是两个相对独立的过程。就行为而言,强化是必要因素;就行为获得而言,强化只是促进因素之一

重要理论	代表人物	理论要点
社会认知理论	勒温 海德 费斯汀格 琼斯和戴维斯·凯利 马库斯	社会认知理论学家重视人内在的心理活动与结构,重点研究个体的认知结构,认为人类的行为受其内在认知过程的支配。社会认知的一致性理论与社会认知的归因理论是社会认知理论两大传统亚理论范畴,而马库斯等人提出的"自我图示"——信息加工的认知心理学则从另一个维度发展了社会认知理论体系
符号互动理论	乔治·米德	米德的符号互动理论注重人的主体性与能动性,从复杂群体活动的社会整体出发分析个体行为,方法论上纠正了还原论,为更广阔的研究视野提供可能。米德之后,很多研究者从自己的角度对符号互动进行了改造和发展,其中包括角色理论、戏剧理论、参照群体理论等
社会交换理论	霍曼斯 彼得·布劳	霍曼斯将古典经济学与行为主义学说融为一体,建立了一系列有关社会交换过程的基本命题,而布劳则从交换关系的建立和权力结构的形成两个问题出发,发展了社会交换理论。社会交换理论试图探索人们在社会交换中出现的基本心理过程及其与交换行为之间的关系,较成功地解释了人类利己主义理性层面的行为
后现代社会心理学	米歇尔·福柯	发轫于 20 世纪八九十年代,作为主流社会心理学的反叛者,质疑实证的、还原的"科学心理学"研究范式,主张探讨人的社会性,重视人的语言研究,强调多元化的研究方法等。为社会学界反思传统提供有力的批判视角

社会心理学大师勒温认为,任何社会行为的产生都取决于两种因素,一是个体的内在因素,二是社会环境因素,并由此提出了个体行为公式,即 $B=f(P \cdot E)$。同样,旅游者的旅游决策作为一种社会行为,也受这两种因素的作用和影响,其中个体因素主要表现在旅游动机、旅游态度、人格等方面,社会环境因素则表现在家庭、社会阶层和社会文化方面(乐国安,2003)。

1.3.2　社会学与人类学

第二次世界大战以后,随着喷气式飞机进入民用和汽车业的发展,以及美国马歇尔计划的实施,世界旅游业得到了很大的发展。进入 20 世纪 60 年代后,全球范围内大规模客流的有增无减,对接待地社会,尤其是欠发达国家和地区造成的影响也越来越受到人们的关注,各国学者开始从多个专业领域内展开对现代旅游现象的研究。尽管学术界对旅游社会学、旅游人类学这两个分支学科还存在相当的争议,但这两个领域对旅游现象的一些研究成果已得到广泛认可,成为支撑旅游学科发展的重要奠基石。20 世纪 50 年代以后,当欧洲学者仍然关注旅游经济学方面的研究时,北美及其他英语国家的学者们开始转向旅游的社会学研究,将旅游者作为研究的重点。在 20 世纪 70 年代,伴随着社会学和其他学科的交叉结合,学者们从社会学的角度对旅游者消费行为的研究主要是从旅游者与目的地居民关系、目的地伦理道德、文化入侵、社会习俗等方面进行的。其中,旅游者——居民的影响关系是最具代表性的研究领域(Milman et al.,1988)。旅游人类学对旅游业的关注尽管是从 20 世纪 70 年代才开始的,但旅游对目的地社会及文化的影响等很快就成了旅游人类学研究的主流,并从文化的角度研究旅游者行为。目前我国旅游社会学、人类学的研究重点仍然在于学科基础建设,并在社区旅游、旅游与目的地社会文化变迁等方面有所突破。社会学和人类学的基本情况及其在旅游消费者行为研究中的运用,如下所述。(孙九霞 等,2015)

1)社会学

美国经济学家达森布雷在一个著名的公式中提出了关于社会学的定义。他假定经济学教人行动的方法,社会的行动主体依据行动方法行动并竭力实现他为自己设定的目标;社会学则告诉人各种原因,它们怎样妨碍其行动及目标的实现。即:认为社会学的基本目的是去发现约束个人自主行动的各种社会决定因素。通俗地讲,社会学是研究社会结构及其内在关系与社会发展规律的学科,侧重对社会组织、社会结构、社会功能、社会变迁、社会群体等的研究。社会学研究涉及人类与社会的需要、社会心态、社会意向等现象,这些社会现象反过来影响参与其中的个人或群体行为。社会学理论发展阶段及其主要类型如表 1.3 所示(文军,2002)。

表 1.3　社会学理论发展阶段及其主要类型

古典社会学理论阶段 (1830—1920)	现代社会学理论阶段 (1930—1970)	当代社会学理论阶段 (1980—　　)
涂尔干(迪尔凯姆) (实证主义传统)	结构功能主义/交换论 功能主义/结构主义	新功能主义、系统功能主义
韦伯 (人文主义传统)	符号互动论/冲突论 结构化理论	现象学/常人方法学 理性选择理论
马克思 (批判主义传统)	批判理论、结构主义 马克思主义	沟通理论、后结构主义

社会学的一些理论和原理,对于考察、分析旅游消费者行为具有一定的借鉴价值。例如,不同社会阶层的消费差异、社会阶层等参照群体对旅游者个体的影响、文化和亚文化对消费者的影响等。此外,对社会角色的研究也是社会学研究的一项重要内容,例如妇女角色、男性角色、儿童角色等。在针对旅游消费者的研究中,也需要从分析角色入手,分析社会角色对旅游消费者行为的影响。社会学中将旅游消费者行为的研究置于更为广阔的社会文化背景中,更贴近现实空间,有助于更好地开展研究。

2)人类学

人类学对旅游消费行为研究的价值主要体现在两个方面:一是研究方法,一是关于神话、宗教、民间传说、民俗等方面的研究。人类学的跨文化研究为旅游活动的跨文化现象的研究提供了很好的借鉴。人类学的田野调查方法有助于更好地了解人类真实、自然的事件和活动,在旅游消费者行为的研究中非常有意义。人类学关于神话、宗教、民间传说、民俗等方面的研究对分析旅游消费者的行为有直接的运用价值,特别是不同族群信仰、禁忌在旅游者的消费行为中会直接表现出来。例如,对饮食、旅游纪念品图案、房间号码、出行日期的选择等,都可以看出这些因素对旅游消费决策的直接影响。要了解影响旅游消费决策的真正因素,必须首先有针对性地了解不同文化群体的核心信仰、价值观念、风俗习惯,乃至其产生的背景和传承状况。人类在发展过程中不断形成的新的信仰、价值观、理念也是人类学所考察的重要内容。例如环保、绿色理念、人文价值等会对旅游消费者行为和购买决策带来直接影响。

1.3.3 经济学

对消费者行为的研究,在亚当·斯密等的古典经济学理论中已初见端倪,在马歇尔等的新古典经济学中形成了初步的体系。1936 年,凯恩斯在其《就业、利息和货币通论》中,基于三大心理定律提出有效需求不足理论,同时也提出了"消费者的实际消费支出取决于现期可支配收入"的绝对收入假说。之后,杜森贝利和弗里德曼分别提出的"相对收入假说"和"生命周期假说",霍尔提出的"随机游走假说"及后来的过度敏感性、过度平滑性、流动性约束、预防性储蓄等假说都试图用消费函数来解释消费者的行为。1988 年,行为经济学家理查德·塞勒等人用"行为生命周期假说"把消费定义为收入与心理意愿的函数,并由此把消费者行为研究由收入假说的"物质层面"上升到"心理层面",开辟了消费函数理论研究的新视域(尹清非,2004)。

微观经济学是涉足消费者行为学研究最早的学科。在微观经济学中对消费者行为的分析是运用效用理论来进行的,因此,消费者行为理论也称为效用论。研究消费者行为必须先认识效用和边际效用。效用(Utility)是指一个人从消费某种物品中得到满足。消费者得到的满足越大,这种物品的效用就越大,反之亦然。首先,效用存在于物品自身的物质属性中,并由于其物质属性的不同而不同。例如,旅游景区出售的旅游纪念品和食品,因为客观物质属性的不同,可以满足旅游者的不同需要。其次,效用依存于消费者的主观感受。消费者的主观感受不同,对同一物品的效用评价就不同。边际效用(Marginal Utility,MU)指消费者在一定时间内每增加一个单位商品或劳务的消费所得到的新增加的效用。(孙九霞 等,2015)

边际效用=总效用的变动量/商品或劳务消费量的变动量,即:

$$Mu = \Delta TU / \Delta Q$$

式中:$\Delta TU = TU2 - TU1$;$\Delta Q = Q2 - Q1$

总效用和边际效用是两个不同的概念。总效用是指连续消费某一类商品或劳务得到的全部效用总和,而边际效用是指连续消费某一类商品或劳务时,最后增加的那个单位的消费所带来的效用。或者说,增加一个单位消费所带来的总效用的增量。

消费者在消费时所面临的基本问题是,消费者追求效用最大化的欲望是无限的,但满足欲望的手段即消费者的收入是有限的,同时消费者也不能无偿获得商品。如何将有限的货币收入与可买到的商品做合理分配,以求效用的最大化,其解决途径被称为消费者均衡(Consumer Equilibrium)。消费者均衡需要满足消费者收入固定、物品的价格不变、消费者偏好固定3个前提。在此基础上研究消费者效用最大化问题可以采用两种分析方法:边际效用分析法和无差异曲线分析法。与之相对应,产生了两种理论:基数效用论和序数效用论。

在旅游消费者行为研究领域,尹少华(2004)从理论上探讨了旅游消费者行为最大化的决策过程。他指出,人们旅游活动的目的,无一不是希望通过旅游消费,以获得自身精神与物质上的最大满足,亦即实现旅游消费行为的效用最大。由于每个旅游者的性别、年龄、职业、经历、习俗、心理等诸多因素的差异,因此,同一种旅游活动给不同旅游者的满足或效用是不同的。这就要根据每个旅游者通过旅游活动所获得的主观感受进行评价,也就是将旅游者在旅游消费活动中的感受与其主观愿望相比较。如果两者的差距小,则旅游消费的效用就大。反之,则效用就小。旅游消费的效用最大,表现在旅游之前对旅游地选择的最大满足和在旅游消费过程中实际所得与主观愿望的最大相符。杨勇在对自主权与消费者旅游方式选择的研究中指出,旅游消费者不同的效用价值取向决定了其旅游方式的选择。对旅游消费者群体进行细分,是旅游中间商以及其他旅游经营者着眼于不同旅游者的效用价值取向设计相关产品时需要关注的一个问题。另一方面,旅游消费者通过旅游行为享受到旅游带来的效用,而当其已不满足现有的旅游方式产生的效用时,旅游需求会发生变化,为了实现旅游消费者新的需求,旅游业经营者就需要作出新的调适(杨勇,2007)。

1.3.4　消费者行为学

消费者行为学是一门综合经济学、心理学、社会学、人类学、统计学以及其他学科的应用科学。在其一百多年的发展历史中,其研究范式可以归纳为实证主义与非实证主义两种。而且,每种范式都孕育着众多的研究视角。实证主义包括理性、行为、认知、动机、社会、特质、态度和情境视角,而非实证主义范式包括诠释主义(阐释主义)和后现代主义两个基本视角。

1)实证主义范式

实证主义以亚里士多德思想作为其科学哲学。它假定消费者是理性、可识的,心智稳定的,他们的行为动因都是可以识别、控制与预测的;在现实的消费者实践中存在简单化的真理;强调科学观察与检验,观察到经验性的证据,从而获得普遍的规律用于预测与控制消费者的行为。因此,在实证主义范式下,消费者行为研究的假设基础就是消费者行为被某些力量所控制,而这些力量大部分都超越了消费者的自控范围。消费行为的变化与其说是消费者主观意志的体现,倒不如说是受各种内外因素影响的结果。

比如,行为主义学派的观点认为,消费者的行为主要是由外在环境刺激造成的(Bagozzi,1980)。所以,其假设"动机的主要或唯一的目的就在于降低认知的不协调,保持内在心态平衡,消费者总是追求行为的内在平衡"。从某个角度来看,这也是一种静态行为观。正如 Firat(1995)所评论的那样"消费者行为理论相信行为一致性与有序性"。因此,消费者的行为特征(如认知反应、条件反射、个人特征等)变量遵循"消费者总是追求内在平衡"这一假设,研究者能够对消费者的某些行为进行预测,而预测结果对企业的营销活动具有重大借鉴意义。

总之,实证主义假定消费者是一个能被认识的客体,因而消费者的消费和体验过程可以被分离开来,可以被细分为不同组成部分。我们能够采用各种客观的分析方法对消费和体验过程的不同组成部分进行分析。这些方法主要包括标准问卷法、实验法和人格特征测试。(晏国祥 等,2006)

2) 非实证主义范式

非实证主义范式下的消费者行为研究不再把消费者作为被动的反应者,而是具有心理前摄能力的行为者,他们具备对消费环境进行诠释与建构的能力。比如,阐释主义学派认为,消费行为受消费者主观意愿内容与结构的支配(Holbrook,1982)。Shaughnessy(1985)认为:"在阐释主义学派看来,购买行为不能简单地根据产品所能带来的利益与成本收益来进行理性计算,而是消费过程中个人体验感觉的汇集。"(Shaughnessy,1985)因此,消费者行为与决策依据是内在主观价值系统。后现代主义消费者行为研究与阐释主义视角下的消费者行为研究的焦点就是消费者的主观价值、语言与说辞。(Firat,1992)

阐释主义不同于后现代主义之处就在于前者假定人是一种自治的主体,有自由的思想、能够自我认识的个体。因此,与传统观点类似,阐释主义也假定消费者具有一些构成其本质的天性。此外,阐释主义强调消费者还有好幻想、情绪化和追求快乐体验性消费的一面,认为消费者总是对环境进行内在一致的陈述和主观性描述,从而使得环境变得更有意义并更具可预测性,消费者的主观描述还被假定能为社会大多数人所理解与分享。

而后现代主义的消费观则认为,消费者心中没有固定或既有的本质性东西来驱动其行为(Firat,1995)。所以,自我识别与主观感受依赖于特定的语境与氛围。这些语境与氛围又受消费者间社会作用的影响。因此,消费所产生的形象和主观感受是经常变化或转化的。它们受消费者与谁一起消费、在什么样的消费环境下消费以及为什么消费等变量的影响。后现代主义坚持认为,消费者认同感是断断续续、不完整的,而且容易变化。Firat(1995)认为,消费者表现自我形象、特征与价值观具有多维变化性,而且他们意识不到不断变化、自相矛盾的价值观念与生活方式之间的不协调性。因此,后现代主义的消费者行为观把研究重点放在消费者通过自己不同的消费和生活方式来改变自己的生活环境所体现出来的创造力与自治能力上。

通过对上述观点的分析可以知道,消费者在进行购买决策时,不仅注重产品效用,而且还注重产品的符号价值。消费品满足消费者物质需要只是表象,而更重要的是我们必须关注产品的符号价值。对于消费者来说,消费能产生两方面的符号价值:提高消费者自我认同感的自我符号价值和提高社会认同感的社会符号价值。与此相匹配的是,消费充当着创造和维持消费者个人和社会环境意义和价值的重要角色。因此,广告往往被视为建构与维持符号象征意义的一种主要手段。

这些文化意义往往集中在品牌上,所以 Elliot(1998)认为,品牌经常是被用来创造和维护认同感等象征意义的主要手段。Firat(1992)认为,这也反映了消费文化与人类自由的常规联系:通过更换产品获得不同的形象,从而获得不同的自我。这种获得自我新形象的自由,就是从单一、呆板和传统中获得解放的结果。(Thompson et al.,2002)

1.4 旅游消费者行为的研究方法

不同的方法论体系都会提出关于旅游消费者行为研究内容与研究方法的基本假设,这些假设的集合在理论上被称作"范式"(paradigm)。旅游消费者行为研究中存在实证主义和阐释主义两种范式。实证主义强调人类理性的至高无上,认为存在单一的客观真理,可以用科学来发现。实证主义鼓励强调客体的功能,拥护技术,把世界看成理性的、有序的场所,具有可明晰界定的过去、现在和未来。阐释主义则认为我们社会中科学和技术被过度强调了,而且对旅游者的这种有秩序、有理智的看法否定了我们生活的社会和文化的复杂性。阐释主义强调象征性的主观经验的重要性,强调含义存在于一个人的意识中。进行旅游消费者行为研究的学者来自不同的学科,研究者的"工具箱"也装满了各种不同的方法和技术。方法的选择取决于研究者的理论方向和问题的性质。研究方法的选择不是范式问题,而是研究的功能问题。在决定"调查什么"之后,研究者需要选择合适的方法来开展调查,主要有定量和定性两种研究方法。

1.4.1 定量研究方法

定量研究(又称量的研究、量化研究)是一种对事物可以量化的部分进行测量和分析,以检验研究者自己关于该事物的某些理论假设的研究方法。量的研究有一套完备的操作技术,包括抽样方法、资料搜集方法、数字统计方法等。其基本步骤是:研究者事先建立假设并确定具有因果关系的各种变量,通过概率抽样的方式选择样本,使用经过检测的标准化工具和程序采集数据,对数据进行分析,建立不同变量之间的相关关系,必要时使用实验干预手段对控制组和实验组进行对比,进而检验研究者自己的理论假设。这种方法主要用于对社会现象中各种相关因素的分析,如年龄与离婚率的关系、性别与职业的关系等。当然,定量研究也存在一些缺点,需要在研究中尽量避免。定量研究方法的优缺点比较,如表 1.4 所示(陈向明,2010)。在旅游消费者行为研究领域,定量研究的方法得到了广泛的应用。

表 1.4 定量研究方法优缺点比较

优 点	缺 点
(1)适合在宏观层面大面积地对社会现象进行统计调查	(1)只能对事物的一些比较表层的、可以量化的部分进行测量,不能获得具体的细节内容
(2)可以通过一定的研究工具和手段对研究者事先设置的理论假设进行检验	(2)测量的时间往往只是一个或几个凝固的点,无法追踪事件发生的过程
(3)可以使用试验干预的手段对控制组和实验组进行对比研究	(3)只能对研究者事先预定的一些理论假设进行证实,很难了解当事人自己的视角和想法
(4)通过随机抽样可以获得有代表性的数据和研究结果	(4)研究结果只能代表抽样样本中的平均情况,不能兼顾特殊情况
(5)研究工具和资料搜集标准化,研究的效度和信度可以进行相对准确的测量	(5)对变量的控制比较大,很难在自然情境下搜集资料
(6)适合对事情的因果关系以及相关变量之间的关系进行研究	

1.4.2　定性研究方法

定性研究是以研究者本人作为研究工具,在自然情景下采用多种资料搜集方法对社会现象进行整体性探究,使用归纳法分析资料和形成理论,通过与研究对象互动对其行为和意义建构获得解释性理解的一种活动。定性研究方法优缺点比较,如表 1.5 所示。(陈向明, 2010)

表 1.5　定性研究方法优缺点比较

优　点	缺　点
(1)在微观层面上对社会现象进行比较深入细致的描述和分析,对小样本进行个案调查,研究比较深入,便于了解事物的复杂性 (2)注意从当事人的角度找到某一社会现象的问题所在,用开放的方式搜集资料,了解当事人看问题的方式和观点 (3)对研究者不熟悉的现象进行探索性研究 (4)注意事件发生的自然情境,在自然情境下研究生活事件 (5)注重了解事件发展的动态过程 (6)通过归纳的手段自下而上建立理论,可以对理论有所创新 (7)分析资料时注意保存资料的文本性质,叙事的方式更加接近一般人的生活,研究结果容易起到迁移的作用	(1)不适合在宏观层面对规模较大的人群或社会机构进行研究 (2)不擅长对事物的因果关系或相关关系进行直接的辨别 (3)不能像定量的研究那样对研究结果的效度和信度进行准确的测量 (4)研究结果不具备定量研究的研究意义上的代表性,不能推广到其他地点和人群 (5)资料庞杂,没有统一的标准进行整理,给整理和分析资料的工作带来很大的困难 (6)研究没有统一的程序,很难建立公认的质量衡量标准 (7)既费时又费工

1.4.3　定量与定性相结合的研究方法

人们习惯于将定量分析与定性分析的二分法同实证论与解释论的对立联系在一起。关于旅游消费者行为的研究,不少研究信奉实证主义,采用定量统计的方法。其实,实证论和解释论都是科学的一般哲学,其区别在于本体论(事实的本体)、认识论(知识的状态)和方法论(获得知识的方式)上。换言之,研究范式之间的区别并不是定量与定性之间的对立,而是实证论与解释论之间的对立。与实证论注重揭示事物的"总体性、一般性和代表性"有所不同,解释论的兴趣焦点是理解事物的"具体性、独特性和反常性"(刘丹萍 等,2006)。从上述讨论中可以看出,定量研究的长处恰恰是质的研究的短处,而定性研究的长处恰恰可以用来填补定量研究的短处。因此,将这两种方法结合起来使用,有很多单独使用其中一种方法所没有的好处。(孙九霞 等,2015)

首先,在同一个研究项目中使用这两种不同的方法,可以同时在不同层面和角度对同一研究问题进行探讨。其次,如果研究的问题中包含了一些不同的、多侧面的子问题,研究者可以根据需要,选择不同的方法对这些问题进行探讨。同一研究中使用不同的研究方法还可以为研究设计和解决实际问题提供更多的灵活性。使用不同的方法还可以对有关结果进行相关检验而提高研究结论的可靠性。

总之,在习惯使用定量和定性相结合的研究方法的学者看来,任何一种资料、方法或研究都各有偏差,只有联合起来才能"取长补短"。近年来,在旅游消费者行为研究领域,定量和定性相结合的研究方法已经开始得到广泛的关注和运用。(孙九霞 等,2015)

1.4.4　消费者行为学的研究模型

学术界对旅游消费者行为的研究,是一个不断深入的过程。迄今为止,西方学者已经构建了不少旅游消费者行为模型。建立旅游消费者行为模型的目的,就是将现实生活中旅游消费者复杂的行为过程加以简化,以便把握旅游消费系统中的关键因素(如消费者的态度、环境因素、购买行为等)以及影响旅游消费者行为的各种因素之间的关系。大家比较熟悉的研究模式有:瓦哈比的旅游者购买决策过程模型、斯莫尔的旅游者决策过程模型、梅奥和贾维斯的旅游决策影响因素模型、玛蒂森和沃尔的旅游者决策过程模型、莫霆荷的度假旅游者行为模型,以及米德尔顿的"刺激—反应"模型等。而最有代表性的研究模型有:以吉尔伯特为代表的"需要—动机—行为"模型和以米德尔顿为代表的"刺激—反应"模型。

1)"需要—动机—行为"模型

如图 1.1 所示(吉尔伯特,1991),该模型以旅游者的需要、动机以及行为构成旅游消费行为的周期。当旅游者产生旅游需要而未得到满足时,就会引起一定程度的心理紧张。当出现满足需要的目标时,需要就会转化为动机,动机推动旅游者进行旅游购买。当旅游者的需要通过旅游消费活动得到满足时,心理紧张感就会消失。购买及消费结果又会影响到新的需要的产生,于是开始一个新的循环过程。

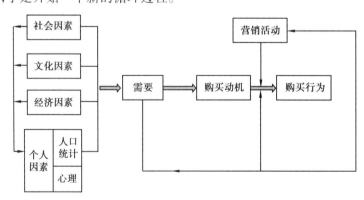

图 1.1　"需要—动机—行为"模型

研究认为旅游者的旅游需要受社会因素(社会阶层、相关群体、家庭、地位和角色)、文化因素(文化、亚文化)以及经济因素(经济周期、通货膨胀率、利率)等外部宏观因素以及个人的人口统计因素(年龄、健康状况、常住位置、性别职业)和个人心理因素(动机、知觉、学习、态度及人格)的影响;在从旅游动机到行为产生的过程中,旅游者会主动搜寻信息,并同时接受来自旅游目的地及企业的信息,以供决策使用。这时,行为的产生受到旅游营销活动的影响。旅游者的心理因素也限制着外界信息的输入与加工,最终影响到旅游购买行为。最后,旅游购买行为会对旅游营销活动以及旅游者新的旅游需要发生作用,影响下一次旅游购买活动。

2)"刺激—反应"模型

如图 1.2 所示,该模型是建立在行为主义心理学关于人的行为是外部刺激作用的结果这一基本理论的基础上的。该理论认为,行为是刺激的反应。当某行为的结果能满足人们需要时,在这样的刺激下,行为就倾向于重复;反之,行为则趋向于消退。因此,从一定意义上说,本次行为是上次行为得到强化的结果。研究者认为,经过对个体决策及影响决策的各种要素的考察,就可以得到一个解释旅游购买行为的修正的"刺激—反应"模型。在该模型中,市场上的各种产品通过广告、个人推销等手段成为影响旅游者购买的刺激因素。另外,诸如朋友、家庭等相关群体也以自身的看法和评价影响旅游者的购买决策。旅游者通过个体的学习、知觉以及经验对所接收的信息进行吸收和加工。经过加工的外部刺激通过旅游者个体的态度等心理因素以及人口统计、经济和社会等共同影响到旅游需要及动机,并最终促成购买行为的产生。购买者购买后的满意程度则直接形成购买消费经验,购买经验又在新一轮购买行为中产生影响。

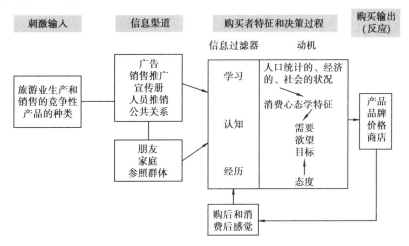

图 1.2　购买行为的"刺激—反应"模型(Middleton,1994)

以上两个模型虽然研究的切入点和焦点有所不同,但互有交融,所涉及的影响旅游消费行为的要素基本是一致的。

1.5　研究旅游消费者行为的意义

在过去的 20 年里,旅游业作为全世界最大的产业已经发生了深刻而广泛的变化。随着全球经济的发展、人们生活水平的提高、可支配收入的增加、休闲参与方式的多样化及人们商业活动范围的扩大,旅游和旅行已经成为商业(商务)活动的重要形式,但人们会如何消费旅游产品,成了旅游业研究的热门话题。旅游者对旅游目的地和旅游产品的信息接收、感知、选择和决策过程是旅游者消费行为的主要表现。努力探寻旅游消费形成的决定因素既是学术研究的重点也是行业关注的焦点(匹赞姆,2005)。所以,对旅游消费者行为的研究具有重要意义并表现在以下几个方面。

1.5.1 旅游企业制定经营和销售策略的基础

旅游消费者是旅游市场的主体,是一切旅游经济活动的起点和终点。然而,旅游消费心理和行为是一个变化极快的领域,如今的"大众旅游"市场已被细分为多个利基市场,特别是在价值创造的今天,要留住旅游消费者、为他们创造价值、让旅游消费者忠诚、提高旅游消费者的满意度,旅游企业和旅游目的地的营销者必须能够识别这些市场,从这个意义上讲,旅游消费者行为无疑是旅游市场营销研究的关键点。在现行的以消费者为导向或市场为导向的市场营销观念影响下,旅游消费作为一种特殊消费,它既是物质商品消费和服务商品消费的集合,也是体验消费的普遍存在形式。旅游企业、旅游目的地只有通过满足旅游消费者的需求,才能在市场上生存与立足。因此,熟悉与掌握旅游消费者行为就显得尤为重要。对旅游消费者行为的研究,有助于旅游企业了解市场特点,制定经营与营销策略;有助于旅游企业提高经营水平,与旅游消费者建立长期的合作关系。

1.5.2 提高旅游目的地管理水平,合理开发旅游资源的前提

旅游业以旅游者的存在和旅游消费为主要前提,没有旅游者和旅游消费,旅游业就无法存在。对旅游目的地的经营管理而言,了解旅游消费者行为同样重要,旅游者受到什么因素的吸引而进入,在目的地以何种方式进行旅游活动,离开之后对目的地有何评价,是否愿意向别人推荐或重游? 这一系列问题是至关重要的,也决定了目的地是否能实现可持续发展。随着目的地营销举措的推陈出新,旅游者的喜好和行为也呈现出日新月异的变化,"网红打卡地""必尝美食榜单"等吸引物层出不穷,又迅速被消费者遗忘。因此,非常有必要了解和把握旅游消费者的需求动向,开发出适销对路的旅游产品,以满足旅游消费者的需求。而旅游消费者行为学正是研究旅游消费者心理和行为规律的学科,它能为旅游企业和目的地的运营管理提供重要的决策依据,是提高旅游目的地管理水平,合理开发旅游资源的前提。

1.5.3 保护旅游消费者权益,制定旅游政策的依据

一个国家或地区的旅游业要想在激烈变化的市场竞争中占领优势地位,就要对变化的环境进行科学的预测和决策,然后在此基础上调整经营方针,改善经营措施,制定经营策略,这样才能吸引更多的旅游者,保持充足的客源。因此,不断探索、研究旅游消费心理和行为不仅有利于为旅游消费者创造价值,有利于旅游经营商改进营销策略,更有利于促进我国旅游业的持续发展和兴旺;同时,也是保护旅游消费者权益,制定旅游政策的重要依据。

本章概要

- 第 1 章作为全书的概论部分,首要解决的是有关旅游消费以及旅游消费者行为的概念界定问题,以及消费者行为研究的理论基础与研究方法。因此,本章着重介绍并论述了旅游消费、旅游者消费,以及旅游消费者行为的相关概念,旅游学界有关上述概念的争论和本书所采纳的有关定义;同时,阐述了旅游消费者行为的特点、理论基础、研究方法及研究旅游消费者行为的意义。

- 在本书中所谓"旅游消费"是指旅游主体在有时间保证和资金保证的情况下,从自身的享受和发展需要出发,凭借旅游媒体创造的服务条件,在旅游过程中对物质形态和非物质形态存在的旅游客体的购买和享用的支出(投入)总和。

- 这里的"旅游消费者行为"是指旅游者为了满足旅游愉悦、审美以及逃逸等体验的需要,选择并购买旅游产品的过程。这个过程包括出游前需要的产生、决策过程、在旅游目的地或者景区的消费、购后评价等几个主要环节。

- 旅游消费的基本特征主要体现在:经济性、闲暇性、综合性、文化性、情感性、体验性和脆弱性等;而旅游消费者行为则具有复杂性、动机驱动性以及个体差异性等特点。

- 旅游消费者行为研究的主要理论来源和基础包括心理学(普通心理学、社会心理学)、社会学、人类学、经济学和行为科学等相关领域的成果。

- 旅游消费者行为研究中存在实证主义和阐释主义两种范式。实证主义强调人类理性的至高无上,认为存在单一的客观真理,可以用科学来发现。实证主义鼓励强调客体的功能,拥护技术,把世界看成理性的、有序的场所,具有可明晰界定的过去、现在和未来。阐释主义则认为我们社会中科学和技术被过度强调了,而且对旅游者的这种有秩序、有理智的看法否定了我们生活的社会和文化的复杂性。阐释主义强调象征性的主观经验的重要性,强调含义存在于一个人的意识中。旅游消费者行为的研究方法主要有定量和定性,以及定量与定性相结合的研究方法。

- 消费者行为学的研究模型主要有:瓦哈比的旅游者购买决策过程模型、斯莫尔的旅游者决策过程模型、梅奥和贾维斯的旅游决策影响因素模型、玛蒂森和沃尔的旅游者决策过程模型、莫霆荷的度假旅游者行为模型,以及米德尔顿的"刺激—反应"模型等。而最有代表性的研究模型有:以吉尔伯特为代表的"需要—动机—行为"模型和以米德尔顿为代表的"刺激—反应"模型。

● 研究旅游消费者行为的意义在于:旅游消费者行为研究是旅游企业制定经营和销售策略的基础;是提高旅游目的地管理水平,合理开发旅游资源的前提;是保护旅游消费者权益、制定旅游政策的依据。

课后习题

1. 何谓旅游消费?请分组讨论旅游消费与旅游者消费的异同。
2. 试述对旅游消费者行为概念的理解。
3. 请阐述旅游消费与旅游者消费行为的特点。
4. 请分组讨论旅游消费者行为的理论基础,以及旅游消费者行为学的理论边界。
5. 请阐述消费者行为学研究范式中实证主义与非实证主义研究范式的核心内容。
6. 请分析定量与定性研究方法的优缺点。
7. 试述旅游消费者行为研究的意义。

【案例分析】

九寨沟景区的游客滞留事件

2013年10月2日,九寨沟景区迎来了进沟高峰。为保障景区运转正常,景区95%的人员深入一线维护秩序,阿坝大九寨旅游集团九寨沟旅游分公司也出动了所有观光车对游客进行运送。中午12时许,少数游客在正常候车时间内,不听从管理人员指挥,强行拦车,导致部分站点观光车辆受阻,无法正常运行。此现象迅速引发连锁反应,造成全部运营车辆无法循环运转、大量游客无法正常乘车。由于候车或步行时间较长,部分游客心生怨气,不听劝阻,翻越栈道,走在公路上,导致整个客运系统几乎瘫痪。截至19时许,景区共滞留游客4 000余人,部分游客滞留时间长达5小时。事发后,九寨沟管理局协同相关部门迅速启动应急预案:从景区外抽调60余名工作人员、100余名志愿者,对游客开展劝解工作;抽派20名公安干警、20名武警,分赴各候车点维护秩序、疏导交通;从县上抽调20辆摆渡车帮助景区转运游客;将矿泉水、面包等食品分发给部分滞留游客。据九寨沟管理局通报,当晚10时左右,滞留游客全部安全疏散。

对此负有重要责任的九寨沟管理局、阿坝大九寨旅游集团九寨沟旅游分公司,公开向广大游客发表致歉书。对于景区内发生游客滞留事件,向广大游客表示最诚挚的歉意。通告称,此次游客滞留景区,九寨沟管理局、阿坝大九寨旅游集团九寨沟旅游分公司负有重要责任。此前,九寨沟管理局旅游营销处处长罗斌曾表示,出现滞留不是因为景区人数太多,主要是景区没有做好充分准备,在管理上有一定的问题。公开发表的致歉书称,游客千里迢迢赶到九寨沟来旅游,这是景区极大的荣誉与自豪。景区发生了游客滞留事件,不但让游客没有了愉悦地欣赏童话世界般美景的心情,还留下了无尽的遗憾。对此,九寨沟管理局、阿坝大九寨旅游集团九寨沟旅游分公司及全体干部职工感到深深的内疚与自责。

罗斌表示,从2日晚11时起,景区在售票处开始组织退票,到凌晨3点已经退票8 000余张,部分游客情绪略显激动,但没有出现"打砸攻陷售票处"的情况。3日早上6时,管理部门在景区旁边的荷叶迎宾馆开设了7个退票专柜,截至上午11时已退票1.1万余张。

九寨沟景区管理局工作人员表示,景区将游客进沟时间提前至凌晨6时,实行分时分段错峰进沟游览。从3日下午起,景区每日接纳游客量将限制为景区最大承载量4.1万人。游客可以通过现场购票和网上订票的方式买票,售完为止。据了解,3日9时10分,景区已售票数(包括网络售票)就已达到当日最大承载量。

专家指出,各景区、景点必须科学、"理性"论证自身的接待能力,探索人性化的管理方式。针对我国旅游业现状,各景区可借鉴国外预约的做法,在游客到达之前就做好准备并进行疏导;对景区游客人数、交通住宿条件等信息及时公布;一旦发现游客超出饱和量,就要进行调节,延长景区开放时间、科学组织游客买票进入、适时限流都是可取的措施。同时,一些游客以自我为中心,不守秩序,违反规定,因堵生急,因急生事,成为造成景点拥堵、游客滞留的重要原因之一,建议游客应更加"理性"地选择出游的时间和地点,在游览过程中更加"理性"地对待交通不便、人多拥挤等实际困难,不要一有不顺就让自己成为拦车、堵路、打人的不讲理"游霸"。

(资料来源:九寨沟景区就游客滞留事件道歉,将每天限流[EB/OL].京华时报,2013-10-04.)

问题:

1.假如你是九寨沟景区的管理者,请列出预防游客滞留事件发生的具体举措。

2.就九寨沟景区的游客滞留事件,分组讨论研究旅游消费者行为的意义。

【建议阅读文献】

[1] Milman A,A Pizam. Social Impacts of Tourism on Central Florida[J]. Annals of Tourism Research,1988,15(2):191-204.

[2] Firat A F,Sherry J F Venkatesh. Marketing in a postmodern world[J]. European Journal of Marketing,1995,29(1):45.

[3] Shaughnessy. A Return to reason in consumer behavior:a hermeneutical approach[J]. Advances in Consumer Research,1985,12:308.

[4] Firat A. F. Fragmentations in the postmodern[J]. Advances in Consumer Research, 1992,19:204-208.

[5] Elliott Richard. Symbolic meaning and postmodern consumer culture in rethinking

marketing［J］. Marketing Accountings,1998,13(2):234-245.

［6］Thompson Craig J. Maura Troester. Consumer value systems in the age of postmodern fragmentation:the case of the natural microculture［J］. Journal of Consumer Research,2002,28(3):1228-1229.

［7］孙九霞,陈钢华.旅游消费者行为学［M］.大连:东北财经大学出版社,2015.

［8］尹清非.近20年来消费函数理论的新发展［J］.湘潭大学学报(哲学社会科学版),2004,28(1):123-128.

第 2 章
旅游消费者需要与动机

【学习目标】

- 熟悉与掌握需要与动机的概念、特点及分类;
- 掌握影响旅游者需要和动机的因素;
- 熟悉与掌握旅游需要的理论、作用及其发展趋势;
- 掌握旅游动机的概念、功能、类型及旅游动机的激发措施。

2.1 旅游消费者需要

人们为什么要旅游? 这是一个涉及旅游学研究的根本问题,探讨这个问题也涉及旅游消费者行为的动因。随着社会的发展和人们生活水平的日益提高,人们对高层次的生活水准和生活方式的需要越来越强烈,需要已经成为人们旅游的最基本、最核心的内在动因。研究旅游者的需要可以揭示人们从事旅游活动的内在动力,有助于深刻理解人们的旅游行为,有助于对旅游行为进行预测和针对性的引导。

2.1.1 需要概述

1) 需要的概念

需要是个体感到某种"匮乏"而力求获得满足的心理倾向,是内外环境的客观要求在头脑中的反映,促发个体对一定事物的追求。

①"需要"产生及存在的前提是个体的感知匮乏,即感知匮乏状态。它未必是客观标准上的缺损或不足,而是人的主观感受。人在衣食无忧的状态下,依然可能因为对现有生活状态的感知匮乏而产生更多需要。

②在感知匮乏状态产生后,主体为了解除或缓解匮乏状态,会在心理上产生自动平衡倾向,如在饥饿时对食物的渴求,孤独时对伴侣的期待。

③伴随着个体自动平衡倾向出现的是择取倾向。平衡作为一个过程有矢量性,带有相

对明确的方向。个体要达到对匮乏状态的平衡,必须有明确的选择目标和获取意图。匮乏、平衡与选择这三者的关系,就在于匮乏为平衡与选择提供了前提与方向,平衡是为了消除匮乏,它是选择的目的,选择伴随着平衡倾向,使"匮乏""平衡"这些主观的体内状态外化为具体实在的客观需要,如图 2.1 所示。

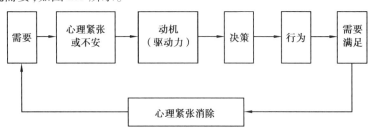

图 2.1　需要模型图

需要是人类行为的基本动力,它激发人朝着特定方向行进,以获得满足感。人的需要越是强烈,由它引发的行为就越是有力。当原有的需要得到满足后,又会产生更高层次的新需要指引后继行为,如此周而复始循环上升,随着人类历史进程的演进不断发展。

2)需要的种类

(1)从社会心理学看人的需要种类

人类在发展过程中,为了维持生命和种族的延续,必然需要一定的物质条件,例如食物、水、氧气、性爱等,同时在社会生活中,人们从事社会劳动和人际交往是维持社会存在和发展的必要条件。

需要是人类活动的基本动力,它激发人朝一定的方向行动,并指向某种具体对象,以求得自身的满足。人的需要是多种多样的。美国的心理学家马斯洛(A. H. Maslow,1908—1970)在 1943 年发表的《人类动机的理论》一文中,提出了人类的"需求层次理论"。这一理论影响较大,目前被广泛应用。这一理论认为,人类的需求由 5 个层次构成。

①生理需求,也称天然需求。这是人的最基本的需求,是为了达到有机体内部稳定和外界平衡的需求,它包括食物、水、氧气、睡眠、避暑、防寒等。生理需求是本能的,并周期性地产生。动物虽然也有生理需求,但与人的生理需求相比有本质的不同。人的生理需求受社会生活条件的制约。

②安全需求。人生活在社会环境中,需要一种安全感,没有心理压力,过平静、安宁的生活等。安全需求是从生理需求向社会需求的过渡。因为一方面人遇到危害性的事物时会自发地避开,遇到有利的事物时会自发地靠近,这是出自人生理本能的反应,即心理学所谓的"趋避心态"。另一方面,人生活在社会群体之中,需要人人遵守社会秩序才能维系和保障自身安全,这样安全需要就从个人的生理层面转为对社会的要求。

③归属与爱的需求。这是一种社会性的需求,即社会交往、人际交往的需要,希望自己被别人和社会所接纳和认可,希望参加各种社会活动,与人交朋友,建立友谊或爱情。归属和爱的需要包括情感、社交等。

④尊重的需求。这里指人希望得到别人的尊重,渴望获得好评,并保持自己的自尊心。马斯洛把尊重的需求分为两类——自尊和来自他人的尊重。自尊包括对获得信心、能力、本领、成就、独立和自由的愿望。来自他人的尊重则包括威望、承认、接受、关心、地位、名誉和赏识。

⑤自我实现的需求。这是一种高层次的需求,属精神性的需要。大致分为 3 个层面:一是面对自我,有自我的主见,倾听内心的声音,说自己想说的话,做自己想做的事,不盲从。二是对自我负责,对自己说过的话做过的事负责,敢于承担责任。三是超越自我。自我实现不是一种静止的潜能存在的状态,而是实现自我潜能的过程,只有经历一个勤奋、竭尽所能并为达到甚至超越自身原有能力水平的阶段,才能最终体验到达顶峰的快乐。

马斯洛的需求层次理论依人的精神发展所占支配地位的先后划分,如图 2.2 所示。

图 2.2　马斯洛的动机理论

马斯洛认为,上述 5 种需求具有层次的关系。只有当低层次的需求得到满足之后,高层次的需求才能产生。但是任何一种需求不因为下一个高层次的需求的出现而消失,只是高层次的需求产生后,低层次的需求对行为的影响变小而已。在此等层次中,生理的需求比较容易满足,而心理的需求却很难达到安全满足的程度。心理的需求或者说精神性的需求对人类的行为具有更大的影响。

后来,马斯洛又在尊重的需求之后,增加了知识的需求和审美的需求,构成了"需求层次七级论"。

马斯洛的"需求层次理论"所揭示的产生动机的需求规律,对研究行为动机有一定的参考价值,并对了解旅游消费者的各种需求有一定的帮助,但他过分强调了抽象的人的本性的作用,忽视了社会因素对人心理的影响,对人的意识能动性估计不足,不能准确地反映变化着的人的各种需要情况。人的需要如果按重要性和层次性排成顺序,则多数人的需求,符合上述序列层次,但少数人也存在例外的特殊情况。人的需求,在不同时期和环境,有所不同,而且是变化发展的,如图2.3和图2.4所示。

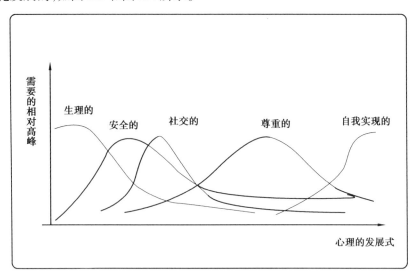

图2.3　马斯洛描述的5种主要需求(需要)相对突出的渐进变化关系

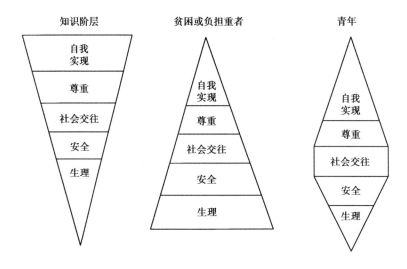

图2.4　不同人群5种需求的差异

(2)从神经心理学看需要的种类

心理学家把人的神经所接受的刺激分为两类:一类为单一性刺激,一类为多样性刺激。根据这两种刺激的不同特征可以把人类需要行为也分为单一性需要和多样性需要,这一理论对旅游消费者行为学的研究有很好的启示作用。

①单一性刺激与单一性需要(Unity Needs)。单一性刺激是指稳定、和谐、平衡、没有冲突并可以被预见的一类刺激。单一性需要则指的是对这一类刺激的偏爱和倾向。例如,人们喜欢和平、稳定、安宁的生活环境,追求安居乐业的生活方式,这些即是单一性需要的表

现。如果在正常生活中出现非单一性,人们就会表现出紧张和不安。因此在行为中,人们通常会用稳定、和谐、可预知的(单一性)事、物以及活动来抵消由非单一性所造成的紧张、不安心理。

在旅游消费行为中,按照单一性需要的理论,人们往往喜欢游览一些名山大川和著名的历史文化遗迹,诸如北京故宫、西安兵马俑、杭州西湖、南京中山陵等开放历史悠久或风景宜人、祥和安宁、服务设施齐备的旅游景点和度假区;光顾像万豪、洲际、希尔顿、喜来登、香格里拉、皇冠假日等知名度高且服务标准化的饭店;搭乘包机和具有固定时间的旅游列车;信任中旅、国旅等知名的大型旅行社等。因为这些景点、饭店、交通和旅行社为旅游消费者提供的是稳定、可以预见的服务,能降低旅游消费者心理对消费风险的感知。为防止出现非单一性,人们还会事先预订客房,乘坐由旅行社预订的飞机、火车、汽车,参加由导游陪同的旅游团等。很显然,在上述旅游活动中的消费行为,很大程度是由单一性需要驱使的。

②多样性刺激与复杂性(多样性)需要(Complex Needs)。多样性刺激是指不稳定的、新奇的、有冲突的、变化的且不可预知的一类刺激方式。人们对这一类刺激的追求与向往叫作复杂性需要。例如,在平淡的生活中,人们往往期待有新奇刺激、幻想奇迹的发生。求新求异,是人们的一种正常心态。这是因为生活本来就是复杂多样的,享受生活仅靠单一性刺激是无法完全体验到的。人们追求复杂性的事物是因为这类刺激可以使人神经紧张,从而产生兴奋,降低疲倦感,增加满足感与愉悦。

根据复杂性理论,在旅游消费活动中,旅游消费者会更偏向于他从未涉足过的地域,尝试新鲜、惊险而富有挑战性的活动项目,愿意搭乘未曾搭乘的交通工具,愿意光顾一些主题酒店和具有鲜明特色的民宿等。对于希望避免单一性的旅游消费者来说,著名的旅游景点、众所周知的旅游项目和饭店,以及熟悉的交通工具提供的单一性刺激和可预见性的项目太多,容易令他感到厌倦,他希望获得全新的刺激和与以往不同的感受。

③单一性与复杂性的平衡。很显然,单一性和复杂性这两种概念都能解释旅游环境中出现的许多现象。虽然这两种说法表面看起来相互矛盾,但结合起来却可以很好地解释旅游消费者的行为。

人的中枢神经系统具有传入刺激的能力,但在刺激过度或持续过久时,就无法以最佳状态进行工作,反而会使人的诸多心理功能受到损害。长期的过度刺激容易造成过分的紧张和压力,可能导致心脏病发作或过早死亡。刺激不足还会产生厌倦和疲惫,持续过久则会导致忧郁症、偏执狂、幻觉等。过度的单一性刺激会使人对日复一日一成不变的生活环境感到厌烦,而过度的多样性刺激使人惶惶不可终日,对不可预知的前景心中充满恐惧。因此适应性良好的人,在生活中需要单一性和复杂性的平衡(详见图 2.5)。

一定程度的单一性需要一定程度的复杂性来平衡,一定程度的复杂性也需要一定程度的单一性来平衡,这是一个发展趋势。但由于人们所处的环境不同,环境提供给人们的单一性和复杂性便存在着很大的差异。一个生产线上的产业工人,日复一日、年复一年干着同一种工作,他所处的环境是极端单一的。为了逃避紧张的生活和工作,改变枯燥的单一环境,他可能选择一处远离城市、工业集中的风景点、疗养地去度假,或到舞厅、酒吧去寻求刺激。在公司工作的高层行政管理人员,以及高度紧张兴奋的公关外联人员,每天总是与不同的人打交道,在复杂而无法预见的情景里处理工作。他们寻求的刺激往往是在家中或者安静的度假地安宁、悠闲地度过。

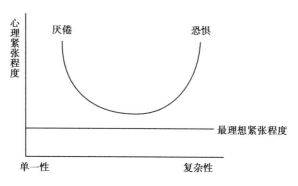

图 2.5 单一性—复杂性与心理紧张情况

由此可见,我们可以根据不同工作环境、生活方式所决定的多样性与单一性差异来分析判断消费者对不同消费项目与活动的选择。

2.1.2 旅游消费需要的产生、类别和特征

旅游消费需要是指为满足旅游欲望,在一定时间和价格条件下,具有一定支付能力的人所愿意购买的旅游商品的数量。这个概念具有以下 3 层含义:①旅游消费需要是旅游消费者对旅游商品渴望满足的一种欲望,即对旅游商品的购买欲望。②旅游消费需要表现为旅游消费者对旅游商品的购买能力。③旅游消费需要表现为有效的旅游需要。在旅游市场中,有效的旅游需要是指既有购买欲望,又有支付能力的需要。它反映了旅游市场的现实需要状况。

1)旅游消费需要的产生

现代旅游消费需要的产生既要有主观因素,也要有客观因素。从主观上讲,旅游消费需要是人们为满足其旅游欲望产生的。人们为满足其旅游欲望而产生的对旅游商品的需要,转化为现实的旅游活动,成为有效的旅游需要,需要一定的客观条件。具体而言,可支配收入的提高、闲暇时间的增加以及交通运输条件的现代化,是人们旅游需要产生的 3 个基本要素。

①可支配收入的提高是旅游需要产生的前提条件。随着社会经济的发展,人们生活水平不断提高,消费层次和消费结构也发生了很大的变化。旅游需要属于较高层次的需要。只有当人们满足了衣、食、住、行等基本的生活需要和必需的社会需要,具有可自由支配的收入后,才有可能具备产生旅游消费需要的经济条件。因此,各国研究旅游问题的学者都将可自由支配收入视为实现个人旅游消费需要的首要经济前提。

②闲暇时间的增加,是旅游消费产生的必要条件。所谓闲暇时间是指一个人在日常工

作、学习、生活及其他限制性活动之外,可随意支配的自由时间。但并非所有的闲暇时间都可以用于外出旅游,作为产生和实现个人旅游需要的客观条件,闲暇时间是历时较长的连续性时间。随着社会生产力发展和劳动生产率的提高,人们用于工作的时间相对减少,而闲暇时间则不断增多,从而刺激了旅游消费需要的扩大。

③交通运输的现代化,为旅游需要的产生提供了"催化剂"。旅游活动离不开一定的交通运输,特别是长距离旅游及国际旅游,更需要方便和舒适的交通运输。现代科学技术的进步,为人类提供了便利的交通运输。大型民航客机、高速公路、高速列车等交通运输的现代化,使旅游消费者在旅游活动过程中空间的移动更加安全、方便和舒适,不仅有效地刺激了旅游消费需要,"催化"了人们的旅游行为,更促进了国际旅游业的发展,使旅游业进入一种全球化发展的新趋势。

总之,人们可自由支配收入的提高、闲暇时间的增多和交通运输的现代化,是促进现代旅游需要规模迅速扩大的客观条件,而归根结底则是现代社会经济发展的结果。

2) 旅游消费需要的类别

马斯洛需要层次理论的基本观点可以概括为:人在其基本需要得到满足之后,就会产生更高层次的需要。如果把上述需要理论用在旅游消费需要的区分上,可以把旅游消费需要分为如下6类(张树夫,2011):

①功能性旅游消费需要。这类需要主要是旅游过程中所必需的衣、食、住、行等方面的需要。例如服装、食品、交通工具、文化用品等。

②渴望性旅游消费需要。主要是旅途中安全、防卫、保健等方面的需要。例如购买保险、药品,要求导游陪同,与旅行社签订意外事故责任书等。

③威望性旅游消费需要。主要是借助旅游满足个人的优越感、成就感,炫耀并充分表现自我的需要。例如在旅游购物商店购买珠宝、古董、装饰品,入住高级酒店,参与高消费旅游项目等。

④地位性旅游消费需要。主要是在旅游消费过程中显示其所处社会地位、社会阶层和归属的需要。表现在交通工具选用私人轿车,外出旅游注重装饰打扮,频繁接触旅游目的地的社会名流等。

⑤快乐性旅游消费需要。主要是旅游过程中满足好奇、求知、模仿、愉悦等需要的消费需要。如参加舞会、健身活动,前往游乐场或趣味性较强的主题公园等。

⑥嗜好性旅游消费需要。主要是在旅游开始之前对某旅游场所或项目有一定的偏爱并有强烈的参与欲望。如摄影、博彩等。

我们也可以把上述的6类需要概括为旅游消费者的3种一般需要,即天然性需要、精神性需要和社会性需要,如图2.6所示。

论及旅游消费者需要,还得提及旅游消费者在旅游活动过程中不同阶段的具体需要。而旅游者的整个活动过程,大体上可以分为旅游准备阶段、旅途阶段、游览活动阶段和旅游结束阶段,各个阶段的需要有所不同。

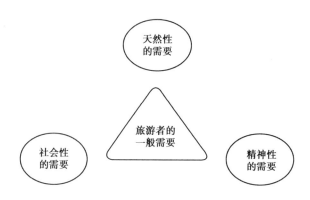

图 2.6　旅游者的一般需要

①旅游准备阶段。当人们有了足够的假期和资金,并且产生出外旅游的愿望后,就要开始为旅游做准备。在旅游准备阶段,旅游者需要的内容主要有 3 个方面(见图 2.7)。

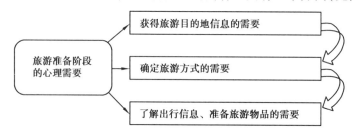

图 2.7　旅游准备阶段的心理需要

②旅途阶段。旅途阶段是指从居住地出发到抵达旅游目的地并安顿好的过程。在旅途阶段,旅游者的需要主要包括交通、住宿、饮食、接待等方面(见图 2.8)。

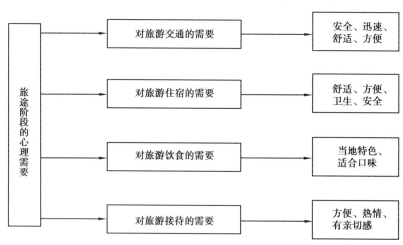

图 2.8　旅途阶段的心理需要

③游览活动阶段。游览活动阶段是整个旅游过程的核心阶段,旅游者满怀期待而来,希望在游览中获得愉快、兴奋的心理体验。在游览活动阶段,旅游者的需要主要表现为 4 个方面(见图 2.9)。

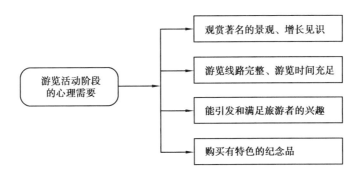

图 2.9　游览活动阶段的心理需要

④旅游结束阶段。在游览活动结束后,旅游过程也进入了尾声,在这个阶段旅游者的主要活动是准备回程,他们需要得到满意、完善的服务,购买纪念品和做好回程交通安排。

3)旅游消费需要的特征

旅游消费需要由于受到经济、社会、心理等各因素的影响,呈现出千差万别、纷繁复杂的形态,这就给旅游业的管理和旅游企业营销工作带来了一定的困难,但是,可以通过研究旅游消费需要的趋向性和规律性,对旅游消费需要有一个总体、全面的把握。具体来说,旅游消费需要具有以下特征:

（1）多样性

首先,旅游消费需要的多样性体现了人类需要的全面性。人不仅有衣、食、住、行等物质方面的消费需要,还具有高层次的文化教育、艺术欣赏、娱乐消遣、社会往来、体育竞赛等精神方面的消费需要。旅游消费需要的多样性还体现在人们需要的差异性。众多的旅游消费者,其收入水平、文化素质、职业、年龄、性格、民族、生活习惯等各不相同,他们在旅游消费需要上就表现出不同的兴趣和爱好;再者,旅游消费需要的多样性还表现在旅游消费者对同一商品的需要往往有多个方面的要求。比如,既要求价格便宜又要求旅途舒适等。

旅游消费需要的多样性要求旅游企业在营销工作中要特别注意分析各类消费者的不同爱好和兴趣,注意掌握不同消费者的消费心理及其变化,根据消费者的需要进行市场细分,开发出适销对路的旅游产品。

（2）层次性

马斯洛认为,人们的需要是有层次的。人的消费需要是由低层次逐渐向高层次发展和延伸的。同样的道理,由于受到闲暇时间和可自由支配收入以及文化修养、信仰观念、生活习惯等的影响,旅游消费者的消费需要也呈现不同的层次,即使是同一个旅游消费者,在不同的时间对旅游产品的需要层次也不一样,所以旅游消费需要层次的发展因人而异。

（3）伸缩性

旅游消费需要受外因和内因的影响,这两方面的因素对旅游消费者的消费需要都可能产生促进或抑制作用,这就使消费需要表现出伸缩性的特点。影响旅游消费者消费的外因主要包括旅游产品的供求状况、价格、广告宣传、销售方式、售后服务、他人的实践经验、旅游客源地与目的地之间的距离、货币汇率、政治因素等。内因主要是指消费者本人的需要欲望、购买能力、旅游动机、旅行方式、消费水平及消费结构等。因此,在现实生活中,当客观条件限制旅游消费需要的满足时,消费需要就被抑制、转化、降级,并且只停留在某一水平上。

（4）习惯性

旅游消费的习惯性是指旅游消费者经过多次旅游培养出的对旅游的爱好。旅游能够使人暂时忘掉工作,忘掉一切不愉快,使人身心得到放松,感觉生活更加美好。有过旅游体验的人,在条件许可的情况下,还会选择旅游作为放松自己的方式,这样就形成了旅游消费的习惯。这种良好的习惯既是一种健康的生活方式也有利于我国旅游经济的发展。

（5）从众性

从心理学上讲,群众中的"意见领袖"或大部分人的行为和态度,对群体中的个人会产生心理压力,在这种心理压力下,个体的行为和状态往往会主动或被动地与群体保持一致。表现在旅游消费者的消费活动中,就呈现出一种从众的特征,即在特定时空范围内,旅游消费者对某些旅游商品或劳务的需要趋向一致,这就是旅游消费需要的从众性。

旅游消费需要的从众性有两种基本表现形式:第一种是消费流行,或叫消费时尚,它是旅游消费者追求时兴事物而形成的从众化的旅游消费风潮。第二种表现是消费攀比,盲目地攀比不仅给旅游消费者个人带来沉重的经济负担,也对社会上一些不良的旅游消费起到推波助澜的作用。

（6）整体性

大多数旅游消费者在决定去某地旅游时,都不只考虑某一方面的旅游商品或服务,而是将多种相关的旅游商品和服务综合考虑。这种对旅游商品总体的需要涉及在旅游活动期间的各个方面,是一种整体性的需要。了解和认识旅游需要的这一特征,对于理解旅游供求问题具有十分重要的意义。一方面旅游需要是对旅游过程中食、住、行、游、购、娱等各方面服务的整体需要;另一方面,这些服务又是分别由不同的地区和不同的旅游企业提供的。由于各地区和各企业所注重的自身利益不尽相同,特别是各旅游企业所有权归属不一,因而它们在联合提供给旅游消费者的总体旅游商品方面不存在自动的协调,这就决定了对旅游业进行宏观调控的必要性。

（7）季节性

这既和旅游目的地的气候对旅游环境的影响有关,也和旅游客源地的气候条件、假期分布和人们外出旅游的传统习惯等因素有关。旅游消费需要的季节性波动对旅游供求的平衡显然有不利的影响。这种影响通常表现为旅游旺季时供不应求,淡季则出现供过于求的局面。

（8）周期性

人一生的旅游消费行为是一个无止境、不间断的活动过程,因而旅游需要具有周期性。旅游消费者的旅游动机获得满足后,在一定时间内不再产生或处于抑制状态,但随着时间的推移,旅游需要会逐渐发展,呈现周期性。旅游需要的周期性主要是由旅游消费者的生理需要机制引起的,并受到旅游环境发展的周期和社会时尚变化周期的影响。

2.2　旅游消费者的旅游动机

2.2.1　动机的定义、功能与理论

1)动机的定义

动机(Motivation)是由一种目标或对象所引导、激发和维持的个体活动的内在心理过程或内部动力,是人类大部分行为的基础。在组织行为学中,动机主要是指激发人的行为的心理过程。通过激发和鼓励,使人们产生一种内在驱动力,使之朝着所期望的目标前进。

2)动机的功能

动机对人的行动有三种基本功能:

(1)激活功能

动机能激发有机体产生某种活动。带着某种动机的有机体对某些刺激,特别是那些与动机有关的刺激反应敏感,从而激发有机体作出某种反应。例如,饥饿者对食物、干渴者对水特别敏感,因此也容易激起寻觅活动。

(2)引导功能(指向功能)

动机与需要的一个根本不同就是:需要是有机体因缺乏而产生的主观状态,这种主观状态是一种无目标状态。而动机不同,动机是针对一定目标(或诱因)的,是受目标引导的。也就是说需要一旦受到目标引导就成了动机。由于动机种类不同,人们行为活动的方向和它所追求的目标也不同。例如在学习动机的支配下,学生的活动指向与学习有关的目标,如书本、课堂等;而在娱乐动机支配下,其活动指向的目标则是娱乐设施。

(3)维持和调整功能(强化功能)

当个体的某种活动产生以后,动机可以维持这种活动针对的一定目标,并调节着活动的强度和持续时间。如果达到了目标,动机就会促使有机体终止这种活动;如果尚未达到目标,动机将驱使有机体维持和加强这种活动,以达到目标。

3)有关动机的理论

动机理论是指心理学家对动机的概念所作的理论性与系统的解释。它是用以解释行为动机的本质及其产生机制的理论和学说。为了便于掌握和理解,用表格的形式把有关动机的理论罗列在表 2.1 中。

表2.1 动机理论总结

理　论		代表人物	观　点
早期理论	本能理论	詹姆斯	人的行为依赖本能的指引,人除了具有动物本能外,还具有社会本能
		麦独孤	本能是人类思想与行为的基本源泉和动力,它具有能量、行为和目标指向3个成分
		洛伦兹	本能是由遗传结构决定的、受特异能量驱动的、物种特有的固定动作模式。个体的经验可以转化成本能行为,行为是本能与学习交互作用的结果
		马斯洛	人都有自我实现的本能
		弗洛伊德	(1)本能是个体行为的推动力或起动因素,是个体行为的内在动力; (2)人有两大本能:生本能和死本能; (3)本能不具备有意识的目的,也没有预定的方向; (4)本能冲动是为了满足躯体需要而存在的,它产生一种紧张状态(力比多),驱使人采取行动,通过消除紧张来获得满足; (5)本能基本上在意识层面以下发生作用,但它以各种方式影响人的行为和有意识的思想、体验,并经常使人处于与社会要求的冲突之中
	驱力理论	伍德沃斯·赫尔	(1)驱力是指个体由生理需要引起的一种紧张状态,它能激发或驱动个体行为以满足需要消除紧张,从而恢复机体的平衡状态; (2)假定个体要生存就有需要,需要产生驱力,驱力供给机体力量或能量,使需要得到满足,进而减少驱力; (3)有的驱力来自内部刺激,不需要习得,称为原始驱力,有些驱力来自外部刺激,是通过学习得到的,称为获得性驱力; (4)强调紧张在动机中的作用,强调经验、学习; (5)个体有效行为潜能$(P)=$驱力$(D)\times$习惯强度$(H)-$抑制(I)
	唤醒理论	赫布·柏林	(1)唤醒是指由外部刺激引起的,大脑皮层的兴奋状态; (2)个体对唤醒水平的偏好是个体行为的决定性因素之一,一般来说人们喜欢中等程度的刺激; (3)3个基本原理: ①人们偏好最佳的唤醒水平; ②简化原理,即重复进行的刺激能使唤醒水平降低; ③个人经验对于偏好的影响,富有经验的个体偏好于复杂的刺激
	诱因理论	斯彭斯	(1)诱因是指能满足个体需要的外部刺激物,具有激发个体朝向目标的作用; (2)诱因也是激发人行为的重要因素:个体有效行为潜能$(P)=$驱力$(D)\times$习惯强度$(H)\times$诱因$(K)-$抑制(I)

续表

理　　论		代表人物	观　　点
认知理论	期待价值理论	托尔曼	行为的产生不是由于强化,而是由于个体对目标的期待,即行为的动机是期待得到某些东西,或企图躲避某些讨厌的事物
	归因理论	海德	(1)归因是指用因果关系推论的方法,从人们行为的结果寻求行为的内在动力因素; (2)人们在成功和失败时喜欢对结果进行归因,而行为的原因有内部原因和外部原因两种
		罗特	提出了"控制点"的概念,并把人分为内控型和外控型
		韦纳	(1)把"稳定性"作为一个新的维度,把行为原因分为稳定的和不稳定的; (2)三维归因: ①内外源:影响个体对成败的情绪体验; ②稳定性:影响个体对未来成败的预期; ③可控性:影响个体今后努力学习的行为
		琼斯·戴维斯	(1)对应推断理论:个体的行为和引起行为的意图总是与人的某种重要的稳定特点(个性)相对应,可由外显行为推断其人格特质; (2)影响推论因素:行为结果严重性、社会赞许性、非共同性效应、选择自由性
		凯利	(1)归因时 3 方面的因素:行动者、客观刺激物、环境背景; (2)归因时 3 种信息: ①一致性信息:即行动者的行为是否与其他人的行为在这种情况下一致,若是,则一致性高; ②区别性信息:即行动者对其他对象是否也以同样的方式作出反应,若是,则区别性低; ③一贯性信息:即行动者的行为在其他时间、地点是否也发生,若是,一贯性就高
		泰勒·克洛科	(1)每个人对于事物如何运转操作都有不同的看法,即社会图式,每个人会按照自己的图式进行归因; (2)图式分类:有关社会事件的图式、有关社会人物的图式、有关角色的图式
		艾布勒姆森	归因风格理论: (1)抑郁型归因风格:把消极的事件归因于内部的、稳定的和整体的因素,把积极的事件归因于外部的、不稳定的和局部的因素; (2)乐观型归因风格:把积极的事件归因于内部的、稳定的和整体的因素,把消极的事件归因于外部的、不稳定的和局部的因素

续表

理　论		代表人物	观　点
认 知 理 论	成就动机理论	麦克莱兰 莫瑞 阿特金森	（1）成就动机：激励个体乐于从事自己认为重要或有价值的工作，并力求取得成功的内在驱动力。这种动机是人类所独有的，是后天获得的具有社会意义的动机。 （2）两种成就动机： ①追求成功动机：成功概率为50%左右的任务是他们最有可能的选择，对具有成功趋近动机的人安排竞争环境； ②避免失败的意向：倾向于选择非常容易或非常困难的任务，对具有失败回避动机的人少安排竞争环境。 （3）阿特金森的期望—价值理论：动机强度由成就需要、期望水平、诱因共同决定，成就动机（Ts）= 成就需要（Ms）×期望水平（Ps）×诱因（Is）
	成就目标理论	德韦克	人们对能力持两种不同的内隐观念，即能力实现观和能力增长观，这种对能力的潜在认识直接影响个体对成就目标的选择： （1）持能力实现观的人（自我卷入的学习者）认为能力是固定、不可变的特质，持此观念的个体倾向于确立表现目标，希望在学习过程中表现或证明自己的能力； （2）持能力增长观的人（任务卷入的学习者）则认为能力可随学习而增长，持此观念的个体倾向于确立掌握目标，希望通过学习来提高自己的能力
			下表：
	自我价值理论	科温顿	（1）基本假设：当自己的自我价值受到威胁时，人类将竭力维护； （2）该理论将学生分为4类： ①高趋低避者，又称"成功定向者"或"掌握定向者"。超越了对能力状况和失败状况的考虑，对学习有极高的自我卷入水平。 ②低趋高避者，又称"避免失败者"。不喜欢学习，害怕失败。 ③高趋高避者，又称"过度努力者"。学习努力，但受紧张、冲突等困扰。 ④低趋低避者，又称"失败接受者"。奢望成功，对失败也不感到丝毫恐惧或者羞愧

成就目标理论中的表格：

	任务选择	评价标准	情感反应	学习结果归因	学习策略	自控能力	教师角色
掌握者	50%难度，有挑战性	自主的	简单的成功而失望	努力	理解策略	结果可控	帮助者，向导
表现者	很容易或很难	外在的	简单的成功而高兴	难度、运气	机械策略	结果不可控	给予奖惩的法官

理　论		代表人物	观　点
认知理论	自我功效论	班杜拉	（1）人的行为受行为的结果因素和先行因素的影响 ①行为的结果因素就是通常所说的强化； ②期待就是先行因素，分为两种：结果期待（个体对行为结果的估计）、效果期待（个体对自己是否有能力完成某一行为的推测和判断，即个体的自我效能感）。 （2）影响因素： ①个体自己成功和失败的经验； ②替代性经验； ③言语说服； ④情绪唤起，正情绪可以增强自我效能感，负情绪会减弱自我效能感
	自我决定理论	德西	（1）自我决定：是一种关于经验选择的潜能，是在充分认识个人需要和环境信息的基础上，个体对行动所作出的自由的选择； （2）3 种基本心理需要：胜任需要、归属需要和自主需要，人类有机体一直在争取自主性、自我决定感与他人归属感，以满足胜任感、自主性和归属感这 3 种基本的心理需要； （3）将动机划分为内在动机、内化动机和外在动机。该理论强调学习动机激发的重点在于外部动机的内化，从外部动机到内部动机经历了外部动机、内摄性动机、认同性动机和内在动机这一连续的发展轨迹
强化理论		斯金纳	（1）动机是由外部刺激引起的一种对行为的冲动力量，并特别重视用强化来说明动机的激发与作用； （2）人的某种学习行为倾向完全取决于先前的这种学习行为与刺激因强化而建立起来的稳固联系，强化可以使人在学习过程中增强某种反应发生的可能性； （3）强化既可以是外部强化，也可以是内部强化
人本理论		马斯洛	（1）需要层次理论； （2）学习是为了追求自我实现，缺乏学习动机可能是由于某种缺失性需要没有得到充分满足而引起的
逆转理论		阿普特尔	心理需要是对立的，概括起来有 4 种相反的元状态：目的—超越目的、顺从—逆反、控制—同情、自我中心—他人取向。每种动机都按照相反方向对应排列，在当前任务中对每种动机的两种状态只有一种能被激活

2.2.2　旅游动机的定义、功能与种类

1）旅游动机的定义

旅游动机就是直接推动人们离开居住地外出旅游的内部动因或内部动力，常以愿望、意

图、兴趣、思想、信念等形式表现出来,是个体发动和维持其旅游消费行为的一种能动心理。旅游动机对人们的旅游购买行为具有明显的预示作用。

旅游动机的产生必须具备两方面的条件:一是个体的内在条件——旅游需要(健康、文化、交际、地位、声望、求新、求美、求知等的需要);二是外在条件——刺激(人文景观、自然景观、旅游交通、旅游饭店、旅行社的服务设施与条件、旅游商业环境、个人社交环境,以及个人的经济状况、闲暇时间、社会政治环境因素等)。旅游动机和旅游需要紧密相连,不论人的旅游动机如何复杂多样,其实质都是为了满足人的多样化的旅游需要。旅游动机的实质是旅游需要,但又不能把旅游动机与旅游需要等同起来,只有以满足需要的对象(旅游消费刺激物实体或其形象)为条件,旅游需要才能转化为旅游动机,使潜在的需要状态转化为积极的活跃状态,这时消费动机才会成为消费行为。一旦动机形成,它就可以唤起行为,把行为指向特定的方向、预期的目标,并保持和发展消费行为,使之达到目标。

从研究的角度来看,旅游需要(N)与旅游动机(M)、旅游行为(B)之间存在一定的对应关系。大体上可分为:

(1)三者的一一对应关系

即:

$$N\text{——}M\text{——}B$$

如某人身体需要休养,进而产生度假旅游动机,因此产生外出度假旅游的行为。

(2)多种需要激发一种旅游动机,导致旅游行为的关系

即:

$$\left.\begin{matrix} N1 \\ N2 \\ N3 \end{matrix}\right\} M\text{——}B$$

如身体健康、宗教朝觐、文化考察等多种需要激发到宗教名山胜地旅游动机,而后产生到五台山(或普陀山)度假旅游行为。

(3)一种需要激发多种动机,导致旅游行为的关系

即:

$$N\left\{\begin{matrix} M1 \\ M2 \\ M3 \end{matrix}\right\} B$$

如某人被邀请到新加坡参加国际商品交易会,主要是因为商务活动需要到新加坡,但时间正好是在元旦前三天,这时激发这位先生到新加坡参加展销会(M1),并观光旅游(M2)和购物(M3)的多种动机,从而使其到新加坡商务旅游、购物旅游的行为发生。

(4)多种需要激发多种动机,导致旅游行为的关系

即:

$$\left.\begin{matrix} N1 \\ N2 \\ N3 \end{matrix}\right\} \left\{\begin{matrix} M1 \\ M2 \\ M3 \end{matrix}\right\} B$$

如某人想让孩子增加书本外的知识,又觉得自身需要到大自然中畅游,让身心愉悦,同时还想假日期间陪伴父母,于是产生了暑假去自然生态环境较好的历史古镇旅游的动机,因

此,一家人去丽江古镇的旅游行为就发生了。

实际上,旅游者的一次旅游活动,往往是多种旅游需要激发多种动机复合而成的。

2) 旅游动机的功能

旅游动机作为促使人们离开居住地外出旅游的内在驱动力,一般具有以下功能:

(1) 激活功能

旅游动机对人们的旅游行为的产生具有激活作用。人们在潜意识中有时会出现外出旅游的需要、欲望,但在多数情况下不会轻易产生具体的旅游行为。在一定条件下,当这些需要、欲望达到一定的强度时,就会产生旅游动机。旅游动机才是引起旅游行为的根本原因和动力。

(2) 指向功能

强烈的旅游动机总是与明确的旅游目标并存。旅游动机表明了人们想去旅游的欲望、倾向。强烈的旅游动机会进一步转化为旅游偏好,即对具体的旅游目标产生肯定的、积极的态度,为旅游决策作好心理上的准备。

(3) 强化功能

旅游动机对旅游行为的过程起维持和调整作用。旅游动机自它产生之时起,就贯穿于旅游活动的全过程,只要动机不消失,活动就不会停止。它是一种无形的力量维持着旅游活动的进行,调整着活动的方向。

3) 旅游动机的种类

(1) 旅游者一般性的旅游动机

旅游者一般性的旅游动机主要是针对旅游者进行旅游活动的根本原因而言的,具体分为生理性动机和心理性动机两大类,对于进一步分析具体的旅游动机有重要意义。

①生理性旅游动机。生理性旅游动机是指旅游者由于生理本能的需要而产生的旅游动机。旅游者作为生物意义上的人,为了维持、延续及发展自身的生命,会产生外出旅游的动机。当然,现代社会中,单纯受生理因素驱使产生旅游行为的旅游者已经很少见了,通常都是生理和非生理的旅游动机交织在一起,共同推动旅游者的旅游行为。

②心理性旅游动机。心理性旅游动机是指旅游者由于心理需要而产生的旅游动机。由于心理活动的复杂性,心理性旅游动机也比较复杂多变,难以掌握。比如,有的旅游者选择一起出游,主要是出于感情,或者是联络的原因,而对目的地的选择就变得次要了。

(2) 旅游者具体的旅游动机

随着人们生活需要的多样化和复杂化,旅游动机变得多种多样,特别是旅游购买动机,更是相当复杂。很多学者都对具体的旅游动机做了很多研究,但由于他们选取的方法不同,研究的角度不同,所得的研究结果也不一样。

①国外学者对旅游动机的分类

这里主要介绍日本、美国、澳大利亚、英国等国学者对旅游动机的分类。

A.日本学者的分类

《日本的旅游事业》一书介绍了日本的田中喜一先生和今井省吾先生对旅游动机的分类。

表2.2　田中喜一的旅游动机分类

分　类	目　　的
心理动机	思乡心、交友心、信仰心
精神动机	知识的需要、见闻的需要、欢乐的需要
身体动机	治疗的需要、休养的需要、运动的需要
经济动机	购物的目的、经商的目的

表2.3　今井省吾的旅游动机分类

分　类	目　　的
消除紧张的动机	转换心情，从繁杂现实中解脱出来，接触自然
充实和发展自我的动机	对未来的憧憬，了解外部未知的世界
社会存在的动机	朋友之间的友好往来、家庭团聚、从众心理等

B.美国学者的分类

表2.4　麦金托什的旅游动机分类

分　类	目　　的
生理因素诱发的旅游动机	为了恢复体力和身体健康，包括体育活动、海滩消遣等娱乐活动
文化因素诱发的旅游动机	获得有关国家知识的愿望，包括音乐、艺术、民俗、舞蹈、宗教等
地位和声望诱发的旅游动机	想要被人承认、引人注意、受人赏识和具有好名声的愿望
人际因素诱发的旅游动机	结识新朋友、走亲访友、避开日常的例行公事、家庭或邻居建立新友谊的愿望

表2.5　约翰·托马斯的旅游动机分类

	（1）去看看别的国家的人们如何工作、生活和娱乐
文化教育动机	（2）浏览独特的风景名胜
	（3）了解更多的新鲜事物
	（4）体验特殊经历

续表

修养娱乐动机	(5)摆脱呆板的日常生活
	(6)轻松愉快地过一下生活
	(7)获得某些与异性接触的浪漫体验
家族传统动机	(8)访问自己的祖居地
	(9)到自己家庭或朋友曾经去过的地方
其他动机	(10)气候　(11)健康　(12)运动　(13)健身　(14)冒险　(15)胜人一筹　(16)适应性　(17)考察历史　(18)了解世界

C.澳大利亚学者的分类

表 2.6　波乃克的旅游动机分类

分　类	目　的
休养动机	异地疗养
文化动机	修学旅行、参观或参加宗教仪式
体育动机	观摩比赛、参加运动会等
社会动机	蜜月旅行、亲友旅行
政治动机	政治性庆典活动的观瞻等
经济动机	参加订货会、展销会等

D.英国学者的分类

表 2.7　奥德曼的旅游动机分类

分　类	目　的
健康动机	使身心得到调整保养
好奇动机	对自然景观和人文景观的好奇心
体育动机	参与或观看某些体育活动或比赛
探亲访友	寻根问祖,回归故土
公务动机	外出考察、公务、经商
寻求乐趣	为了游玩、娱乐(达到某种刺激)
精神寄托或宗教信仰	朝圣、参加宗教活动或欣赏文艺、音乐等
自我尊重	受邀请或寻访名胜

②国内学者对旅游动机的分类

一是张树夫在《旅游心理》(中国林业出版社,2000年版)一书中将旅游动机划分为以下9种类型:

a.游览型动机。这类旅游者纯粹是到景点作一般性游览,看看名胜古迹,开开眼界,只是游山玩水,增长见识,没有什么特殊要求。

b.休闲型动机。这类旅游者选择风光秀美的旅游景区,他们追求自在、舒畅、潇洒,整个旅游活动围绕休闲进行,放慢旅游节奏。

c.文化型动机。这类旅游者具有一定的文化修养,探究景点的文化内涵,寻觅人文景观和文化遗迹,注重饮食文化,饱览乡土文化。

d.经济型动机。这类旅游者外出旅游多数是以经商、业务交流、参加展销会等为目的,也有部分游客是为了到大城市购物。

e.社交型动机。这类旅游者是为了探亲访友、寻根问祖、结识新朋友等而旅游。

f.纪念型动机。这类旅游者把旅游作为某种重要事件的纪念,比如结婚纪念日旅游等。

g.探险型动机。这类旅游者勇于探索自然奥秘,或闯大沙漠,或去南北极,或攀高山,或漂峡谷。

h.生态旅游型动机。这类旅游者走向自然、认识自然,注重在生态旅游中与大自然的感情交流。

i.宗教朝觐型动机。这类旅游者多数是虔诚的宗教信仰者,为了朝圣的需要而去旅游。

二是吕勤、郝春东在《旅游心理学》(广东旅游出版社,2000年版)一书中认为旅游是人们为了寻求补偿或者解脱,到别处去过一种"日常生活之外的生活",并将旅游者的旅游动机概括为3种类型:

a.求补偿动机。这是指旅游者需要通过旅游来寻求补偿,使自己在日常生活中所缺乏的那些满足感、新鲜感、亲切感和自豪感得到补偿。

b.求解脱动机。这是指旅游者借助旅游,从日常生活的精神紧张中解脱出来,以治疗自己生理上和心理上的伤痛。

c.求平衡动机。这是指旅游者要在变化与稳定、复杂与简单、新奇与熟悉、紧张与轻松等矛盾心理中寻求一种平衡。

以上这些分类看起来差异挺大,但就其内容而言,实际上大同小异。分析和研究旅游动机对于预测人们的旅游行为,开发旅游资源,提供合适的基础设施等都具有指导意义。归纳起来,旅游动机的分类大体上还有以下两种分法:

A.按人们需要的层次分类

a.放松动机。放松动机以解除紧张感、压迫感,消除疲劳为目的。

b.刺激动机。刺激动机以寻求新的感觉、新的刺激,形成新的思想为目的。

c.关系动机。关系动机以建立友谊、爱、商务伙伴关系等,或解除人际烦扰为目的。

d.发展动机。发展动机以得到新的知识、技能、阅历、尊重,提高个人声望和魅力为目的。

e.实现动机。实现动机以创造、丰富、改变人的精神素质、价值为目的。

B.按常见的旅游目的分类

a.健康、娱乐的动机。健康、娱乐的动机表现为在紧张的生活和工作之余,为了放松、修养、娱乐而旅游。

b.猎奇求异动机。每个人都有好奇心,都有强烈的求知欲和猎奇尝新的心理。文化的差异以及文化的异地传播,使人们产生了接触异域文化的动机,他们希望通过旅游去了解异域的名山大川、风土人情和文化艺术。也正因如此,每个旅游地具有代表性的特色都会成为游客聚焦的地方。这类动机在普通的旅游活动中占有的比例最大,持这类动机外出旅游的游客一般不会重复选择同一个旅游目的地。

c.审美的动机。审美的动机是指旅游者为满足自己的审美需要而外出旅游,这是一种高层次的精神方面的需求。如中国唐代的李白、杜甫,明代的徐霞客等士人的漫旅。

d.社会交往的动机。社会交往的动机以发展人际关系、公共关系为目的。其特点是旅游者要求旅游中的人际关系友好、亲切、热情和得到关心。如探亲访友旅游、公务旅游等。

e.宗教信仰的动机。宗教信仰的动机主要是为了满足自己的精神需要,寻求精神上的寄托。如玄奘、鉴真的宗教旅游。

f.情感动机。如外出旅游是为了让父母、爱人、儿女和其他亲人或朋友得到快乐。

g.业务动机。由业务动机而进行的旅游活动,包括各种学术交流、政府考察和各种商务活动。据有关部门的统计,在国际旅游活动中,各种专业交流考察团占到了较高的比例。而我国也有很多城市发展会展旅游经济,形成了很多会议型的旅游城市,比如冬天的广州、海口、夏天的青岛、哈尔滨和厦门等,各种专业会议爆满。这些地方成为众多会议的举行地,优美的环境是其受欢迎的重要原因。

2.2.3　旅游动机的特点与作用

1) 旅游动机的特点

一般而言,旅游动机具有以下几个最基本的特点:

(1) 旅游动机的对象性

旅游动机总是指向某种具体的旅游目标,即人们期望通过旅游行为所获得的结果。比如,长期工作的紧张感就会使人产生去室外活动轻松一下或外出旅游的动机,寒冷的冬季会使人产生去温暖的南方旅游的动机,而炎热的酷暑又会使人产生去避暑胜地旅游的动机等。旅游动机表现出了人们对于某一事物或某一活动的指向。旅游动机一旦实现,总能给人们带来生理或心理上的满足。

(2) 旅游动机的选择性

人们已经形成的旅游动机,决定着他们的行动以及对旅游内容的选择。由于旅游者在国籍、民族、职业、文化水平、性格、年龄、兴趣爱好、生活习惯和收入水平等方面存在差异,他们对旅游活动的内容有很大的选择性。比如,在旅游黄金周期间,有的旅游者选择江南古镇水乡游,有的旅游者选择国外度假旅游,有的旅游者则选择到大城市休闲购物等;在旅游方式上,有的旅游者选择参加旅行社组织的团队旅游,有的旅游者选择自驾车旅游等。此外,已经实现旅游动机的经验使得人们能够对旅游行为的内容进行分析和选择,哪些旅游行为要先行实现,哪些旅游行为可以留待将来实现;哪些旅游行为较容易实现,哪些旅游行为一时难以实现等。

(3)旅游动机的相关性

旅游活动是一项综合性的社会文化经济活动,旅游者的旅游动机往往不是单一的,不同的旅游动机之间存在着相互关联,形成复杂的旅游动机体系。旅游动机体系中的各个动机具有不同的强度,在强度上占有优势的旅游动机往往主导着旅游行为的主要目标,其他旅游动机则为辅助动机。比如,旅游者在游山玩水的同时,又想顺便探望一下老朋友;在外出经商考察的同时,又想观赏一下当地的人文景观等。

(4)旅游动机的起伏性

人们的旅游行为是一个无止境的活动过程,因而旅游动机一般不会立即消失,它作为一种实际上起作用的力量常常会时断时续、时隐时现,表现出一定的起伏性。旅游者的旅游动机获得满足后,在一定时间内暂时不会再产生,但随着时间的推移或另一个节假日的来临,又会重新出现旅游动机,呈现起伏性。旅游动机的起伏性主要是由旅游者的生理和心理需要引起,并受到旅游环境的发展进程和社会时尚的变化节奏的影响。

(5)旅游动机的发展性

当一种旅游动机实现后,会在其基础上产生新的旅游动机,成为支配人们旅游行动的新的目标和动力,这是旅游动机发展变化的规律。随着我国社会主义经济的持续发展和物质文化生活水平的不断提高,旅游者对旅游对象和服务的要求在不断地发展。这不仅体现在标准的不断提高上,而且更体现在种类的日益复杂多样上。

2)旅游动机的作用

旅游动机既是旅游者整个旅游活动的出发点,又贯穿于整个旅游活动的全过程,并且影响着旅游者未来的旅游活动。分析归纳旅游动机对旅游行为的作用,主要表现在以下几个方面:

(1)推动旅游者创造必要的旅游条件

已经形成的旅游动机会推动旅游者对自己的日常工作和生活做出某些必要的安排,调节自己生活的节奏,准备旅游所需要的相对集中的闲暇时间,调整经费的使用方向,为旅游筹集必需的费用,以及准备旅游中所需要的其他客观条件。

(2)促使旅游者收集、分析和评价旅游信息

为了进行旅游活动,旅游者在旅游动机的推动下,将从各种渠道及各个方面去收集各种旅游信息,分析旅游信息的内容以及旅游信息来源的可靠程度,对旅游信息进行筛选、对比、评价,并把它们作为进行旅游选择的依据,最终做出旅游决策。

(3)促使旅游者制订具体的旅游计划

在旅游动机的促动下,旅游者将把所获得的旅游信息与自己所需要的内容进行比较对

照,对不同的旅游项目进行取舍,选择最能满足旅游者需要的旅游项目和最有利于实现旅游动机的旅游方式,制订包括具体的旅游景点、旅游线路、旅游方式和旅游时间安排等内容的旅游计划,为进行旅游活动作好准备。

(4)引发和维持旅游行为趋向预定的旅游目标

在旅游者做出了旅游选择和制订出旅游活动计划之后,旅游动机将推动旅游者产生旅游行为,踏上旅途进行旅游活动。旅游活动是一个包括多方面内容的、需要经历一定时间的演进过程,在旅游活动过程中会遇到各种不同的情况,旅游者在旅游动机的支配下,对符合旅游期望和目标的活动和条件产生积极的态度;对不符合旅游期望和目标的活动和条件则产生消极态度。从而不断地调整自己的旅游行为,克服在旅游过程中遇到的困难,使自己的旅游行为向着实现预定的旅游目标的方向进行。

(5)作为主观标准对旅游活动进行评价

在具体的旅游活动过程中,旅游动机也是旅游者衡量旅游效果、进行旅游评价的主观标准。旅游的实际内容以及旅游经历是否符合旅游动机的期望和目标,符合的程度如何以及是否有超出期望以外的内容,都会使旅游者产生不同性质和不同程度的心理体验。旅游者会根据这种心理体验对旅游的内容和活动方式进行各种各样的评价。这些旅游评价将作为一种经验储存在旅游者的记忆之中,影响着他对该项旅游活动的态度和今后对旅游活动的选择倾向。比如,旅游活动中积极的旅游感受、美好的景点印象,不仅成为促进新的旅游活动的积极的心理因素,而且可能使旅游者产生再来此地重游的旅游动机。

2.3　旅游动机的产生条件与激发

2.3.1　旅游动机的产生条件

旅游动机就是促使人们离开居住地外出旅游的内在驱动力。收入水平、闲暇时间、生活环境和旅游欲望是产生旅游动机的基本条件。人们的社会性需要以及好奇心是产生旅游行为的内在动力,也可以说是客观条件,但如果不具备一定的客观条件,人们的旅游行为最终也不会发生。一般而言,促使旅游动机产生的主、客观条件表现为以下几个方面。

1)经济条件

旅游是一种消费行为,要满足这种消费就要在经济上有足够的支付能力,即有可自由支配的收入。可自由支配的收入就是个人可支配收入扣除日常生活必需品支出和固定支出后的余额。从理论上讲,可自由支配的收入一般用于轿车、旅游等奢侈品和精神消费品。也就是说,只有一个人或家庭的收入超过日常开支后,才会产生外出旅游的动机。

现今我们大多数家庭在解决了温饱之后,又大步奔向小康,收入水平普遍提高,生活质量也在不断改善,日常生活消费方面的支出比重慢慢下降,大部分家庭有了更多的可自由支配收入,这些因素都或多或少地促使旅游动机的产生。

收入水平的高低是旅游消费的经济基础,它不仅仅决定着旅游动机能否产生,同时还影响着旅游者在旅游行为中的消费水平、消费结构以及消费方式。但是,收入水平只是影响旅游动机的一个条件,并不是促使人们产生旅游动机的唯一条件。

2) 时间条件

人们产生旅游行为,需要足够的闲暇时间。闲暇时间是指人们工作和生活之外,用于满足精神需要的时间,即人们可以自由支配的时间,包括一天工作以后的闲暇时间、周末的闲暇时间和休假的时间。一般来说,一天工作之后的闲暇时间是不足以让人们产生旅游动机的,周末闲暇和休假,特别是休假时间是人们外出旅游的最佳时间,同时也是人们产生旅游动机的有利因素。

在我国,周末和法定节假日是人人都可以依法享有的闲暇时间;一周工作 5 天使人们的闲暇时间得到了充分的保障;"十一"国庆黄金周、春节的 7 天小长假以及各种法定假日的三天假又无形中给人们创造了更多的闲暇时间;随着现代社会的发展,企事业单位的带薪年假制度也在慢慢得到普及,促使人们的闲暇时间越来越多。这些充裕的闲暇时间都为人们旅游动机的产生提供了有利条件。

3) 社会条件

社会条件是指一个国家或地区的经济发展、文化因素以及社会时尚等。旅游作为一种现代生活方式,不可能脱离社会条件而单独存在,人们的生活环境对旅游动机有一定的影响。

经济发展水平直接诱发旅游动机的产生,只有当整个国家或者地区的经济发展到一定程度时,才有足够的经济条件来建设旅游设施、开发旅游资源,从而提高旅游的综合吸引力,诱发人们旅游的兴趣和愿望,同时,也只有经济高度发展,物质文化水平相对丰富,经济支付能力增强时,人们才会产生旅游动机。

而社会时尚也是促进旅游动机产生的社会条件之一。为了寻求安全感和社会认同感,与社会大众保持同步,得到社会的认同,人们会相互模仿,从而形成时尚,把旅游活动当成与其他消费一样的,人们生活中不可或缺的生活方式。

4) 个人条件

个人的旅游欲望是旅游动机的诱发性因素,没有旅游的欲望,就不可能产生外出旅游的动机。旅游作为一种精神性消费产品,具有一定的趣味性和刺激性,在人们的享受与发展需要不断增强时,它会对许多人产生吸引力,促使人们产生外出旅游的意愿。

对于处在生活节奏不断加快、工作高度紧张环境中的人们而言,逃离城市的喧嚣,换换环境,享受一下轻松的生活,调整疲惫的身心是他们的渴望。另外,在适当的时间走向社会,走向自然,偶尔体验一下他乡的风土人情、文化习俗和大自然的秀丽风光,也是人们所期盼的。这种逃避大城市的喧嚣,回归自然,回归乡野,或者到异国他乡探新求异的心理,对人们旅游动机的产生起着决定性的作用。但是,不同的个性心理特征,会导致人们的兴趣、爱好以及处事的态度有所不同。兴趣广泛、喜欢新异事物、乐于结交朋友的人,热衷于外出旅游;喜欢安静、稳定生活的人,乐于利用闲暇的时间在家读书、看电视、做家务,而不太愿意去参加在他们看来费时费力又费钱的旅游活动。前者对旅游总是抱有强烈的愿望,而后者则需要一定的诱导因素,才有可能产生旅游的欲望。

2.3.2　旅游动机的激发

激发旅游动机,就是通过提高人们旅游的积极性,刺激旅游者的兴趣,以促使一些潜在旅游者积极参加到旅游活动中去。为此,旅游目的地主管部门及相关旅游企业可以在旅游资源、旅游产品、旅游设施、旅游服务等方面采取切实有效的措施,以期达到激发旅游者旅游动机的目的。

1) 富有吸引力的旅游资源是激发旅游动机的基础

任何一项具有鲜明特色的自然旅游资源,或者人文旅游资源,都是激发人们产生旅游动机的基础和前提条件。同时,也要求旅游目的地政府及相关旅游企业在旅游资源的开发上要充分考虑保护与发展的关系,也要相应地考虑旅游者的需求,尽可能地保持旅游资源的原始风貌,以满足旅游者求真求实的心理。在景区景点开发建设过程中,只有维护自然之美,又利用现代技术去建设它,才能达到形、声、色的和谐和美感的目的,对旅游景点景区的任何过分修饰,甚至全面拆旧翻新都是不可取的。因此,自然景观应尽力保持原始天然的美,人文景观应保持原有的风韵,只有这样才能激发人们的旅游动机。

2) 富于个性的旅游产品是激发旅游动机的条件

独特的个性、鲜明的特色是旅游产品的吸引力所在。因此,在旅游产品的设计上,要显示出与众不同的独特风格,以别具一格的形象去吸引旅游者,并不断地进行强化、渲染,来增加它的魅力。比如富有自然与文化双遗产的武夷山正是以它独特的丹霞地貌山水景观和鲜明的儒、释、道文化特色吸引了成千上万的中外旅游者前去观光游览和休闲度假。另一个方面,越是民族的往往就越是世界的。因此,应该保持某些旅游产品的传统格调,突出民族性,注重地方特色,给游客带来了新鲜感和美感。

3) 美观、实用、方便的旅游设施是激发旅游动机的保证

旅游资源、旅游产品具有吸引力,仅仅是旅游动机产生的条件和基础,而使旅游者产生旅游动机的保证是齐全配套的旅游设施。旅游设施的数量、规模、档次、位置要充分满足旅游者的需要,要保证旅游者能够开心地进来,安心地出去。在设计上要造型独特,外观雅致,内部舒适。旅游设施要能满足具有不同特征的旅游群体的需求。因此,美观、实用、方便的旅游设施是激发旅游消费者旅游动机的保证。

4) 亲切、感人、优质的旅游服务是激发旅游动机的前提

旅游目的地的旅游产品和服务质量的优质与否直接影响着旅游者的期望和评价。旅游产品的独特、优良,配上亲切、感人、优质的旅游服务能给旅游者留下美好印象,提高旅游者的满意度和忠诚度,从而增加旅游者的重游率和口碑宣传的积极性。因此,旅游目的地主管部门和有关旅游企业更应根据国家的政策法令和国际惯例,建立健全各种规章制度和服务规范标准,提高从业人员的业务素质和职业道德水准,为广大的旅游者提供优质的服务。比如,旅游线路安排要合理、新颖;餐饮服务人员要热情、周到;客房服务要标准、娴熟;导游人员要耐心细致;驾驶人员要技术过硬、安全意识强。总之,所有的服务都必须从旅游者的需求出发,尽力让旅游者体会到旅游是愉快的、舒适的、安全的,做到让游客"乘兴而来,满意而归"。同时,借助旅游者向周围人宣传旅游的经历和感受,也可以诱发周围人的旅游动机,让更多的人投入到旅游活动中来。

5) 营销活动是激发旅游动机的促进剂

营销活动可以突出旅游目的地及旅游企业的形象,扩大知名度和影响力,争取更多的潜在客源。因此,旅游目的地可以通过广播、电视、报纸、杂志、推介会等渠道宣传营销,同时,也要借助当下符合年轻人需求的社交媒体,如微信、微博、抖音等对新开发的旅游景点、旅游线路、旅游项目进行宣传推广,不断激发游客产生旅游动机。

本章概要

- 本章分为3节,主要阐述需要与动机,以及旅游需求与旅游动机的概念、特点及分类,分析影响旅游者需要和动机的因素,旅游需要的理论、作用及其发展趋势,旅游动机的概念、功能,以及旅游动机的类型和产生的条件,激发旅游者旅游动机的措施。
- 2.1节主要阐述旅游消费者需求,着重阐述需要的概念及其特征,以及旅游消费需要的产生、类别和特征。
- 2.2节主要阐述旅游消费者的旅游动机,分析动机的定义、功能与动机理论,以及旅游动机的定义、功能、类型。
- 2.3节着重阐述旅游动机产生的条件与激发旅游动机的具体措施。一般而言,促使旅游动机产生的主、客观条件表现为:经济条件、社会条件、时间条件和个人条件。激发旅游动机,就是通过提高人们旅游的积极性,激发旅游者的兴趣,以促使一些潜在旅游者积极参加到旅游活动中去。

课后习题

1.何谓旅游需求？旅游需求有什么特点？可分为几类？

2.何谓旅游动机？旅游动机的特点是什么？

3.试阐述动机的有关理论；请分组讨论旅游需求与旅游动机的关系，这种关系对旅游企业的市场营销有何启示。

4.旅游动机有哪些主要功能？旅游动机类型有哪些？

5.试述旅游动机产生的条件，请结合所学知识，谈谈如何激发人们的旅游动机。

【案例分析】

马拉松赛事的旅游带动效应

马拉松比赛是奥运会的最后一项赛事，与奥运会有着很深的渊源。大家都知道，马拉松作为体育旅游的其中一项，不仅带动着周边体育的发展，也正成为一个旅游流量的入口。9 月 17 日，2017 北京马拉松在天安门广场起跑，来自 33 个国家和地区的 3 万名跑友前来参赛。今年北京马拉松再次以近 10 万人报名、低于 30% 的中签率刷新国内马拉松相关纪录。业内人士表示，人数庞大的中国跑者参与，形成了规模上亿的"马拉松旅游经济"，中国马拉松品牌的聚合效应不仅会带动马拉松举办地的旅游经济，同时也将促进马拉松旅游产品的发展。

与往年不同，作为中国马拉松大满贯的首站，北京马拉松的开跑同时意味着中国马拉松大满贯首赛季也将拉开帷幕。2017 年 8 月 23 日，由中国田径协会创建并主办、北京环奥体育发展有限公司独家运营的"中国马拉松大满贯"正式成立，北京马拉松则成为首家签约的成员赛事，此外广州马拉松赛、重庆国际马拉松赛和武汉马拉松赛也相继加入。"大满贯"能够将单个赛事联合起来，打造出一个新的超级品牌，提升赛事的声誉。国际上包含了波士顿马拉松、纽约马拉松、芝加哥马拉松、伦敦马拉松、柏林马拉松以及东京马拉松在内的世界马拉松大满贯，不仅让跑者热衷于集齐六枚勋章，也吸引不少赞助商上门。

一些专业人士非常看好马拉松市场，尤其是对旅游市场的推动。《2016 中国马拉松传播报告》称，在互联网传播中与"马拉松"联系最紧密的群体是游客，说明马拉松与旅游之间正发生紧密联系。去年通过某大型 OTA 平台报名马拉松参赛、观赛跟团游自由行线路的游客同比前一年增长 200% 以上，一些高端跑者在一年内花费数十万元赴海外参与马拉松赛事，而一人参赛、全家助威扩大了马拉松赛事的经济效应。

在市场需求下，已经有多家旅企涉足马拉松旅游产品，其中不乏马拉松联盟城市的线路。据北京商报记者了解，凯撒旅游的"全球跑"系列产品中，包含了金泽马拉松之旅、新加坡马拉松之旅以及东京马拉松大满贯之旅等，并且同时提供免抽签直接参赛的服务。2015年，众信旅游推出子品牌众信体育，随后在 2016 年投资"来跑吧"，作为渠道方主推境外马拉松旅游，同时成立"众信来跑吧"开发"景区+马拉松"旅游项目。

有专家分析,国内马拉松大满贯推出后,综合影响力也将有量级的飞跃。这对于各地旅游经济将产生更大的推动作用,尤其是四大赛事地点分据四方、各有特色,跑道设置在地域特点鲜明的区域,城市可以借此打造"马拉松名片",通过联盟化的包装与宣传,拉动城市体育旅游经济的进一步提升。不过,中青旅遨游网首席品牌官徐晓磊也指出,马拉松的确能促使赛事所在地相应的体育旅游产品提高丰富度,加强当地的旅游营销,但国内马拉松打包产品的出现还需时日,因为国内赛事的参赛门槛相对较低,且国外跑者对于到中国跑步也还比较陌生,可以说,当下中国马拉松旅游市场还不成熟。

(资料来源:马拉松赛事为何被称为旅游流量新的增长口[EB/OL].搜狐网,2017-11-15.)

问题:

1.试结合本章知识点分析马拉松赛事为何能激发人们的旅游动机。

2.从满足旅游者需要的角度,相关旅游企业的运营方应考虑从哪些方面去拓展中国马拉松旅游市场?

【建议阅读文献】

[1] 张树夫.旅游心理[M].北京:中国林业出版社,2000.

[2] 吕勤,郝春东.旅游心理学[M].广州:广东旅游出版社,2000.

[3] 沈祖祥.旅游心理学[M].福州:福建人民出版社,2009.

[4] 张宏梅,陆林.近10年国外旅游动机研究综述[J].地域研究与开发,2005(2):60-64.

[5] 胡林.旅游心理学[M].广州:华南理工大学出版社,2005.

第3章
旅游消费者购买决策

【学习目标】

- 熟悉与掌握旅游消费者购买决策的过程及特点;
- 熟悉与掌握旅游购买决策的类型;
- 熟悉与掌握旅游目的地选择的几个理论模型;
- 理解并运用基于旅游消费者购买决策的营销策略组合。

3.1 旅游消费者购买决策概述

决策是为了实现特定的目标,根据客观的可能性,在占有一定信息和经验的基础上,借助一定的工具、技巧和方法,对影响目标实现的各种因素进行分析、计算、判断和选优之后,对未来行动作出决定。在消费者行为领域,所谓购买决策是指消费者评价某一产品的品牌、服务等多个属性,并进行选择,购买能满足特定需要的产品的过程。旅游者的购买决策是一个系统的较为复杂的过程,诸如选择要到访的旅游目的地、选定出行的交通方式、入住的酒店、就餐的餐馆等,都是旅游消费者的购买决策。在这一过程中,旅游者的购买决策通常由引起需要、搜集信息、评价方案、决定购买和购后行为5个阶段构成。

3.1.1 旅游消费决策过程

许多学者对消费者的购买决策进行了研究。其中,恩格尔(James F. Engel)等学者在1968年提出的消费者的购买决策模型(又称 E-K-B 模型)成了消费者行为研究的主流模型。该模型以决策过程为主干,把消费者的行为描述为一种连续的过程(如图 3.1 所示)。

旅游消费者从消费需求、消费动机到购买决策,再到购买的实现要经过一个由心理到行为的转换过程,这便是消费者的购买决策过程,也是旅游消费行为从旅游消费者的角度来划分的,这一过程包括5个阶段:旅游需要识别阶段、旅游信息搜寻阶段、旅游购买方案选择阶段、旅游经历阶段和旅游后阶段。每个阶段需要解决相应的问题。整个过程是个循环往复的过程,本次的消费行为结果不仅关系到本次购买,还会影响到以后的购买。因此,有必要对旅游消费者旅游消费行为过程中所要解决的问题及其一般规律进行探究,进而找到消费者作出有利的、正确的旅游消费决策和行动的有效途径。

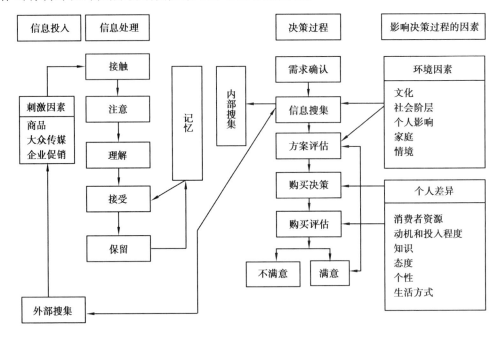

图 3.1 E-K-B 模型

旅游消费者对旅游地和旅游服务的选择,实质上也是一种消费和购买行为。所谓旅游消费决策,是指个人根据自己的旅游目的,搜集和加工有关的旅游信息,提出并选择旅游方案或旅游计划,并最终把选定的旅游方案或旅游计划付诸实施的过程(邱扶东 等,2004)。与其他消费决策相似,旅游消费决策是一个从内在心理活动到外显行为的连续体,包含问题认知——搜集信息,拟订备选方案——形成信念和态度,评估和比较各备选方案——形成选择意向,做出购买决策等一系列相关的阶段。

1)需要、欲求和问题的确认

旅游消费决策通常始于需要、欲求和问题的识别。旅游消费者对期望状态与实际状态之间差异的认识,可能是被广告等外界刺激因素唤醒的,也可能是他们自发意识到的。当需要迫切到一定程度时,旅游消费者就会产生动机,寻找解决问题的办法。这个阶段往往比较隐蔽,旅游消费者不会跳出来喊"我有一个问题",他们甚至不把旅游动机或购买需要当成问题来看待。比如,当旅游者在途中需要进餐时,他可能说,"我饿了"或"我们吃饭吧",但他心里想的是,"今晚,我要找一个安静的地方吃一顿丰盛的晚餐,我们应该去哪里呢?"这些隐蔽的需要和动机决定着消费者选择旅游产品和服务的倾向。希望与朋友共度时光的消费者,与希望逃避喧嚣生活的消费者所偏爱和选择的旅游目的地和旅游服务显然会有所不同。

2)搜集信息,拟订备选方案

旅游消费者可能凭借自己的经验来解决问题,也可能通过旅行社、亲朋好友、互联网、新闻报道、广告等渠道搜集相关信息,如旅游目的地的景观、气候、风俗、治安状况、宾馆情况、交通、旅游价格和旅行社的服务情况等。在信息处理过程中,旅游消费者总是有目的、有选择地注意、理解和接受他们所接触到的信息。对同一酒店的宣传材料,正在寻找度假地的消费者会特别注意材料中对沙滩、娱乐设施、交通便捷度的描述,而正在筹备公司销售会议的秘书则可能更关注酒店对会议室、宴会设施及健身器材的介绍。他们往往只关注他们感到重要的东西,在尽量理解这些信息后,做出接受或拒绝这些信息的判断,并把其接受的信息保存在记忆里。这些有选择的感知是消费者对旅游地和旅游条件形成印象和信念的基础。

3) 评估和比较备选方案

如果可用多种方案解决问题,消费者就必须进行评估和选择。消费者会罗列他所重视的属性,确定各个属性的相对重要性,然后以这些属性为评价标准,衡量各个备选方案在每一个评价标准上的绩效值。在比较各个备选方案在这些标准上的表现的基础上,旅游消费者将结合自己的支付能力和时间,从可供选择的方案中做出选择,并初步确定出游的行动单元,是自己一个人出游,还是全家一起出游或与亲朋好友结伴出游。一般来说,消费者对旅游活动的投入程度越高,这一评估过程就越长、越仔细,消费者也会努力地搜集更多的信息。

4) 将选择意向转变为购买行为

根据理性行为模型,旅游消费者对某一品牌或旅游产品形成购买意向后,将采取实际的购买行为。然而,购买意向与实际购买行动之间往往还有一段时滞,在此期间有三类因素影响旅游消费者的最终购买。

第一类是他人的态度。旅游消费者可能会与家人、朋友或其他社会人士讨论他的购买意向。如果他人的否定态度很强烈,而且该人与旅游消费者的关系密切,或该人具有丰富的旅游经验和知识,那么旅游消费者推迟购买、改变购买意向或终止购买行动的可能性就会相应增加。比如,虽然自己倾向于选择花费较小、游览时间紧凑的旅行社包价游产品,但遭到家人的反对,家里人更喜欢行动自由的自驾游。在这种情况下,家人的反对有可能改变旅游者的购买决策。

第二类是感知风险。包括财务风险、心理风险、社交风险等。如果旅游消费者认为他们有意向购买的旅游产品风险太高,他们就有可能推迟购买行为,继续寻找更多的信息以便做出购买决策。比如,旅游者意识到他们有意向前往的目的地刚刚发生过社会骚乱,有可能对自己的人身、财产安全造成伤害,又或者他们意识到先前给自己提供信息的是当地一家不知名的旅行社,或许接下来的服务达不到期望。这些旅游者感知到的风险都有可能改变他们的购买行为。

第三类是意外情况。包括:①旅游消费者工作上的变化、身体上的不适、收入上的变化等;②旅游企业新推出的促销措施、替代性的新产品的出现、旅游产品的提价或降价等。比如,之前正在犹豫带小孩去哪个主题乐园的消费者,忽然看到 A 游乐园近日内的半价促销信息,就有可能放弃选择 B 游乐园。具体情境对改变一个人的行为有重大作用。因此,如果旅游企业仅询问消费者的行为意向,而不去测评他们决策的时机和环境,可能会造成很大的误导。有时,旅游消费者可能只花几分钟,就形成购买意向,并付诸实践,但有时,他们可能要用一年,甚至更长的时间来做决定。在购买行为最终发生前,我们不能断定旅游消费者的购买意向必然转变为购买行为。投入程度高的旅游消费者甚至在支付了订金后,还要设法进一步了解自己的选择是否正确,对已做出的有关决策进行调整,而投入程度低的旅游消费者则倾向于把决定权交给其他人。

5) 购后评价

假设消费者做出了一种选择,并按照这种选择去购买了,那么他们就进入了一个新的感知阶段,即实际购买之后的现实的感知阶段。此时,消费者会不断评估他们的期望是否实现了。如果他身处一家饭店,他可能会注意饭店的设备、客房服务、餐饮、健身娱乐等各项饭店曾向他承诺的东西,以判断饭店的承诺是否得到了兑现。如果期望与现实感知不匹配,消费者可能会产生不满,甚至会投诉或向他人做负面的口头宣传。

3.1.2 旅游购买决策的特点

虽然旅游消费者的购买决策过程与一般消费决策相似,包含了识别需要、搜集信息、评估备选方案、实际购买、购后评价等阶段,但旅游购买决策也有不同于一般商品购买决策的特点。

1) 决策内容更复杂多样

旅游消费活动的时空范围比较大,至少要在"两点一线",即旅游目的地和旅游客源地之间活动,相应地,一次旅游消费活动要包含一系列决策。旅游消费者不仅要选择目的地和旅行路线,还要决定何时去、如何去、在何处下榻和就餐、到目的地参加哪些活动以及如何分配资金和时间。每一项子决策都可能会牵扯到其他的子决策,如在预算一定的情况下,消费者决定将原来的铁路出行改为乘坐飞机出行,这样可以节约时间,在目的地安排更多的旅游活动,但这也意味着他要压缩住宿、餐饮等开支。包价旅游产品的优势,正是在于它把许多产品和服务组合起来,节省了消费者依次做出若干项决策所耗费的时间和精力。

2) 旅游消费者的购买行为更容易受感性因素驱动

在购买日常消费品时,人们通常会依据逻辑或事实,判断该产品的效用大小。但在旅游消费中,消费者可能更多地运用感性判断。消费者钟情于特定产品和品牌的情况在旅游业中屡见不鲜。其主要原因是,旅游业是情感密集型产业。目前,由机器来提供旅游服务的做法尚不普遍,旅游消费者接受服务的过程通常就是与旅游企业员工交往的过程。在人与人的交往中产生的情感影响着消费者未来的购买行为。此外,消费者在旅游情境下更容易产生冲动型的购买行为,有不少旅游者曾为头脑一热买回一堆价高质次的物品而懊悔不已,抑或是在免税店打折促销的氛围下,购物开支远超预期。

3)购前很难准确全面地评价和选择旅游产品

由于旅游产品不可触摸,不可事先体验,旅游消费者在购前很难对旅游产品做出准确的评估。因此,旅游消费者通常不确定他们的决策是否正确,并容易出现购后认知失调。购买行为越重要,花费的金钱越多,旅游消费者在消费过程中的心理活动水平越高,越可能发现最终购买的旅游服务缺乏他所放弃的其他服务的优点,产生失调感。比如,旅游者购买了一个"江浙沪三日"的包价游产品,结果发现这个旅游团并没有按照合同的约定进行游览,反而还增加了许多购物店购物环节,此时,旅游者受到的就不仅是物质上的损失,还会在精神和情感上受到负面影响。

4)不同旅游消费者评估旅游产品的标准有很大差别

同一旅游产品对不同旅游者的效用差别往往大于一般商品对不同消费者的效用差别,比如,商务旅游者希望饭店能在客房提供复印和上网服务,在大堂公示航班抵离信息,而休闲旅游者却不重视这些服务,也不愿为之付费。同样是商务旅游者,女性比男性旅游者更注重客房门锁是否安全,是否配备化妆镜、吹风机、熨斗和熨衣板,是否提供行李搬运服务。

美国学者安东尼(R.F.Antoni)认为,旅游决策的主观核心要素正是旅游者因人而异的个体价值观。个体价值观决定了旅游者评判旅游产品/旅游目的地的价值尺度和旅游者期望获得的目标效用。旅游者在个体价值观和目标效用的引导下,处理各个备选旅游产品/旅游目的地的信息,做出最终决策。旅游者把心理预期与实地旅游的感知进行比较评价后,会反馈修正今后旅游的目标效用。

3.1.3　旅游购买决策的类型

1)个体旅游消费者决策和组织旅游消费者决策

"消费者"一词常用于描述两类消费实体。一类是为了满足自己的需要而选购产品或服务的个体消费者(personal consumer),又称为最终消费者;另一类是组织消费者(organization consumer),包括各类企业、政府、学院、医院、军队等营利和非营利机构。

个体消费者的旅游决策主要由旅游者本人做出,或在家庭成员、旅伴之间协商做出,比如一家人对春节期间外出旅游的决策。在这类决策中,只要经济、时间和交通条件许可,旅游者可以根据自己的需要和能力,选择任何旅游目的地。相比较而言,在组织消费者的旅游决策中,旅游者的参与度很低,或旅游者对旅游目的地的选择余地很小。比如,各类组织对会议旅游、商务旅游、团体福利旅游的决策。由于涉及的人数比较多,而且旅游活动受组织运营目的的限制,这类决策比较复杂,需要侧重考虑成本、服务设施、活动过程中的场所转换等客观因素,甚至涉及招标。

2)扩展型、有限型和名义型决策

根据旅游消费者在购买决策中投入程度的不同,决策可分为 3 种类型:

（1）扩展型决策

扩展型决策（extended decision making）是一种较为复杂的购买决策。旅游消费者花费几天、几个星期甚至几个月的时间，广泛搜集内部和外部信息，寻找可供选择的备选方案，形成明确的评估标准。在全面深入地评价和比较各个备选方案的优劣后，旅游消费者形成自己的态度和购买意向，进而实施购买行为，并完成对相关的衣食住行等方面的辅助决策。

如果旅游消费者打算开展蜜月旅游、欧洲度假游、首次航海游等花费高、距离远、意义大的旅游活动，但对相关的旅游产品和服务不熟悉，尚未建立起相应的评价标准，也未将选择范围限定在少数几个备选方案之内，而他又有较多时间斟酌，那么，他通常会进行扩展型决策。在扩展型决策中，尽管旅游消费者审慎地解决了决策过程中各阶段的问题，他仍可能对最终购买有疑虑，甚至会延迟或重新评估其购买决策。旅游消费者可能还要求助于旅游代理商、旅游专家、政府旅游管理部门，或采取共同决策的方式来确保决策的正确性。

（2）有限型决策

有限型决策（limited decision making）是指消费者对某一产品领域或该领域的品牌有一定了解，或者对产品和品牌的选择已形成基本的评价标准，但尚未形成对特定品牌的偏好，因此还需要进一步搜集信息，以便做出较为满意的选择。例如，在高级餐馆就餐通常属于有限型决策。对于无力频繁光顾高级餐馆的顾客来说，虽然他们知道自己喜欢什么样的食物、服务和就餐环境，但他们对餐厅菜式、酒和饮料没有特殊的偏好或购买习惯，所以，他们需要根据对其他顾客的观察或根据服务员的推荐来点菜。

与扩展型决策相似，旅游消费者在有限型决策中也要经历购买决策过程的5个阶段，只不过在某些阶段所花费时间和精力较少。与扩展型决策不同的是，旅游消费者在有限型决策中以内部信息搜集为主，外部信息搜集为辅，进入备选范围的产品不多，而且通常只对产品的某个或少数几个方面进行评价。

采用有限型决策的旅游消费者通常认为备选品之间的差异不是很大，而他又没有时间和资源广泛搜集信息，因而简化决策过程，大幅减少信息来源、评估准则或备选方案。常见的有限型决策包括旅游消费者某种情绪影响下做出的购买决策、追求低价位的购买决策、追求多样化的购买决策。例如，一位对广州非常熟悉的商务旅客时常搜集饭店信息，每次到广州出差都设法预订不同的四星级饭店。这种变换饭店的决策，并非出于对以前入住饭店的不满，而是出于对多样化的追求。旅游消费者长期使用某企业的服务，可能会产生厌倦感，从而在求新、求变动机的驱使下转换品牌。对此，企业不仅要一如既往地履行对顾客的责任，还要为顾客提供符合其特殊需要的优质服务，才有可能把摇摆不定的旅游消费者转变为偏爱本企业的顾客。

（3）名义型决策

名义型决策（nominal decision making）又称惯例决策，是指旅游消费者根据其头脑中已形成的观念、知识和经验，几乎不假思索地选择某个旅游目的地或购买某种旅游产品和服务。比如，一些西方旅游者年复一年地到某个海滨旅游地度假，他们的决策就属于名义型决策。

在名义型决策中,旅游消费者的投入程度较低,通常跳过决策过程中的某个阶段想当然地做出决策,并较少考虑购买风险。其原因是,他们认为所购的旅游产品并不昂贵,而且自己懂得如何评价备选方案,对这些产品的情况了如指掌。比如,旅游消费者在选择快餐店的汉堡包时,无须征求其他人意见就能迅速决策。旅游者对麦当劳、汉堡王、肯德基这几家店的汉堡有充分的了解,而且不管在哪个城市,同一家连锁店的汉堡都是一样的。如果没有意外,他们购买的产品就能产生他们所期待的效用。在这种情况下,他们甚少评估消费过程和消费结果。

名义型购买决策可进一步分为忠诚型购买决策和习惯型购买决策。忠诚型购买决策是指消费者认定某一品牌能比其竞争品牌更好地满足其需要,从而对该品牌形成情感依赖,长期反复选用该品牌。比如,某旅游消费者在一次出游前精心挑选旅行社,在选定某个度假产品后,觉得线路设计合理,价格公道,服务周到。在此后的旅游中,该旅游者可能会不假思索地一再选择这家旅行社。由于他对该品牌形成了偏好和忠诚,其他旅行社很难赢得他的青睐。习惯型决策和忠诚型决策的外在表现形式一致,即重复选择某一品牌的旅游服务。但是,在习惯型决策中,消费者重复选择某家旅行社/饭店/餐馆并不意味着他就忠实于这一旅游企业,而可能是因为购买这家企业的服务比较方便,或认为不同服务品牌之间没有实质性差异。如果遇到竞争企业降价或采用强有力的促销手段,消费者可能就会改购其他竞争企业的服务。

消费者形成品牌忠诚和习惯性重复购买的原因主要是减少购买风险,简化决策程序,尤其是减少信息搜集方面的工作量。虽然习惯性重复购买在日常生活中很常见,但以名义型决策购买旅游产品的消费者为数不多。喜欢求新求异,追求完美体验的旅游消费者更常采用有限型决策和扩展型决策。

(4)3 种购买决策类型的比较

上述 3 种类型的购买决策主要有以下几个方面的区别(如表 3.1 所示):

表 3.1　3 种类型的购买决策类型

决策类型	决策阶段	介入程度	重复选择	信息搜寻	决策时间
扩展型	多、复杂	高	少	广泛	长
有限性	较多	较低	较少	适量	较长
名义型	少、简单	高或较低	较多	少量	短

一是在购买决策所经历的阶段以及各阶段旅游消费者的投入程度上的差别。旅游消费者在名义型决策中的投入程度最低,在扩展型决策中的投入程度最高,在有限型决策中的投入程度介于前两者之间。

二是旅游消费者重复选择同一产品或目的地的概率不同。一般而言,越是简单的名义型决策,旅游消费者重复选择同一产品或目的地的可能性越大;在复杂的购买决策中,旅游消费者再次购买同一产品或重游目的地的可能性相应较小。

三是旅游消费者的信息搜集时间和范围存在差异。旅游消费者在名义型决策中很少搜集信息,靠经验解决问题。如果要购买新型的旅游产品或到陌生地方旅游,消费者的信息搜集行为会逐渐增加。在扩展型决策中,旅游消费者会花时间进行广泛的信息搜集。

除了以上3种购买决策外,还有一种购买决策未列入上述讨论范围,即冲动性购买决策,指旅游消费者一时兴起,或因受到某种刺激所引起的瞬间冲动,而做出的无计划性购买决策。这种决策的特点是:①突发性强,且带有急切行动的欲望;②心理暂时处于失控状态;③以主观情绪为主导,几乎没有进行过客观的评估;④不顾后果。当旅游消费者受旅游企业促销的诱惑时,可能会做出这类决策。

3.1.4 旅游消费决策的影响因素

影响旅游消费者最终购买决策的因素非常多,包括价格、促销、服务质量、个人偏好、购买环境、企业的知名度等。梅奥和贾维斯(1981)将这些因素分为两大类:个人的心理因素和社会因素。我国学者邱扶东和吴明证根据对上海市民的研究,将影响旅游消费决策的因素分为六大类(2004):

第一类,旅游服务因素。人们在旅游决策中考虑的服务因素包括:①旅游信息是否真实可靠且具权威性;②如果参加旅游团,能否获得令人满意的旅行社接待服务;③在旅游活动过程中,能否获得令人满意的餐饮、住宿、旅游投诉处理和医疗保健服务;④目的地的旅游业管理水平、各种旅游设施的完备程度、旅游从业人员的服务水平,以及旅游目的地的社会治安状况。

第二类,社会支持因素。主要指社会舆论、大众传媒和旅游者的工作单位对旅游的提倡和支持,以及全社会的旅游风气。社会支持因素构成了旅游消费者所处的大环境。在支持性的社会环境中,旅游将成为人们生活方式的重要组成部分。

第三类,个人心理因素。包括旅游消费者对某些旅游产品和服务的偏好、过去的旅游经验、所掌握的旅游知识、决策时的心情等。人的行为是他们的个人特征与环境相互作用的产物。个人心理因素会影响人们如何认识和评价旅游环境,以及持有什么样的决策标准,从而影响他们最终的旅游决策。

第四类,群体支持因素。包括家人和亲朋好友对旅游消费者旅游选择的支持程度、亲朋好友的旅游活动以及当时社会上流行的旅游时尚。个人的心理和行为既受所属群体影响,又受参照群体的影响,因此,时尚、家人、亲朋好友等都会影响个人的旅游决策。在很多旅游决策中,参照群体比消费者所属的群体拥有更大的影响力。

第五类,社会经济因素。主要包括旅游消费者在日常生活中的压力,以及是否拥有旅游的闲暇时间和金钱。无论在什么年代,时间和金钱永远是旅游决策的重要约束条件,而日常生活压力则是旅游的重要驱动因素。现代旅游消费者要在这两方面做出权衡,才能做出旅游决策。

第六类,其他因素。诸如旅游广告的宣传介绍、旅游目的地距离的远近等。许多学者热衷探讨促使旅游消费者购买的因素,而较少学者研究人们为何在旅游决策中抑制自己的旅游需要。这也许是因为很难收集到非旅游消费者群体的资料,或者是因为他们认为非旅游消费者是一个缺乏吸引力的群体。但是,非旅游消费者群体往往意味着重要的市场机会,通过深入探讨旅游障碍因素,有助于把潜在的旅游消费者转化为实际的旅游消费者。皮尔斯对人们不旅游的原因进行了分析,他发现,金钱、时间、个人健康、家庭或工作束缚、恋家情结是促使人们做出否定性旅游决策的因素(1987)。1989 年,杨宏志对台北县的 459 名市民进行了一项调查,结果发现:①性别与旅游障碍密切相关。女性比男性更担心游憩中的安全,更容易产生旅途遥远的感觉,更容易被生理因素所困扰。②年龄与旅游障碍密切相关。③教育程度低的人更倾向于不参加旅游休闲活动。④非学生被访者在旅游决策中会较多地考虑家庭职责的限制。⑤没有汽车的被访者认为交通问题是一个重要的旅游障碍,他们会因预期沿途交通拥挤、旅行距离太远等问题而放弃旅游休闲。⑥较少从事休闲活动的人有较强的旅游障碍,他们会更多地担心无法安排旅游全部行程、吃住不方便、不知道好不好玩等问题。

3.2　旅游消费者对旅游目的地的选择

旅游目的地是吸引旅游者短暂停留、参观、游览的地方。在整个旅游体系中,旅游目的地、旅游通道和旅游客源地是相互关联的。从旅游消费的属性和特征来看,旅游目的地是实现旅游消费的最终场所,是旅游消费得以发生的地方。旅游目的地是旅游要素(吃、住、行、游、娱、购)的集合地。从旅游消费者购买决策过程与阶段划分可以看出,旅游消费者购买决策过程中最核心的环节是出游目的地的选择,即旅游消费者先选定一个或几个要造访的旅游目的地,然后再选择出游线路,包括住宿方案、餐饮方案、购买计划、娱乐安排等。旅游消费者对目的地的选择过程涉及诸多的环节,因此也形成了不少经典的理论模型。

3.2.1　克朗普顿模型

美国学者克朗普顿(John L.Crompton)早在 1979 年就对旅游者的目的地选择进行过相关的研究,他将旅游者选择旅游目的地的过程划分为两个阶段(Crompton,1977)。首先,人们要决定是否去旅游,如果答案是肯定的,就进入第二个阶段,决定去哪里。克朗普顿认为,目的地选择可以被定义为感知的限制因素(时间、金钱和经验技能)与目的地形象之间互动的结果。在上述理念的基础上,厄姆和克朗普顿提出一套比较完善的目的地选择模型。这一模型基于 3 个变量(如图 3.2 所示)。

1)外部因素

外部因素来自社会和市场环境双方面的影响。这些外部因素可以分为意义性(目的地属性)、象征性(市场促销方面的信息)和社会刺激等方面。

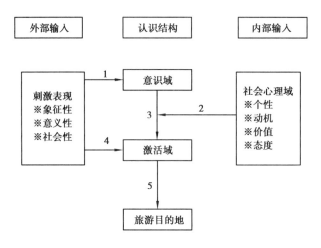

图 3.2　克朗普顿模型

2) 内部因素

内部因素来源于旅游者、度假者的社会心理特征(个性、动机、价值观和态度)。

3) 认知构成

它代表了旅游者整合外部因素及内部因素,并形成目的地的意识域和目的地的激活域。这一模型进一步将认知评价过程划分为以下 5 个阶段:

第一阶段,旅游者通过被动获得的信息或偶然的学习,形成对目的地属性的看法。

第二阶段,在做出一般的旅游度假决定之后,结合环境约束性因素,对目的地的选择过程正式开始。

第三阶段,从简单地产生目的地的意识向旅游动机被激发进而积极主动地选择目的地逐步推进。

第四阶段,通过主动地信息搜寻,形成对令人产生欲望的目的地属性的信任。

第五阶段,从令人产生欲望的目的地中挑选出一个目的地。

3.2.2　伍德赛德模型

伍德赛德和莱松斯基(Woodside & Lysonski,1989)提出了一个旅游者对目的地选择的模型。模型中的核心概念介绍如下(如图 3.3 所示)。

1) 情感联系

所谓的情感联系是指旅游者与某一特定目的地相关联的特殊情感。

2) 旅游者目的地偏好

旅游者目的地偏好受到对目的地意识的层次分类和感情联系的共同影响,最终得到一个目的地的排序。

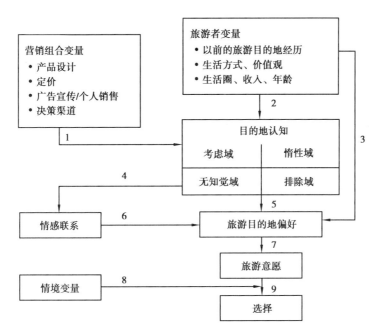

图 3.3 伍德赛德模型

3) 旅游意向

所谓的旅游意向是指旅游消费者在特定时间对某一特定目的地进行观光游览的感知喜好,并有可能产生前往游览的意向。

4) 情境变量

在某一特定的时间和地点所存在的对当前行为产生影响的所有因素。包括物质环境、社会环境、时间视角、任务因素、先前状态等。

伍德赛德和莱松斯基基于心理学对旅游者目的地认知进行的分类,被视为是有关旅游者目的地决策研究的一大创举。伍德赛德和莱松斯基认为,旅游者对目的地的知觉意识,尤其是"4 个域"的分类受到了营销组合变量和旅游者变量(图 3.3 中箭头的 1 和 2)的共同影响。情感联系通常对一个已经处于激活域中的目的地有着积极意义,极有可能成为被选中的旅游目的地;而对于处于惰性域中的目的地则有着消极作用,被排除在备选旅游目的地之外或者备选序列的最后。旅游者对特定目的地的偏好取决于这一目的地处在其考虑域中的排位顺序(箭头 5),而旅游者对目的地的偏好又直接影响到他们的旅游意图。

上述两种模型属于传统的旅游目的地决策模型,这些模型将旅游消费者的决策看作是理性的、次序性的逻辑推理过程。然而,在实际中,旅游目的地的决策过程并不仅仅是一个程序化的多阶段过程。随着对旅游目的地选择问题研究的深化,传统决策模型的一些缺陷陆续被指出。研究者们认为,对旅游目的地的选择不仅要关注对旅游者心理变量的分析,还要注意到旅游消费者是怎么形成认知、情感判断、意图、实践和购后评价的。

3.3　基于旅游消费者购买决策的营销

旅游消费者行为是一个历时的动态过程,涉及旅游消费者出游前、中、后3个阶段。因此,任何一种营销策略的目标和效果不会停留在某一阶段或某一行为上,而是可能环环相扣地贯穿消费的全过程。例如,旅游广告宣传,首先会影响潜在消费者对目的地的感知,从而激发他们的出游动机、影响他们的出游策略,甚至影响他们在目的地的实地体验、满意度乃至忠诚度。需要指出的是,由于旅游营销是一项综合性和复杂性极强的业务,这些营销策略不是截然分离的,而是被旅游企业和旅游目的地的行政主管部门综合交叉使用。

3.3.1　4P 营销策略

1960 年,美国市场营销专家麦卡锡(E.J.Macarthy)教授在营销实践的基础上,提出了著名的"4P"营销策略组合理论,即产品(Product)、价格(Price)、渠道(Place)、促销(Promotion)。在旅游营销实践中,"4P"理论得到了广泛的应用。

1) 产品策略(Product)

它是旅游营销策略中的首要因素,旅游企业必须开发和推出消费者市场所需要的旅游产品,企业才能求得生存和发展。旅游市场营销组合中产品是基础,也是最重要的因素。

①旅游产品的基本概念。众所周知,旅游产品是旅游经营者提供的为满足旅游者旅游消费所需要的旅游设施、旅游服务以及具有吸引力的旅游项目和线路,是食、住、行、游、购、导、娱等要素的载体组合,由实物和服务构成,属于服务性产品。对旅游者来说,就是旅行经历或旅游体验。旅游产品作为一种组合型服务产品,具有综合性、无形性、不可移动性、非储存性、生产与消费的同步性等特点,有别于物理形态表现出来的具体劳动产品。

②旅游产品的构成。鉴于旅游消费的综合性和多样性,相应要求旅游产品同样具有结构的多元组合性,实际构成内容也是如此。其形态构成,既包括实物形式的有形产品,如旅游汽车、旅游饭店、旅游购买品等,也包括服务形式的无形产品,如导游服务、购物服务、餐饮服务等接待服务产品;按其功能划分,可包括观光旅游产品、度假旅游产品、专项旅游产品、特种旅游产品等。

2) 价格策略(Price)

旅游产品的买卖过程,实际就是消费者(旅游者)实现时空范围的自由移动、服务的购买与享受的过程,这些都受市场规律的支配。掌握旅游产品价格的形成过程与产品定价的方法,灵活运用各种定价策略是旅游管理和组织者进行市场营销活动的主要手段。

3) 渠道策略(Place)

市场营销渠道决策是旅游企业的重要决策之一。客户网络是重要的外部资源,通常多年才能建立起来,它和旅游企业的重要内部资源如导游、营销队伍等可以相提并论。旅游产业逐渐呈现规模发展态势,因此营销渠道以及与之相适应的配销系统的建立是必要的。不能忽略的是,信息技术的快速发展,使得消费者和营销者之间可以更直接和快捷地建立营销渠道,甚至省略了以往传统的营销渠道和环节,这给旅游营销体系、旅游营销人员提出了更高的要求,随着旅游者预订购买产品方式的变化和迁移,如何找到合适的渠道销售产品尤为关键。

4) 促销策略(Promotion)

旅游企业市场营销不仅是开发旅游产品,并制订出合乎市场需求的价格占领市场,还必须同现实的、潜在的消费者进行沟通,承担起沟通与促销的职责。保证沟通信息有效,关键的是沟通的内容、对象和频率。配置完整的市场营销沟通系统是十分必要的。旅游企业必须同关联企业、消费者及各类上下游企业、政府相关部门、行业协会,甚至企业内部员工进行有效沟通。旅游企业制订销售计划、培训营销人员、设计优秀的广告、开展各种促销活动,就是促销组合运作的内容。

3.3.2　4C 营销策略

1990 年美国的劳特朋教授提出了 4C 理论:把产品搁置一边,赶紧研究消费者的需求与欲望(Consumer Wants and Needs),不要再卖你所生产的产品,而要卖别人想购买的产品;暂时忘掉定价策略,快去了解消费者为了满足其欲望所想付出的成本(Cost);忘掉渠道策略,应当思考如何给消费者方便(Convenience)以购得商品;最后忘掉促销,正确的词语是沟通(Communications)。4C 理论同样适用于旅游产品的营销。

1) 顾客(Consumer)

旅行社开发了新的线路,选定了新的市场和产品,不要急于考虑推销给客户,而是先了解自己的客户需要什么样的旅游产品,他们的购买力如何等,再去为他们寻找适合的推介。

2) 成本(Cost)

了解你的顾客的内在需要后,先不要考虑用什么样的价格策略确定投资回报率。而要先计算提供给顾客的产品需要付出多大的成本,然后结合了解到的顾客想为这次旅游付出的成本,决定价格策略和利润目标。

3) 便利性(Convenience)

忘掉固定的销售渠道,选择更能让消费者接近的销售方式,包括选线、组团方式、交通方式、付款方式、办理途中各种入住、接待手续、实施旅游服务等使客户轻松满意。

4) 沟通(Communications)

最后忘掉促销,用服务和产品与顾客沟通,使顾客得到充分的真实的信息,做出满意的决策,最终建立顾客与企业的高度忠诚关系。

本章概要

- 本章主要介绍了旅游消费者购买决策的定义,购买决策的过程、特点和影响因素,经典的旅游者目的地选择模型,以及基于旅游消费者购买决策的营销模式。
- 旅游消费者的决策是指个人根据自己的旅游目的,收集和加工有关的旅游信息,提出并选择旅游方案或旅游计划,并最终把选定的旅游方案或旅游计划付诸实施的过程。
- 影响旅游消费决策的因素可分为六大类:旅游服务因素、社会支持因素、个人心理因素、群体支持因素、社会经济因素及其他因素等。
- 旅游消费者购买决策过程中最核心的环节是出游目的地的选择,即旅游消费者选定一个或几个要造访的旅游目的地,然后再选择出游线路,包括住宿方案、餐饮方案、购买计划、娱乐安排等。旅游消费者对目的地的选择过程涉及诸多的环节,因此也形成了不少经典的理论模型,经典的旅游消费者目的地选择模型有克朗普顿模型和伍德赛德模型。

课后习题

1. 简述旅游消费者购买决策的概念及过程,并分析旅游消费者决策过程与一般消费决策过程的区别。
2. 旅游消费者购买决策具有哪些特征?
3. 请分组讨论扩展型、有限型和名义型决策的异同,并举例说明现实生活中有哪些是属于这 3 种类型的决策?
4. 试析旅游消费者目的地选择的克朗普顿模型和伍德赛德模型的现实指导意义。
5. 请分析营销策略中 4P 营销策略与 4C 营销策略的区别,这两种营销策略的出发点有什么不同。

【案例分析】

让旅游决策更简单

旅游产品也能对比了？是的,近日,遨游网在行业率先推出旅游产品对比功能,用户移动鼠标,就可以将旅游产品涉及的各个要素进行清晰比对,食住行游购娱一目了然,使消费者旅游决策更简单。

近些年来,在线旅游市场竞争激烈,海量的旅游产品不断推向市场,增加了游客选择的多样性,但相较于机票、酒店等标准化产品,度假旅游产品因其要素组合千差万别,稍作调整就成为一个新的产品。同样是四晚五天的台湾自由行产品,价格却有 1 000 多元的差别,往往让消费者极为困惑,不得不耗费大量的精力进行烦琐的咨询和比对。不仅给消费者带来了不便,也不利于企业的效率提升。

遨游网推出旅游产品对比功能后,这些问题得到有效的解决。现在,消费者在遨游网搜索框只要输入想去的目的地之后,就会发现在产品列表页每个旅游产品的价格下方有一个"对比"的标签,选择感兴趣的产品之后,轻轻点击"开始对比",系统将从基本信息、费用、酒店、往返交通、可选附加服务、参考行程 6 大维度、12 个小类对选中的产品进行全方位的对比。

目前,遨游网的旅游产品比对功能可以实现任意 3 条旅游产品的对比。以韩国自由行产品为例,随意选择 3 条产品——价格为 4 180 元的韩国首尔 5 晚 6 天百变自由行、价格为 2 680 元的韩国首尔 3 晚 4 天百变自由行和价格为 4 480 元的韩国首尔济州休闲深度 5 日参团游。可以清晰地看到,前两款自由行产品,除了价格、酒店方面的不同,5 晚 6 天自由行产品出发时间更灵活,优惠项目更多,而第三款参团产品除了目的地覆盖首尔、济州,还赠送音乐剧《爱舞动 Sachoom》演出门票,帮助游客全方位了解韩国。同时,参团产品有领队,有导游,全程集体活动,适合首次前往韩国的客人。又选择价格同为 3 480元的泰国两条参团产品进行对比,可以看出两条价格相同的产品,在航空公司、优惠项目、产品特色上却各有千秋。此举避免了游客在各个网页之间反复对比,或者打电话进行咨询的烦琐,可以很直观地做出判断,根据自己的实际情况进行旅游决策,极大简化了用户从出行意向到预订下单的流程。

通过对比国内各大 OTA 旅游网站,目前全网仅有遨游网、携程、同程三家旅游电商推出旅游产品对比功能,除页面简洁、对比详尽之外,遨游网的产品对比功能与众不同之处在于,可以将不同类别的旅游产品放在一起对比,例如将自由行和参团产品进行对比,有效解决了游客是参团还是自由行的"纠结"。

遨游网首席品牌官徐晓磊称,旅游度假产品要素多、链条长,涉及的服务内容繁杂,将这些琐碎的"部件"整合成一件标准化的产品并非易事,极大地考验着旅游电商对航空、酒店、景区、地接等多方面资源的整合能力。看似简单的对比功能,背后是产品、技术、营销、采购、内容等多个团队共同运营的结果。

（资料来源:旅游圈网站,2015-3-23.）

问题：

1.上述案例涉及旅游决策过程中的哪几个阶段？

2.根据本章的知识,结合案例分析遨游网是如何让旅游决策变得更简单的。

【建议阅读文献】

［1］Park S,Nicolau J L. Asymmetric effects of online consumer reviews［J］. Annals of Tourism Research,2015,50：67-83.

［2］Yoo J J E, Chon K. Factors affecting convention participation decision-making：Developing a measurement scale［J］.Journal of Travel Research,2008,47(1)：113-122.

［3］吴津清.旅游消费者行为学［M］.北京:旅游教育出版社,2006：146-172.

［4］白凯.旅游者行为学［M］.北京:科学出版社,2013:51-67.

［5］郭国庆.市场营销学通论［M］.北京:中国人民大学出版社,2014:175-275.

第4章
旅游消费者体验

【学习目标】

- 理解和掌握旅游体验的概念、类型及影响因素；
- 熟悉与掌握旅游体验对旅游者产生的影响；
- 掌握旅游体验营销的特点、模式和基本策略，并能结合实例展开分析。

4.1　旅游消费者体验概述

4.1.1　旅游体验的概念

体验，对应英文的"experience"，亦可理解为经历。《现代汉语词典》对经历的解释为：其一，作为动词指亲身见过、做过或遭受过，如一生经历过两次世界大战；其二，作为名词指亲身见过、做过或遭受过的事，如生活经历。类似地，体验可谓"亲身经历、实地领会"，亦可谓"通过亲身实践所获得的体验"。

在旅游研究中，旅游体验是指旅游消费者前往一个特定的旅游目的地花费时间来游览、参观、娱乐、学习、感受的过程以及所形成的身心一体的个人体会。自20世纪70年代以来，旅游体验研究逐渐成为国外旅游学界的热点话题。自20世纪90年代以来，国内旅游学界对旅游体验的研究有所增加，从早期被学术界完全忽视而逐渐成为旅游学理论体系中最为厚重的模块和支撑。

旅游学者麦克纳尔（MacCannell）在研究旅游体验时，也曾对体验做过一些基本考察和界定，按照麦克纳尔（1976）的看法，体验（experience）或多或少与科学有些渊源，因为在英语的词根上，这个词与实验（experiment）同源。体验具有一个时间边界和空间边界，如果从外部形态上来看，体验作为一个过程，就是发生在这个时间边界之内的行为总和。从这个意义上，麦克纳尔说，体验这个词，除了本身所具有的苍白的科学和职业含义之外，还具有某种时髦的、逐臭的，甚者可能关联到性（sex）的内涵。布斯汀（Boorstin，1964）将旅游体验定义为一种流行的消费行为，是大众旅游那种做作的、刻板的体验。特纳和艾什（Turner & Ash，

1975)认为,旅游在本质上就是偏离常态的行为(aberration),甚或一种时代的病症(malaise)。与此不同,科恩(Cohen,1976)认为,不同的人需要不同的体验,不同的体验对不同的旅游者和不同的社会具有不同的意义。为此,科恩将旅游体验定义为个人与各种"中心"之间的关系,认为体验的意义来自个人的世界观。这里,"中心"并不一定是个人生活世界的地理中心,它是每个个体的精神家园,象征着某种终极意义。

目前,国内旅游学界的研究主要表现在两个方面:其一,从体验经济的角度,以心理学、经济学、管理学等学科视角探索旅游体验,进一步了解旅游消费者,设计旅游体验产品;其二,从"旅游的本质"出发,研究旅游体验的基本理论框架。谢彦君等(2006)从基础理论研究的角度探讨了旅游现象研究的几个基本范畴。本书认为,旅游现象是一种纷繁复杂的社会经济现象,而构成这种复杂现象的内核的元素就是旅游体验。这种旅游体验过程是一个有一定自组织能力的连续系统,它由一个个富有特色和专门意义的情境串联组合而成,这些情境则共同构成了一个有别于人们日常生活世界的另类行为环境:旅游世界。作者通过对旅游世界结构性要素的分析和描述进而构建了一个理解旅游现象的新的视角。

4.1.2　旅游体验的内容与特点

1)旅游体验的内容

从内容上看,旅游体验可以分为两种:审美愉悦体验和世俗愉悦体验(谢彦君,2012)。它们都是旅游者在旅游过程中通过观赏、交往、模仿和消费等方式所体验到的放松、变化、经验、新奇和实在等心理快感,但二者又有区别,呈现出各自不同的特点和意义。

（1）审美愉悦体验

所谓旅游审美愉悦体验,是旅游者在欣赏美的自然、艺术品和其他人类产品时所产生的一种心理体验,是一种在没有功利性目标追求下所得到的享受。这种体验在本质上是一项"集自然美、艺术美和社会生活美之大成的综合性审美实践活动"(王柯平,2000)。通过审美获得的心理愉悦与一般的生理快感是有所区别的。审美过程是一种高级的精神现象,而不是一种动物性的快感;是人们在满足了基本生理需要后向更高的精神境界的追求,而不是一种低级趣味;是一种涉及多种高级心理功能的复杂心理状态,而不是一种单一的"刺激—反应"过程。这种经验过程在旅游活动中经常发生,是造成旅游者心理愉悦和精神满足的重要途径。

（2）世俗愉悦体验

旅游世俗愉悦体验是指旅游者在旅游过程中体验到的审美愉悦以外的一切愉悦。这种愉悦建立在对感知对象的功利性认识的基础上,通常通过视听感官以外的其他感官来获得,是人生的通常愉悦形式。因此一般以伦理意义上的"善"和认知意义上的"真"的形式表现出来,也是人生体验的重要内容和通常愉悦形式。如亲人团聚时的天伦之乐,品味美食时的感官之乐,获得知识时的顿悟之乐,以及观看体育赛事时的激奋之乐等,都是与世俗人生相伴随的愉悦情感。当这些快感通过旅游的形式、在旅游世界中获得,它们就成了旅游者的世俗体验。

从上面对旅游审美愉悦体验和世俗愉悦体验的分析可以看出,旅游体验是一种内容丰富的体验,既有天伦之乐,也有人伦之乐;既有精神享受,也有物质享受后的愉悦;既有依附于事物表面的观察,也有沉湎于理性世界的深思。旅游体验的这种复杂性,表明在旅游体验过程中,实际上涉及旅游者对旅游对象意义的不同层次的把握。

2)旅游体验的特点

(1)主观性

无论旅游者的出行动机如何不同,他们从旅游体验中感受到的共性,是愉悦旅游体验使旅游者得到了一种对自己富有意义、综合性的内心感受,这种内心感受带有强烈的主观色彩。不同的主体即使是参与同一种体验过程,其主观感受也不会完全相同,它是不可复制、不可转让、非我莫属的,所以旅游体验带有主观性。

(2)高参与性

虽然现在旅游体验还包括被动式的体验,但是随着人们个性化和参与性需求的加强,旅游体验趋向于旅游者的积极参与,并且发挥旅游者的能动性和创造性,充分突出旅游体验者的亲自参与。在服务营销中,要求顾客成为良好的合作者已是确保服务质量的重要部分,所以人们的积极参与一方面确保服务的质量,另一方面使人们能充分发挥主观能动性,在旅游体验过程中得到意外的满足。

(3)深刻性

旅游体验与以往旅游经历的区别在于旅游体验加深旅游者的印象,给旅游者留下难忘的记忆,并且通过各种纪念品使旅游者记住这次旅游体验。旅游体验的深刻性表现为给予旅游者更深的意义:一是体验本身具有的特点,使人们在体验的过程中感受人生的意义,使人成为人自身;二是旅游者期望通过旅游改变自己的生活,或者说通过旅游把握人生之价值和意义,或者满足自己在平常生活中无法满足的东西。

此外,旅游体验还需要个体的深度投入才能获得,也就是说不仅是结果使人们印象深刻或产生深刻的影响,而且过程也是深刻的。

(4)综合性

旅游体验的综合性一方面在于旅游者所得到的是一种综合的内心感受。旅游者在旅游体验过程中产生的内心感受,不仅涉及旅游客体,还与其所处的环境有关;不仅经过感性的认识,还经过理性的思考,是理性和感性的融合。

另一方面在于旅游体验作为旅游商品所具有的综合性。游客与旅游六要素的接触与互动,产生了各种不同的体验,它们共同形成了旅游体验的整体。

(5)文化性

首先旅游者出游主要是为了满足文化的需要,在于满足其精神上的需求;其次旅游资源都有着一定的文化内涵,并且在开发过程中以独特的文化吸引旅游者的到来;此外旅游商品都有着不同层次文化内涵,旅游商品是为了满足人们的高层次需求,所以不可避免地带有一定的文化性;最后,旅游服务人员具有较高的文化素质是提供优质旅游体验的前提条件。

体验型产品需要深厚的文化底蕴作为支撑,否则提供给消费者的价值就将是有限的。所以,旅游体验是通过隐藏在不同商品和服务背后的文化含义,在主客体相互作用的过程中,满足人们在精神上的需求的。因此,旅游体验作为一种经济提供物,它具有文化性。

(6)价值性

旅游提供者提供的旅游体验必须是富有价值的,这不仅是体验和旅游体验的必要特征之一,也是提供给旅游者的意义之所在。旅游体验的价值性表现在,与以往的旅游商品提供相比,旅游体验给予旅游者更深的价值体验:一是旅游体验本身具有的精神价值特点,使旅游者在体验的过程中更能感受人生的意义,使人深刻感受人生哲理与人之为人的内涵;二是旅游者期望通过旅游改变自己的生活,或者通过旅游把握人生价值,或者通过旅游满足自己在平常生活中无法满足的东西。同样,旅游体验对于服务人员也是富有价值的,只有旅游服务者意识到旅游体验的价值和意义,才能保证旅游体验过程中服务的质量,才能更好地实现旅游服务的价值。

(7)服务性

服务性是服务产品特有的属性,包括无形性、生产和消费的同时性和不可储存性等。服务性是旅游体验提供者在经营体验过程中不能忽略的重要特征之一,它在旅游体验过程中起着举足轻重的作用。没有好的服务,就难以使旅游者获得美好和愉悦的体验。迪斯尼乐园成功的重要原因之一是其提供了宾至如归的服务。

(8)异地性

旅游体验作为一种旅游商品,必然具有旅游的特征,也就是旅游者必须旅行到异地才能获得旅游体验,也正是这种异地性满足了人们暂时离开现实生活、寻求新的文化生活氛围的需求,从这一点上讲,旅游体验给予旅游者的是另一种生活方式。

4.1.3　旅游体验的类型

约瑟夫·派恩与詹姆斯·吉尔摩(Joseph Pine & James Gilmore,2012)在《体验经济》一书中,把体验(经历)分为4种:娱乐(entertainment)、教育(education)、逃逸(escape)、审美(estheticism),简称"4E"。对于旅游体验而言,有学者认为,还应该增加一种类型——移情(empathy)(邹统钎 等,2003)。综合起来,旅游体验有5种基本类型。

1)娱乐

娱乐、消遣是人们最早使用的愉悦身心的方法,也是最主要的旅游体验之一。旅游者通过观看各类演出或参与各种娱乐活动使自己在工作中造成的紧张情绪得以松弛,让会心的微笑或开怀大笑抚慰心灵的种种不快,从而达到愉悦身心、放松自我的目的。娱乐是人追求快乐、缓解生存压力的一种天性。

2)教育

古人云,"读万卷书,行万里路",可见,外出旅行或者旅游也是一种重要的学习方式,尤其是人文类景点,如博物馆、历史遗迹、古建筑等,其深厚的文化底蕴、悠久的历史传统、高超的建筑技术都会令旅游者有耳目一新之感,学习也因此而融入旅游过程,成为旅游者文化资本积累的重要手段。而且,从社会学的角度看,人们外出旅游的目的就是要通过对他人文化的观照,而找到自己文化的定位。因此,旅游本身就是一种学习和教育的过程。

3)逃逸

现代都市生活的高节奏和环境的拥挤与喧嚣,使得人们对都市生活产生了疏离感,因此,暂时离开城市、回归自然、回归传统,已然成了都市人的一种精神诉求。尤其是都市人的工作压力与日俱增、职场上的竞争日趋激烈、生活环境日趋拥挤,导致不少都市白领或中产阶级处于亚健康状态。他们渴望暂时逃离日常生活,拥有一段完全不同于都市生活的经历,或是到名山大川游览或是到海滨休闲度假,以此达到暂时逃避压力、恢复身心健康的目的,外出旅游就成了他们最好的放松方式之一。

4)审美

对美的体验贯穿于旅游者的整个活动中。旅游者首先通过感觉和知觉捕捉美好景物的声、色、形,获得感观的愉悦,继而通过理性思维和丰富的想象深入领会景物的精粹,身心俱沉醉其中,从而获得由外及内的舒畅感觉。自然景物中的繁花、绿地、溪水、瀑布、林木、动物、蓝天等,人文景观中的雕塑、建筑、岩绘、石刻等都是旅游者获得美感体验的源泉。

5)移情

旅游中的移情,指旅游者将自己置身于他者的位置之上,将自己幻想为臆想中的对象,从而实现情感的转移和短暂的自我逃离。这对于旅游者体验异域民俗风情、尊重当地风俗传统具有非常重要的作用,从而使得人们通过一段寻常的旅游体验,达到理解当地传统文化进而提升旅游者本身人文素养的重要效果。

4.1.4　旅游体验的影响因素

1)目的地文化

诸多研究表明,旅游者的旅游、度假所经历的社会——文化影响程度,受到主客观双方社会——文化特征的不同程度的影响。也就是说,双方的社会文化差距越大,对旅游者而言,对其旅游度假经历的影响就越大,二者呈现正相关关系,这也符合旅游者的出行动机。旅游者之所以选择某个与日常生活环境大相径庭的目的地就是为了求新、求异。亚历山大等(Alexander et al.,2010)在对受访者的目的地选择进行分析后发现,英国米尔顿·凯恩斯地区附近的居民最喜欢去的旅游目的地,除西欧之外,其他跨区域的目的地分别是北非和亚洲,去得最少的目的地是加勒比海和南美。出现这一情况的根本原因在于主客双方社会——文化的差异程度,这一点得到了受访者的证实。例如,有受访者指出:"绝大多数南美洲居民是欧洲人的后裔,双方之间的文化差异较小;从风景文化的角度来看,南美与欧洲类似。加勒比海的度假实质上是阳光、沙滩和海洋,这尽管比西班牙更充满异域风情,但加勒比海地区在旅行度假体验上远没有北非和亚洲新奇、令人惊喜。北非和亚洲的旅行再现了数千年前生命的原始状态,这些地区所拥有的不同于欧洲的文化、语言、种族、经济、宗教、建筑等还没有发生大的变化,这些不同的社会——文化因素对我们充满了诱惑和吸引"。

2)旅行时间

在有些情况下,旅行、度假所花费的时间与旅行度假对旅游者的影响程度负相关。心理学的研究成果对这一现象可以进行较好解释。关于记忆回顾的心理研究表明,我们往往对幸福及其经历保留了长期记忆,一种特殊经历记忆的可能性主要取决于连续性输入。有研究认为,在度假的持续过程中,冲突能导致人们忘记他们的经历,尤其是如果有许多类似的经历。在亚历山大等(Alexander et al.,2010)的研究中,一位受访者转述了她的经历:"在旅行的前七天,任何事情都感觉新鲜。七天过后一切都熟悉了。在第三周,当墨西哥和秘鲁的玛雅文明旅行结束之后,对一切都提不起兴趣,我们把各种寺庙称为'贫民窟'……"但是对于其他的旅行方式,例如出国交流学习,参与者所受到的影响与时间可能更多地呈现一种正相关关系。富丽斯通和吉尔登斯(Freestone & Geldens,2008)对7名参加过交流学习项目的澳大利亚毕业生进行了访谈。他们发现:参与者认为他们的交流学习经历与他们曾经短暂的背包旅行或度假旅行相比,前者可以在东道主国家获得一种更为"原真"的体验。受访者将这一不同的经历归咎于对当地文化休闲活动的分享,以及参加了当地的日常生活。

3)目的地的活动

与休闲度假活动(如温泉SPA、阅读、场地游览、日光浴和运动)相比,体验和参与东道主生活方式的文化活动,更能对旅游者产生长期持续的影响。在亚历山大等(Alexander et al.,2010)的研究中,有受访者表示:"休闲性的活动在其他地方也可以进行,愉悦的程度取决于与其他地方的对比;而文化活动往往是这个地区独有的"及"文化活动包含与东道主的交流和互动"。从这个角度来讲,文化性的活动能够给旅游者带来更为强烈、更为深刻的体验,从而对旅游者的经历产生更为长远持久的影响。

4)旅行伴侣

一般来讲,度假旅行主要以家庭(与妻子/丈夫或和小孩、老人一起)的方式进行。然而,亚历山大等的研究表明(Alexander et al.,2010),"独自旅行"对个体旅游者产生的影响最大,其次才是"与朋友"一起旅行。对个体旅游者影响最低的类型是与"妻子/丈夫"一起旅行,其他的包括"工作或运动的同伴"。一位受访者表示:"独自旅行压力更大,因为没有人一起面对焦虑或分享责任,这一压力可能导致较高或较低的情绪。然而,独自旅行会产生更强烈的冒险意识,会取得更为强烈的成就感,将对个体旅游者产生更大的影响"。另一位受访者表示:"独自旅行迫使你不得不与当地人和其他旅游者交往和互动。这使你期望和更加努力交往新人。朋友之间一起旅行也会对个人产生影响,因为他们努力与异性建立友情,而夫妻之间一般要么独自待在一起,要么与其他的夫妻交往,而不会与单身人士交往。他们往往认为陌生的单身聚会对夫妻关系是一种威胁"。

对于大多数中国旅游者而言,度假旅行也往往以家庭的形式进行,也有部分人选择与朋友或同事(尤其是单位组织的旅行)一起旅行,独自旅行的人较少。但近年来,东部一线城市的年轻人往往选择徒步或背包旅行(即所谓的"驴友"),独自从客源地出发,到了目的地再临时和其他"驴友"组合在一起,这种组合往往较为松散,大家随时可以分开。"驴友"的这种旅行方式越来越受到年轻人的欢迎,也给年轻人带来了深刻的体验,得到了普遍的认同。这样的经历对他们也产生了巨大的影响。

5)旅游前的生活满意度

有研究表明,在旅游、度假前对生活更满意的人更不容易受到旅行度假经历的影响。受到旅游经历影响的那些人可能是出游前对生活不大满意的群体,对生活不满意的人更容易寻求心理状态的平衡(Holden,2006)。最佳觉醒理论和驱动还原理论对上述现象提供了理论解释的框架。最佳觉醒理论建立在人们寻求与环境保持一定程度的互动这一假设之上,这一环境维持了人们的心理平衡。采纳还原驱动理论,福德尼斯(Fodness,1994)的研究发现,可感知的心理需求和由此引起的紧张,鼓励个人采取行动(例如,通过旅行的方式)释放焦虑的心理状态。也有旅游者表示:"旅行度假是为了逃避现实;逃离是为了使现实变得更好。度假是一个梦想……(当不满意时)一个人更可能积极地寻求某些东西或者进行改变,以扭转目前的生活境况"(Alexander et al.,2010)。

4.2　旅游体验对旅游者的影响

4.2.1　旅游体验对旅游者健康的影响

身体、脑、感觉能力、动作技能以及健康方面的发展都属于人的生理(身体)发展的范畴。然而,国内外学界关于旅游体验对旅游者生理(身体)发展的研究,大多局限于对健康的影响方面。世界卫生组织于1946年对健康的定义是:"健康不仅是疾病或虚弱之消除,而是体格、精神与社会之完全健康状态。"因此,健康包括生理(身体健康)和心理(心理健康)两个方面。国外学界关于旅游经历对旅游者健康的影响的实证研究是在20世纪90年代末期才兴起。有研究对旅游体验对于旅游者健康的关系进行了深入探讨,认为旅游度假能提升旅游者的身体健康水平(Chen & Petrick,2013)。冈普、马修斯(Gump & Matthews,2000)很早就提出过类似观点。他们通过实证研究得出结论,经常旅行的个人很少会得非致命性心血管疾病和冠心病。此外,学界也开始致力于探索旅游体验能否以及如何能够提升个人对生活质量和幸福的感知,减少压力,有助于个人积极的心态和形成健康的生活方式。这些研究主要集中于探讨3类群体(公司雇员、老年人、较少参与旅游经历的群体等)通过旅游体验所获得的身心健康方面的益处。当然,也有些人在旅行度假结束之后可能暂时患有"假期综合征",具体表现为精神不振、浑身无力等。这主要是由旅行度假的"兴奋状态"转变为"日常生活"的状态所引起,一般休息几天就会自动恢复。

虽然心理健康与身体健康密不可分,但目前的实证研究主要集中在测量心理健康方面。从研究主题来看,对旅游者主观感知的健康水平的测量研究居于主导。目前,在国内学界,虽然健康已经逐渐成为旅游者的出游动机、目的地的开发与营销理念,但关于旅游经历对旅游者健康水平的影响的实证研究却依旧缺乏,仅有少数学者进行过实证研究。

4.2.2　旅游体验对旅游者认知学习与教育的影响

认知(cognition)是指通过形成概念、知觉、判断或想象等心理活动来获取知识的过程,即对个体思维进行信息处理的心理功能。认知的发展主要体现在学习能力、记忆能力、解决问题的能力、语言技能、抽象思维能力等的发展方面。关于旅游体验对旅游者认知发展的影响,国外学界的研究起步较早,但尚不系统,且主要关注的是旅行体验对认知性学习与教育的影响。这一方面的研究集中在以下几个领域:其一,海外游学的学习。主要研究主题有海外游学的旅游动机、海外游学的裨益、短期海外游学的影响、海外游学的长期教育结果。其二,通过旅行的学习。主要研究主题是通过自助旅行的学习,例如野生动物旅游等。巴拉泰恩等(Ballantyne et al. ,2011)以野生动物的参与者为研究对象,讨论野生动物旅游能否对旅游者的个人行为的改变产生影响。研究结果除了对这个问题给予肯定性的回答外,还发现了旅游者行为的改变表现在家庭实践、购物实践、户外环保责任、志愿环保参与等多个方面。在国内学界,一项对大陆赴台"自由行"旅游者的地方认同与休闲效益关系的研究发现:首先,大陆赴台"自由行"旅游者对台湾的地方认同以环境认同程度最高,依恋程度最低,其在台湾从事休闲活动所获得的休闲效益以社会效益最高,生理效益最低。其次,不同个人背景与游程规划的大陆赴台"自由行"旅游者在地方认同与休闲效益程度方面有显著差异。最后,地方认同与休闲效益间呈显著正相关且彼此间存在典型相关关系(赵宏杰 等,2013)。

4.2.3　旅游体验对旅游者心理社会性发展的影响

心理社会性发展包含情绪、人格及社会关系的发展变化,主要包含自我意识、独立性、自尊、人格特征、友谊、道德、爱情、家庭关系等具体方面。国外旅游学界较早关注到了旅游体验对家庭的影响。旅行作为一种利用家庭时间的方式,可以有助于强化沟通、减少离婚可能性、强化毕业生的家庭联系、增加成年人和儿童的幸福感等(Durko & Petrick,2003)。与旅游体验对旅游者认知发展的影响的研究进展类似,国内学界已有学者开始进行探索。例如,黄向(2014)认为,旅游体验是旅游研究的核心问题,从心理学的角度看,旅游体验是旅游情境中的主体幸福感。旅游体验存在孤单体验、成就体验和高峰体验三因子的"榄核形"结构。孤独体验是旅游者对旅游在外离开熟悉的环境产生的安全感和孤独感的综合体验,处于模型的基础位置。高峰体验是旅游者在进入自我实现和超越自我的状态时感受或体验到的最完美心理境界,处于模型的高层次。处于中间部分的成就体验是旅游者在行程中所获得的宁静、愉悦、满足之感,以及在旅程结束之后对行程的怀念向往等的各种一般感受。旅游体验对旅游者心理社会性发展的某些方面,例如对家庭、对友谊等的影响,将在下文中专门阐述。

4.2.4 旅游体验对旅游者人际关系的影响

1)旅游体验对家庭关系的影响

一般来说,家庭关系是个体人际关系中最为亲密和重要的组成部分,对每一个体的生活与发展来说都具有重要的意义。然而,在现代社会生活中,随着经济诉求的增大和工作压力的增加,人们越来越容易忽视与家人的相处,从而影响到了家庭关系的维护。2012年,美国咨询机构埃森哲(Accenture)通过互联网对全球31个国家的中型到大型企业组织高管进行研究,调查显示有一半的受访者不满意他们的工作。42%的人说他们因为事业牺牲了与家人共处的时间。同时,58%的人认为工作要求已经对其家庭生活、与家人的关系产生了负面的影响。相关研究也表明,长时间的工作和休闲时间的减少,会增加工作者家庭生活的压力,降低家庭幸福感。可见工作压力的增大、家人间相处时间的减少、生活满意度的降低这些都是直接导致现代生活中家庭关系恶化的因素。如何避免家庭关系的恶化,维持和睦亲密的家庭关系氛围值得每个人的关注。越来越多的研究表明,家庭的休闲娱乐尤其是度假活动,能够创造家庭回忆、增加家庭成员的联系,建立良好的家庭关系。(Kozak & Duman,2012)

2)旅游体验对其他社会关系的影响

旅游体验对旅游者其他社会关系产生的影响包括旅游者原来人际关系的改变和新的社会关系的建立。

一是原来人际关系的改变。旅游者在旅游过程中往往会结伴而行,除家庭成员外,这些游伴有可能是身边的同事、同学、朋友甚至是彼此有点认识的一般熟人。与家庭旅游一样,旅游者与熟人在一起出游的过程中,很有可能因为旅途中的朝夕相处促进感情的提升,特别是自助旅游者,在旅游中常需要共同讨论制定决策,彼此关系因为互动的强化以及对旅游愉悦时光的共同记忆而得到升华。近年,在我国不少电视媒介上热播的"真人秀"旅游节目中,不难发现这一个规律:原来不怎么熟悉的几个人,经过一段时间共同的出游与互动,感情逐渐深厚,在节目结束后俨然成为亲密好友。当然,双方关系在旅游过程中也可能没变甚至是恶化,因为在旅游过程中彼此之间距离很近,为双方提供了重新审视自己与对方关系的机会,有可能因为发现双方的一些缺点,感到不能容忍,从而影响到原来的社会关系质量。正如上文所提到的,旅游体验对旅游者的心理状态有着较大的影响。

大部分情况下,旅游有助于旅游者释放日常工作压力和调剂单调生活带来的乏味,旅游可以使旅游者调解出行前消极低落的情绪,而旅游后愉悦的心情有助于改善与他人的社会关系。一项对教学机构职员进行的调查显示,旅游经历可以使这些受试者的工作效率和表现提高,有利于与同事关系的改善。同时,旅游过程旅游者接触到的"他者"以及对自我的反思,有可能改变旅游者对原有社会关系的态度。背包旅行作为一种生命扩展的方式,可以有助于背包客改变自我意识(自我认知、自我情感、自我意向)、改变固有的世界观(人生观、价值观)(Chen et al.,2014)。这些自我意识的改变,有可能使旅游者重新审视自己原来的社会关系,产生态度的变化。有研究表明,旅游结束后,一些旅游者常常会感觉到对某些社会准则和文化的不适应;也有旅游者提到经历极端自由的体验后难以适应那种有规律的生活,并且很难再与朋友建立亲密关系。在丽江、阳朔这样的旅游城镇里,经常可以发现一些来自大都市的年轻人辞去原本工作留在当地开着间小店融入当地生活,这些人很多都是在当地旅游回去后发现不适应大城市的生活节奏和复杂的人际关系,最终选择放弃原本生活状态。

二是新的社会关系的建立。旅游者在旅游过程中构建出许多新的社会关系,其中旅游者与目的地居民的交往关系是学界研究的重点。这方面的研究可参考旅游人类学家瓦伦·史密斯1977年所著的《东道主与游客——旅游人类学研究》等。旅游者与旅游者之间可以分为旅游之前不认识与旅游之前认识两类(即上文所提到的熟人关系)。在旅游之前不认识的情况下,旅游者与旅游者的关系又大致可分为3种:冷漠的陌生人、旅游世界中产生一般互动的人以及旅游世界中结识的新朋友。

4.3　旅游体验营销

体验经济时代的到来对许多服务性的行业提出了更高的体验营销要求,而旅游的体验本质也意味着体验营销的重要性。旅游体验营销是指旅游企业(旅游目的地、旅游景区)从旅游消费者的感官、情感、思想、行动和关联诸方面设计营销理念,以产品或服务为支点,激发并满足旅游消费者的体验需求的一种营销模式。

4.3.1　旅游体验营销的特点

旅游从本质上来讲,是人们离开惯常居住地前往异地寻求某种体验的活动。因此,旅游目的地或者旅游企业营销部门针对目标人群,设计出差异化的旅游产品,提供良好的消费者体验,已成为现今旅游市场的新方向。旅游体验营销主要有以下特点:

1) 游客吸引以体验为卖点

顾客的体验来自消费经历对感觉、心灵和思想的触动,它把企业、品牌与顾客的生活方式联系起来。因此,对旅游企业来说,营销活动应在游客的旅游体验深刻度上下功夫,这样才更能吸引消费者。旅游体验营销所真正关心的是游客期望获得什么样的体验,旅游产品对游客生活方式有何影响,以及游客对于这种影响有何感受。比如,寻求返璞归真的乡村旅游者希望感受朴实的乡土气息,吃两顿土灶做的农家饭,在乡野小道上散散步,和当地农民聊聊家常,真实地体验一下农村远离城市尘嚣的宁静生活。这些应是旅游产品的设计和推广者应深入考虑的卖点,而不是简单地将游客带去农家乐用餐和住宿,体验一下乡村农家乐的"城市日常家庭生活"。

2) 旅游场景以主题为基础

从体验的产生过程来看,主题是体验的基础,任何体验活动都是围绕一个体验主题展开的。体验营销首先要设定一个"主题",即体验营销应该从一个主题出发并且所有产品和服务都围绕这一主题,或者至少应设有一个"主题场景"(例如一些主题博物馆、主题公园、游乐区,或以某一主题为导向的一场活动等)。并且这些"主题"并非是随意出现的,而是体验营销人员精心设计出来的。例如,市场上出现的"夕阳红恋之旅",就是专为单身老人搭建鹊桥而设计的旅游产品。

3) 产品设计以体验为导向

体验营销必须创造顾客体验,为顾客留下值得回忆的事件和感动瞬间。因此在企业设计、制作和销售产品、服务时必须以顾客体验为导向,企业的任何一项产品、产品的生产过程或售前、售中和售后的各项活动都应该给顾客留下深刻的印象。旅游企业更应如此。企业在宣传介绍产品时就应给游客以美好的遐想空间,从而渴望真实的体验。例如,香格里拉酒店的服务口号"殷勤友好亚洲情"很容易让人联想到一种温馨、舒适和体贴的酒店服务,继而心向往之。在实际提供服务时更是要注重保证旅游者的体验质量,体验质量决定了旅游者对旅游产品的满意度和品牌忠诚度。

4) 营销活动以顾客为中心

首先,体验营销者真正以游客的需求为中心来指导企业的营销活动。如老年旅游者喜欢节奏较慢、风景优美、安乐闲适的旅游,于是就有旅行社突破传统的海南几日游,推出专为老人设计的三亚度假一月游。其次,体验营销真正以顾客为中心开展企业与顾客之间的沟通。如专营老年旅游的上海老城隍庙旅行社建立了老年俱乐部,大大加强了其与旅游者之间的信息和情感交流,从而得以及时更新、升级旅游产品和服务,有效优化了游客的体验,使游客获得物质和精神上的双重满足。

4.3.2　旅游体验营销的模式

根据旅游自然环境的不同以及从事旅游发展的企业特色的不同,需要因地制宜地运用体验营销创建旅游品牌,实施不同的体验营销模式。总结起来,主要有以下 5 种旅游体验营销模式。

1) 娱乐营销模式

娱乐营销以满足旅游者的娱乐体验作为营销的侧重点。娱乐营销模式要求旅游企业巧妙地寓销售和经营于娱乐之中,通过为潜在旅游者创造独一无二的娱乐体验来吸引他们,达到促使其购买和消费的目的。旅游企业应将娱乐营销的思想贯穿于旅游营销过程的始终,在游客旅游的整个经历中时时加入娱乐体验,使整个旅游过程变得有趣而愉快,从而提升游客的满意度。

2) 美学营销模式

美学营销以满足人们的审美体验为重点,提供给旅游者美的愉悦、兴奋与享受。运用美学原理和美学手段,按照美的规律去开发旅游资源、建设和利用旅游景观,配以美的主题,提供美的服务,以迎合消费者的审美情趣,引发消费者的购买兴趣并增加产品的附加值,使客人在旅游审美活动中心情愉快,精神舒畅,获取丰富的美的享受,留下美好的体验。

3) 情感营销模式

情感营销是以旅游者内在的情感为诉求,致力于满足旅游者的情感需要。旅游者对于符合心意、满足其心理诉求的产品和服务会产生积极的情绪和情感,它能提升旅游者对企业的满意度和忠诚度。旅游企业需结合旅游产品特征探究旅游者的情感反应模式,努力为他们创造正面的情感体验,避免和去除其负面感受。

4) 主题体验营销模式

主题体验就是设计能打动游客情感、激发其欲望的主题。体验主题必须是空间、时间和事物相互协调的现实整体,能够与旅游目的地本身拥有的自然、人文、历史资源相吻合,才能够强化旅游者的体验。旅游者的体验是完整的,包括空间、时间和事物的整合,因此要做到让旅游者在合适的地方、合适的时间做合适的事。

5) 文化体验营销模式

文化体验以游客的文化体验为诉求,针对旅游产品服务和游客的消费心理,利用传统或现代文化,有效地影响游客的消费观念,促进消费行为的发生。

4.3.3　旅游体验营销的基本策略

旅游企业/旅游目的地,应在深刻把握旅游者需求的基础上制定相应的体验营销策略,并通过多种途径向旅游者提供体验。主要有以下几个策略:

1) 设计一个鲜明独特的主题

体验营销是从一个主题出发,所有服务都围绕这个主题,所以体验要先设定一个明确而独特的主题,如果缺乏明确而独特的主题,旅游者就抓不到主轴,就不能整合所有感觉到的体验,也就无法留下长久而又难忘的记忆。

2) 通过体验广告传播旅游体验

体验广告可以把体验符号化,利用符号并通过大众媒介的放大而传播开来,从而实现体验营销效应最大化。在广告设计方面要根据旅游目的地的自然景观、风土人情等设计广告主题,提炼形象生动的广告语,广告画面突出旅游主题并配以旅游目的地的景观,使受众有身临其境的感觉,产生旅游的欲望。

3) 营销手段应当突出旅游者参与,强化与旅游者的互动

通过互动拉近了彼此的距离,增强了双方的感情联系,使旅游者对旅游企业的产品保持很高的忠诚度。互动不仅是企业和客户的互动,更是客户与客户的互动。要让事实说话,让"美好的感觉"口口相传。

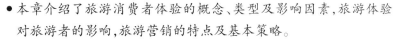

本章概要

- 本章介绍了旅游消费者体验的概念、类型及影响因素,旅游体验对旅游者的影响,旅游营销的特点及基本策略。
- 旅游体验是指旅游消费者前往一个特定的旅游目的地花费时间来游览、参观、娱乐、学习、感受的过程以及所形成的身心一体的个人体会,旅游体验的影响因素包括目的地文化、旅行时间、目的地活动、伴侣、旅游前的生活满意度等方面。
- 旅游体验对旅游者的影响体现在对旅游者健康、认知学习与教育、心理社会性发展、人际关系等方面的影响。
- 旅游体验营销的特点是:游客吸引以体验为卖点、旅游场景以主题为基础、产品设计以体验为导向、营销活动以顾客为中心。旅游体验营销的基本策略包括设计一个鲜明的主题、通过广告传播旅游体验、突出与旅游者的互动。

课后习题

1. 何谓旅游体验? 旅游体验有哪些特点? 旅游体验的类型真的只有如课本上所说的 5 种类型吗? 请通过小组讨论和市场调研的方式加以论证。
2. 除了书上列出的那些因素外,请分组讨论影响旅游体验质量的因素还有哪些。
3. 旅游者外出旅游所产生的旅游体验对旅游者会产生哪些影响? 请通过市场调研加以研讨。
4. 旅游体验营销有哪些基本特点和模式? 旅游体验的基本策略有哪些?

【案例分析】

韩国 Temple Stay

为给旅游者提供更多的选择,韩国旅游业将禅意住宿与旅行相结合,推出 Temple Stay 这种特色旅游,使游客体验韩国禅寺寄宿的滋味,颇为另类的感受既可使游客接触佛教文化,又能让游客净化心灵。

所谓的 Temple Stay 就是在佛教寺院寄宿的意思。坐落在僻静山林中的佛教寺院,是人们回归本真的最佳去处,人们可以静心冥想,抛去各种杂思欲望,进行一次彻底的心灵净化。而且这种佛教寺院寄宿体验活动,还可以使到访者拥有一次体验和了解佛教文化的机会。佛教寺庙寄宿活动具有相当高的人气,在韩国,差不多有 100 个寺庙向旅游者提供这样的体验活动。韩国的月精寺、津宽寺、传灯寺、法连寺等寺庙为海外的团体游客提供至少 24 小时的寄宿体验之旅,其中包括与寺庙僧侣们一同坐禅、行禅、诵经、学习茶道,享用同僧侣一样的正式午餐,探索真正自我与大自然的和谐之道。

寺庙寄宿活动种类丰富,按照时间长短,有短期 2~3 小时的体验和长期 1 周以上的体验活动,但主要还是周末两天一夜的体验活动比较多。内容大致分为以下 5 类。

①休息型。利用寺院的自然和人文环境修养身心。

②佛教文化体验型。以感受佛教寺庙文化为目的,参与莲灯、念珠的制作,参加制茶等体验。

③生态体验型。根据寺庙地理环境的不同,进行海滩生物勘察、候鸟观察、环境野生勘察、森林体验等活动。

④传统文化体验型。地区文化、岁时风俗等组成的韩国传统文化体验活动。

⑤修行型。能帮助重新认识自我和调节与他人关系的佛教活动。

韩国的 Temple Stay 住宿式旅游体验,融合了佛教文化与韩国的当地民俗,成为韩国一项新兴而富有生长力的旅游项目,项目上的不断完善,助长了它强有力的生命力。

2010 年韩国访问年的到来大力推动了各国游客赴韩旅游的热情,韩国观光和佛教文化事业机构推出了极富韩国传统文化的"寺庙体验团体游"项目,专门为海外团体游客提供寄宿传统文化的寺庙的独特体验。据了解,近年来,完好保留佛教文化和习俗的韩国寺庙吸引了不少游客慕名前往,寺庙寄宿逐渐风行。

游客在进入寺庙时会分到一套在寺庙期间须一直穿的体验服,穿上体验服便开始正式的体验之旅。看寺庙中处处绿意盎然,佛堂大殿香烟缭绕;品佛家独到斋菜、禅茶,意犹未尽;听晨钟暮鼓、诵经之声,还有那夏夜的蛙叫蝉鸣,干净澄澈的世界便真实地出现在游客面前,可封存为永恒的记忆。

Temple Stay 体验项目只要包括钵盂供养、茶道、参禅、山行等。钵盂供养,其要义是每一粒米在送上餐桌之前都要经过 88 个人的手,来之确实不易,应该珍惜。这项体验比茶道更为复杂,而对于茶道的体验,安排得就相对简单多了。旅游线路中,几乎每一条线路都可品茶。清晨游客要礼拜参禅,穿着相同的体验服,旅客们或静坐在禅房之中,或露天在禅师的指令下进行参禅,时间大概半个小时。周围悄无声息,闭上双目,用心灵的慧眼审视自己、审视世界,在混沌之中明澈自己的心灵,用亲身的行动来体验佛家禅境。午间,享用同僧人一样的食物。夜间,走到那幽静的寺院内,山清水秀,繁星缀空,好不自在。或在庭下听听禅师的几番言语,难保不会是一种通透的悟。身体力行、亲力亲为的寺庙生活体验,不只是物质的享受,更是精神的净化。在寺庙中,夕阳透过窗户的镂空花纹照射进来,静静的,人们可享受这一刻的宁静,在这一刻感受自己与自然,体会佛家"悟"的精髓。地处深山之中的寺庙一般都可以提供长途的山行,时间可在清晨或者凌晨三四点,尤其是半夜在幽谷中山行,仰头便是漫天繁星,让人感触颇多。

(资料来源:安贺新,汪榕. 旅游企业体验营销案例评析[M]. 北京:化学工业出版社,2014.)

问题:

1. 韩国 Temple Stay 提供了哪些旅游体验产品?

2. 韩国 Temple Stay 运用了什么旅游体验营销模式?

【建议阅读文献】

[1] Alexander Z,Bakir A,Wickens E. An investigation into the impact of vacation travel on the tourist[J]. International Journal of Tourism Research,2010,12(5):574-590.

[2] Chen C C,Petrick J F. Health and wellness benefits of travel experiences:A literature review[J]. Journal of Travel Research,2013,52(6):709-719.

[3] Lehto X Y,Choi S,Lin Y C,et al. Vacation and family functioning[J]. Annals of Tourism Research,2009,36(3):459-479.

[4] 谢彦君.旅游体验研究:走向实证科学[M].北京:中国旅游出版社,2010.

[5] 派恩,吉尔摩.体验经济[M].毕崇毅,译. 北京:机械工业出版社,2012.

[6] 厉新建.旅游体验研究:进展与思考[J].旅游学刊,2008(06):90-95.

[7] 王柯平.旅游美学新编[M].北京:旅游教育出版社,2000.

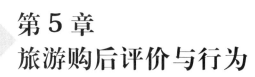

第5章
旅游购后评价与行为

【学习目标】

- 熟悉和掌握旅游消费者满意度的形成过程；
- 能结合实际分析影响旅游消费者满意度的因素；
- 理解与掌握旅游消费者忠诚度的成因。

旅游购买后行为(Tourist post-purchase behavior)是旅游消费者决策过程的一个阶段。在该阶段,旅游消费者根据他们是否满意购买的旅游产品采取进一步的行动。它包括一些在旅游产品使用后可能产生的心理活动(满意与否)以及旅游消费者发生在购买以后的典型行为(获得满意后的重复购买,从而产生的忠诚,或者感到不满意后对相应企业的投诉)。针对旅游消费者的这些心理活动和行为,旅游企业营销人员在旅游消费者购买之后可采取相应措施来增加旅游消费者的满意和未来的销售。

5.1　旅游消费者的满意度

从20世纪70年代中期以来,满意度研究一直是消费者行为理论研究的一个热点问题。国内外学者在这一领域取得了丰硕的研究成果,使得"增强消费者满意度"逐渐成为旅游业普遍推崇的经营信条。

5.1.1　满意度的概念及其组成

1)消费者满意度的概念

许多学者从不同的角度定义过消费者的满意度。目前,营销学界普遍公认的消费者满意度定义是奥立佛(Richard L.Oliver,1997)提出的。奥立佛认为,消费者满意度是消费者的需要得到满足后的一种心理反应,是消费者对产品和服务的特征或产品和服务本身满足自己需要程度的一种判断。要判断需要的满足程度,消费者就必须对产品和服务的实绩与某一标准,如最理想的表现、公正的表现、预期的表现、可容忍的最差表现等进行比较。由于比较的标准不同,消费者消费后的心理认知也不同,表现为满足、高兴、好奇、惊喜等多种形式(图 5.1)。

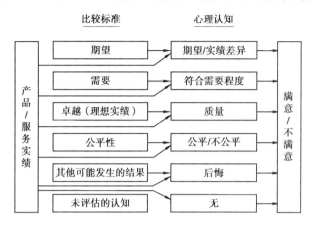

图 5.1　消费者满意度比较评估图

资料来源:Oliver L Richard. Satisfaction:A Behavioral Perspective on the Consumer[M]. New York:Irwin McGraw Hill,1997:24.

在旅游研究领域,研究人员强调游客满意度是在游客期望和实际体验相比较基础上产生的"积极"的感知(Beard & Ragheb,1980)。随着研究的深入,研究人员陆续提出了更多的观点。有些学者认为游客满意度包括两个方面,一是游客对目的地的期望与目的地具体属性之间的协调一致性,二是游客自我印象和目的地形象之间的协调一致性。如果上述因素能够一致,游客就感到满意(Chon & Olsen,1991)。有些学者认为游客满意度是游客与环境之间的关系融洽与否的反映。如果游客所处的旅游环境——客源地、目的地、旅游交通、中介服务企业和宏观环境符合游客的信念、态度和价值观,旅游环境就能满足游客的期望和需要,令游客满意(Kingchan,1994)。有些学者认为游客满意度是游客对拥挤的感知与其心理容量之间相比较的结果,随游客人数上升,游客满意度下降(Beau-mont,1997)。

综上所述,尽管学者们研究的角度不同,表述方式各异,但从机理上看,旅游消费者满意度与其他服务领域里的消费者满意一样,都是消费者对消费体验与某一标准进行比较之后产生的心理反应。旅游产品和服务的实绩能够满足旅游消费者的需要,他们才会满意。

2)消费者满意度的组成

奥立佛认为,消费者的满意程度主要是由消费者以下 3 类评估决定的:①消费者对消费结果的整体印象,即消费者对本次消费结果的利弊的评估,以及消费者由此而产生的情感反应,如高兴、悲伤等;②消费者对产品和服务的比较结果,即消费者对产品和服务的实绩与某一标准进行比较,判断实绩是否符合或超过标准;③消费者对自己的消费结果的归因,即消费者认为谁应对自己的消费结果负责。

美国学者福尔克斯(Valerie S. Folkes,1988)强调服务结果和归因在消费者满意度中的重要性。他认为满意度是消费者对服务结果进行评估与归因之后产生的感觉(表 5.1)。如果消费者认为服务结果对自己有利,且企业可以控制这种服务结果,他们就会对该企业心存感激,并愿意为该企业作有利的口头宣传;如果消费者认为某种服务结果损害了自己的利益,而企业本可以避免这种服务结果,他们就会非常生气;如果服务结果对消费者有利,而且消费者早就预料到这种服务结果,他们就会信赖该企业;如果消费者预期某种服务结果会损害自己的利益,就会回避该企业,改购其他企业的产品和服务。

表 5.1　服务结果、归因与消费者满意感的情感表现

归因　　　情感表现　　　服务结果		有利结果	不利结果
企业	可控结果	表扬/感激	批评/生气
	不可控结果	惊喜	失望/容忍
消费者	预期的稳定结果	信赖	逃避
	预期的不稳定结果	尝试	迟疑

资料来源:Oliver L Richard. Customer with Service[M]// Teresa A Swartz, Dawn Iacobucci. Handbook of Service Marketing and Management. Thousand Oaks,CA:Sage Publications,2000:251.

由此可见,消费者满意度既包含认知成分,也包含情感成分。认知成分指消费者对服务实绩与某一标准进行比较的结果;情感成分指消费者对服务实绩与某一标准比较之后产生的满足、高兴、喜欢等心理反应。认知成分和情感成分都针对特定的对象,并与购买和消费的特定情境相关。

5.1.2　旅游消费者满意度的形成过程

营销学者提出了许多理论模型,解释消费者满意度的形成过程。其中,最著名的几个模型是奥立佛提出的"期望—实绩"模型,伍德洛夫(Robert B. Woodruff)、卡杜塔(Ernest R. Cadotte)和简金思(Roger L. Jenkins)提出的"消费经历比较"模型,威斯布鲁克(Robert A. Westbrook)和雷利(Michael D. Reilly)提出的"顾客感知的价值差异"模型。

1)期望—实绩模型

根据奥立佛在 1980 年提出的期望—实绩模型,在消费过程中或消费之后,消费者会根据自己的期望,评估产品和服务的实绩。如果实绩低于期望,消费者就会不满意;如果实绩符合或超过期望,消费者就会满意(图 5.2)。

图 5.2　期望—实绩模型

资料来源:Oliver L Richard. A Cognitive Model of the Antecedents and Consequences of Satisfaction Decisions[J]. Journal of Marketing Research,1980,17(4):462.

虽然有许多学者的研究结果支持奥立佛的观点,但也有不少学者提出了异议。例如,美国学者斯旺(John E. Swan)和马丁(Warren S. Martin)的研究结果表明实绩与期望之差对消费者满意程度并没有显著的影响。美国学者勒托奥(Stephen A. LaTour)和皮特(Nancy C. Peat)指出期望—实绩模型往往无法解释顾客满意度形成过程。如果消费者无法购买到自己最喜爱的产品或服务,而不得不购买其他替代品,即使替代品的实绩符合或超过了他们的期望,消费者仍可能会不满。我国学者汪纯孝也指出:①旅游消费者在消费某些产品或服务之前,由于缺乏必要的知识和消费经历,他们很难预见产品和服务的实绩;②消费者不会预测产品和服务的某些属性的实绩,如他们不会预测自己熟悉的酒店位置,但这类属性也会影响消费者的满意程度。

2) 消费经历比较模型

20 世纪 80 年代初,美国学者伍德洛夫(1982)、卡杜塔和简金思(1983)提出了消费经历比较模型。他们认为消费者会根据以往的消费经历,逐渐形成以下 3 类期望:①根据自己消费过的最佳的同类产品和服务,预计自己即将消费的产品和服务的实绩;②根据自己消费过的一般的同类产品和服务,预计自己即将消费的产品和服务的实绩;③对某个企业的产品和服务正常实绩的期望,即消费者根据自己在某个企业的一般消费经历,预计自己在该企业即将消费的产品和服务的实绩。第三类期望与“期望—实绩”模型中的期望相似。

根据消费经历比较模型,消费者在某个企业或同类企业的消费经历都会影响期望与实绩比较过程。然而,①如果消费者即将消费某项新产品或新服务,他们很难根据以往的消费经历形成期望,也就很难对实绩和期望进行比较;②如果目前最佳的同类产品或服务不能充分满足消费者的需要,那么,即使消费者消费了最佳的产品和服务,也不会感到非常满意;③不同的消费者有不同的需要,对同一企业的产品和服务实绩会有不同的要求,对不同企业的产品和服务实绩也会有不同的要求。例如,最佳同类餐馆供应 15 种菜肴,一般同类餐馆供应 10 种菜肴,本餐馆只供应 5 种菜肴,根据消费经历比较模型,消费者可能会不满。但是,如果本餐馆供应的 5 种菜肴正是消费者最喜爱的菜肴,消费者就会非常满意。换句话说,满意与否是由产品和服务满足消费者需要的程度决定的,而不是由实绩与期望之差决定的。由此可见,期望实绩模型和消费经历比较模型都可在一定程度上解释顾客满意度形成过程,但是这两个模型都忽视了消费者需要的满足程度对满意度的影响。

3) 消费者感知价值差异模型

美国学者威斯布鲁克和雷利于 1983 年提出了“消费者感知价值差异”模型。他们认为,消费者的满意度是消费者感知的产品和服务实绩满足其需要而产生的一种喜悦状态。产品和服务的实绩越符合消费者需要的消费价值,消费者就越满意;反之,消费者就越不满意。

1990 年,我国学者汪纯孝在美国对这个模型进行了实证检验。他的研究结果表明,与实绩和期望之差相比,消费者感知的价值差异对满意度的影响更大。此后,美国学者梅耶斯(James U. Myers,1991)、斯普兰(Richard A. Spreng,1993)等人均取得与汪纯孝一致的研究结果。1998 年,汪纯孝等人对广州某餐馆的消费者进行了一次研究。结果表明,与“期望—

实绩"模型和"消费经历比较"模型相比,"消费者感知价值差异"模型更能解释消费者满意度的形成过程。但是,这3种模型都只是对消费者满意度的形成过程做出了简单化的解释,要更好地解释消费者满意度复杂的形成过程,应综合考虑消费者的期望、消费者感知的服务实绩、实绩和期望之差、消费者需要满足程度等因素与消费者满意程度之间的关系。

4)情感模型

2000年,奥立佛在不断完善消费者满意度定义的基础上,提出了如图5.3所示的消费者满意度形成过程模型。奥立佛认为,满意度是消费者在自己的需要得到满足之后产生的心理和情感反应。在消费过程中或消费之后,消费者会根据自己期望、需要、理想的实绩、公平性以及其他可能的标准,评估产品和服务的实绩。消费者对实绩的评估结果以及他们对评估结果的归因,都会影响消费者的整体情感,消费者的情感会进而影响他们的满意程度。

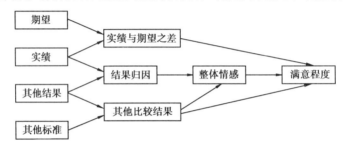

图5.3 消费者满意度形成过程模型

资料来源:Oliver L Richard. Customer with Service[M]//Teresa A Swartz, Dawn Iacobucci. Handbook of Service Marketing and Management. Thousand Oaks,CA:Sage Publications,2000:251.

与上述模型不同的是,这个模型考虑了旅游消费者在消费过程中的情感反应,而不是纯粹从理性认知的角度分析消费者满意度。在旅游消费过程中,旅游消费者很难拥有足够的信息,对旅游产品和服务形成确切的期望,或根据某些具体的属性评估服务实绩。此外,由于旅游消费者亲自参与服务过程,并通常要与服务人员直接交往,旅游消费者自身在消费过程中的情感和情绪会直接影响他们的满意程度。所以,奥立佛的情感模型更贴近旅游消费者满意度的形成过程。

5.1.3 影响旅游消费者满意度的因素

根据以上对旅游消费者满意度概念和满意度形成过程的探讨,可以把影响旅游消费者满意度的因素归纳为以下几个方面:

1)旅游消费者对旅游产品和服务的期望

旅游消费者对将要发生的消费经历的期望,是旅游消费者常用于与实际消费体验相比较的标准之一。它主要受以下因素影响:①旅游产品和服务自身。旅游消费者过去消费该类产品和服务的经验,旅游产品和服务的价格、外部特征、内涵象征性意义均影响旅游消费者的期望。②促销因素。企业如何宣传旅游产品,采取什么样的方式与消费者沟通,也会影响旅游消费者的期望。③旅游消费者个人特征,如理解能力。④旅游消费者从社交圈子中获得的交流信息。

关于消费者期望与满意度之间的关系,学术界主要有两种观点。不少学者认为消费者的期望与满意度存在负相关关系,即消费者期望越低,就越可能满意。因此,彼特斯(Tom Peters)、德维多(William H. Davidow)等美国学者认为企业应降低消费者的期望,以便使服务实绩超过消费者的期望。另外一些学者则认为消费者的期望与满意度存在间接的正相关关系。汪纯孝(1998)的研究结果表明,消费者的期望对他们感知的服务实绩有直接的正面影响,对实绩与期望之差则有直接的负面影响。消费者的期望通过实绩与期望之差和服务实绩,间接地对满意度产生正面影响。这一研究结果支持美国学者斯普兰(Richard A. Spreng)等人 1996 年的实证研究结论。

此外,有些学者认为旅游者的期望对满意度没有直接的影响,并强调旅游活动的不可预测性是旅游体验的核心所在(Botterill,1987)。旅游消费者不需要精确地预见旅游活动的内容,如果他们能够成功地适应不可预测的旅游活动,也能获得高度满意。

综合上述观点,旅游企业在市场沟通活动中,既应防止夸大宣传、虚假宣传,也应防止宣传不力。旅游企业应该为消费者提供准确、真实、可靠的信息,使消费者形成现实的期望,以便消费者做出正确的选购决策,满足他们的期望,进而提高消费者感知的服务质量和满意程度。此外,旅游企业还要尽力超越消费者的期望,通过给消费者带来惊喜来增加旅游产品的魅力。

2)旅游产品和服务的实绩和功效

在一般情况下,消费者对旅游产品和服务的认知是以产品和服务的实绩和功效为基础的。如果旅游产品货真价实,那么,不管原来的预期如何,消费者迟早会调整其预期,逐步对旅游产品满意。相反,如果旅游产品和服务的实绩很差,即使消费者原来的期望很低,也会产生不满情绪。比如,不少旅游消费者明明知道所谓的"零费团"质量不能保证,但一旦真的参加了这样的旅游团,仍会表达其抱怨和不满。

为了更好地分析产品和服务的实绩对消费者满意度的影响,研究人员把实绩划分为两个层面:工具性绩效(instrument performance)和象征性绩效(expressive performance)。工具性绩效与产品的物理功能的正常发挥有关,象征性绩效则与审美或形象强化有关。皮雅姆(Pizam A.,1978)等人指出,多数旅游产品和服务的象征性绩效要比工具性绩效更重要。所以,旅游企业经常强调其产品的象征性绩效,如酒店的声誉、酒店房间的豪华,而不是强调房间的功能和价格。一般来说,工具性绩效是保证旅游消费者满意不可缺少的因素。如果工具性绩效令人失望,如通往目的地的交通设施无法运作,旅游消费者就会不满。但是,即使工具性绩效符合消费者的需要,消费者也不一定满意。要旅游消费者完全满意,产品和服务的象征性绩效必须达到或超过旅游消费者的期望水平。但是,如果象征性绩效较次,如交通设施不够豪华、交通服务的个性化程度不够高,也不一定导致旅游消费者不满意。

3)归因(Attribution)

归因,与旅游消费者可感知的因果推理相关。消费者在购买和消费旅游产品的过程中,会对企业的各种活动、其他消费者的行为以及产品品质的好坏做出归因。当服务过程中出现障碍和问题时,消费者可能将其归因于旅游企业,也有可能将其归因于自己运气不好或处理不当,或归因于气候、环境等外部因素。当消费者把问题归因于旅游企业时,消费者将对旅游产品和旅游企业产生不满,而在其他归因情况下,则可能比较宽容。福尔克斯(Folkes)等人进行了一项调研,询问乘客在航班误点时的反应。他们发现,消费者是否不满在很大程度上取决于归因类型。将误点原因归咎于气候条件时,乘客的反应比较和缓,对误点表示理解。如果将误点与航空公司可以控制的一些因素相联系,乘客的不满和愤怒情绪就比较强烈。

在旅游服务中,许多影响旅游消费者感知质量和满意度的因素是无法人为控制的。例如,①天气;②交通系统的员工罢工;③政府的官僚作风,如签证的限制和出行征税;④目的地或者住宿设施内其他旅游者的行为举止;⑤目的地恶劣的医疗卫生条件和道路基础设施;⑥在目的地遭到乞丐和小贩的骚扰;等等。旅游企业无力改变这些因素。对旅游企业来说,重要的是了解消费者如何做出归因,并引导他们做出正确的和有利于企业发展的归因。

4) 消费者的情感

旅游消费过程既是一个认知过程,也是一个情感体验过程。大多数学者认为,情感可以分为正面情感(如快乐、高兴、欣喜等)和负面情感(如悲伤、烦恼、愤怒等)。旅游消费者在消费过程中,可能会体验到一种或多种情感。

近年来,许多学者都认识到情感对消费者心理和行为的重要影响。1987年,美国亚利桑那大学的营销学教授韦斯特伯(Robert A. Westbrook)首先通过实证研究发现消费情感直接影响消费者的满意度,而且情感性因素与认知性因素(如消费者的期望、服务实绩以及期望与实绩之差)对消费者满意度的影响程度基本相同。派莱斯(Linda L. Price,1995)等人进一步指出,与产品消费者相比较,服务消费者与企业及员工的接触更多、感情投入程度更高,因此,消费者在服务消费中的情感反应更强烈。奥立佛(1997,2000)对上述观点进行了一系列实证检验,他发现消费者在消费过程中的情感的确是影响满意程度不可忽视的因素。

现有的研究成果表明,消费者接受服务前的心情会影响他们对员工服务行为的评估和对服务经历的总体满意度(Liljander & Mattss,2002;Manila & Wirtz,2001)。在服务过程中,受员工的行为等因素的影响,消费者的情绪会不断变化。消费者消费前的情绪和他对消费经历的情感反应会影响他们感知的服务质量和对企业的喜爱程度,进而影响他们对企业的信任感和忠诚度(Holbrook & Gardner,2000;Lem-mink & Mattsson,2002)。由于消费者在服务过程中的消费情感是由企业的服务实绩直接引起的,因此,与消费者消费前的情绪相比较,消费情感对消费者服务评估的影响更大(韩小芸 等,2004)。

持正面情感的旅游消费者会用一种积极的姿态来屏蔽评价中的不利因素。与心情不好或者心情平静的人相比较,心情愉快的旅游消费者更容易感到满意。相反,持负面情感的消费者则通常忽略了旅游消费中的正面信息。比如,某项旅游活动的质量也许并不低,但如果旅游消费者在活动中丢了钱,沮丧的他对此项旅游活动的评价也许会很低。一般来说,压力因素,如交通延误、语言问题、在旅游期间个人安全和健康问题、与同行旅游者的相处问题、对旅游地习俗和食物的不适应等,很容易激发旅游消费者的负面情感,导致他们不满。旅游企业总是试图缓解这些压力,通过引导消费者的归因影响消费者的情感,进而影响消费者的满意度和购后行为。

5.2　旅游消费者的忠诚度

20 世纪 90 年代以来,美国《哈佛商业评论》发表了一系列论述消费者忠诚度的论文,引起了学术界和企业界对培育消费者忠诚度的普遍关注。不少旅游企业已经认识到,一个忠诚顾客为企业创造的收益可能是一个天文数字,把顾客的口碑宣传因素考虑在内时更是如此。要在激烈的市场竞争中提高经济收益,增强竞争能力,旅游企业就必须把与消费者建立长期合作关系,培育消费者忠诚度作为战略的核心内容。

5.2.1　旅游消费者忠诚度的概念及其组成成分

1) 消费者忠诚度的定义

在早期的消费者忠诚度研究中,许多学者侧重研究消费者忠诚度的行为表现,从消费者的再购率,消费者与企业关系的持久性,消费者的购买方式、购买频率,消费者从本企业购买的产品数量在他们购买的同类产品总量中所占的比例,消费者对企业的口头宣传等方面计量消费者忠诚度。他们强调忠诚的消费者会反复购买某个品牌的产品,并且只考虑该品牌的产品,不寻找其他品牌的信息。这种对消费忠诚度的理解,实际上混淆了习惯性重复购买与忠诚度的区别,忽略了消费者忠诚度的心理含义。

1969 年,美国著名营销学者德因(George Day)首先提出,真正忠诚的消费者不仅会反复购买企业的产品和服务,而且还真正喜欢企业的产品和服务。因此,企业应综合考虑消费者忠诚度的行为成分和态度成分。美国学者狄克(Alan S. Dick)和巴苏(Kunal Basu)根据消费者对企业的态度和消费者的购买行为,提出了如图 5.4 所示的消费者忠诚度分析框架(1994)。他们认为,消费者忠诚度是由消费者对本企业产品和服务的续购率与消费者对本企业的相对态度共同决定的。只有那些续购率高,且偏爱本企业的消费者才是本企业的真正忠诚者(图 5.4 中的 A)。

图 5.4　狄克和巴苏对忠诚消费者的分类

资料来源:Dick Alan ,Kunal Basu. Customer Loyalty: Toward an Integrated Conceptual Framework[J]. Journal of the Academy of Marketing Science,1994(2): 102.

1997 年,奥立佛对他于 1980 年提出的消费者忠诚度定义进行了修改和完善。他指出,消费者忠诚度指消费者长期购买自己偏爱的产品和服务的强烈意愿,以及消费者实际的重复购买行为。真正忠诚的消费者,不会因外部环境的影响或竞争对手企业的营销措施而"跳槽"。这个定义得到了国内外学术界的普遍认同。

2)旅游消费者忠诚度的特点

学术界对消费者忠诚度的研究,始于对有形产品的品牌忠诚度的探讨。20世纪70年代末至80年代初,美国航空运输业纷纷推行常客计划,给整个行业造成了巨大的冲击。与此同时,学术界也逐渐开始研究旅游企业的消费者忠诚度问题。许多学者指出,由于产品(狭义)和服务之间的区别以及产品营销策略和服务营销策略之间的差异,工业企业培育消费者忠诚度的措施对旅游企业并不完全适用。这些学者认为,①与工业企业相比,旅游企业更可能与消费者建立密切的联系。②旅游消费者比有形产品消费者更可能对某个企业形成忠诚度。③在旅游服务消费过程中,旅游消费者与服务人员接触的机会较多,因此,旅游企业有更多的机会培育消费者忠诚度。服务人员能够扮演兼职营销人员的角色,维系旅游消费者与企业之间的关系。④与有形产品相比较,旅游消费者觉得旅游服务的购买风险更大。为了降低购买风险,消费者更可能忠诚于某家旅游企业。⑤在旅游企业中,旅游消费者既可能忠诚于旅游企业的某个销售网点,也可能忠诚于旅游企业的某位员工。

由于上述原因,旅游消费者的忠诚度不同于其他消费者对产品品牌和销售网点的忠诚度。消费者对品牌的忠诚度,指消费者喜欢某个品牌的产品,并长期购买该品牌的产品,忠诚于某个品牌的消费者,可以到该品牌竞争对手的销售网点去购买自己偏爱的品牌的产品。消费者对销售网点的忠诚度,指消费者喜欢某个销售网点,并长期到这个销售网点购买产品。忠诚于某个销售网点的消费者,可以在他们偏爱的销售网点购买多种品牌的产品。然而,旅游消费者必须到自己偏爱的旅游企业或目的地购买服务,也就是说,忠诚的旅游消费者既是"销售网点忠诚者",也是"品牌忠诚者",这是旅游消费者忠诚度的最大特点。

3)旅游消费者忠诚度的组成成分

1999年,奥立佛进一步指出,消费者忠诚度按其形成过程可以划分为认知性忠诚度、情感性忠诚度、意向性忠诚度和行为性忠诚度。

(1)行为性忠诚度

行为忠诚的消费者反复购买某个品牌的产品和服务,他们的购买决策行为是一种习惯性反应行为,他们不留意竞争对手企业的营销活动,不会特意收集竞争对手企业的信息。行为性忠诚度反映消费者的实际消费行为,但它无法揭示消费者反复购买某种产品和服务的深层次原因。真正忠诚的消费者不仅反复购买某个企业的产品和服务,而且在众多同类企业中更偏爱这个企业。出于惰性、折扣、有奖销售或因某个企业的市场垄断地位而反复购买该企业产品和服务的消费者,并不是真正的忠诚者。

(2)情感性忠诚度

情感性忠诚度包含消费者对买卖双方关系的情感投入,是消费者在多次满意的消费经历的基础上形成的对企业的偏爱和情感。巴诺斯(James G. Barnes,1997)发现,真正忠诚的消费者能够感受到他们与企业之间的情感联系,而这种情感联系正是消费者与企业保持长期关系,继续购买企业的产品和服务,并向他人大力推荐企业的产品和服务的真正原因。与企业缺乏情感联系的消费者,不是企业真正的忠诚者。但是,出于种种原因,喜欢某个企业的消费者不一定就会购买这个企业的产品和服务,他们可能只是潜在的忠诚者。

(3)认知性忠诚度

早在 1980 年,美国学者李(B. A. Lee)和泽斯(C. A. Zeiss)就指出,除行为成分和情感成分之外,消费者忠诚度还应包含认知成分。具有认知性忠诚度的消费者在购买决策过程中会首先想到和选择本企业产品和服务,并能承受产品和服务价格的轻微上浮。与竞争对手企业相比较,在认知方面忠诚的消费者更偏爱本企业,但同时他们也非常关心自己能够获得的利益、产品和服务的质量和价格,追求价廉物美,不太考虑品牌因素。

(4)意向性忠诚度

消费者的意向性忠诚度,既包含消费者与企业保持关系的意愿,也包含消费者追寻自己偏好品牌的动机。与消费者目前的态度和行为相比,意向性忠诚度更能预示消费者将来的行为。但是,出于种种原因,消费者的购买意向并不一定会转变为消费者的实际购买行为。因此,消费者的意向性忠诚度并不等于消费者真正的忠诚度。

综上所述,只有在认知、情感、意向和行为 4 个方面都对企业忠诚的消费者才是企业真正的忠诚者。根据消费者态度理论,在消费者态度形成过程中,消费者会首先收集产品和服务的信息(认知);然而对这些零碎而复杂的信息进行重新整理、加工,对产品和服务做出肯定或否定的综合评估(情感评估);并在这一综合评估的基础上产生某种行为意向。行为意向作为态度的一个组成成分,可能会转化为实际行为,也可能不转化为实际行为。但大多数学者的实证研究结果都表明,消费者的购买意向对消费者的实际购买行为有显著影响。所以,奥立佛指出,消费者忠诚度的形成过程是先产生认知性忠诚度,其次是情感性忠诚度,再次是意向性忠诚度,最后是行为性忠诚度。

5.2.2　旅游消费者忠诚度的成因

20 世纪 90 年代初,哈佛大学的雷奇汉(Frederick F. Reichheld)和赛塞(W. Earl Sasser, Jr.)根据对服务业长时间的观察分析估计:当企业忠诚的常客增加 5% 时,利润可上升 25%到 85%。这是因为忠诚的消费者乐于重复购买,愿意为该企业的服务支付较高的价格。更重要的是,忠诚的消费者还会努力向他人推荐该企业的服务,从而使该企业逐年获得更大的收益。这一论断激发了许多学者探讨"消费者的忠诚度从何而来"的兴趣。从现有的研究成果来看,消费者满意度是旅游企业培育消费者忠诚度的一个必要的前提条件,却不是充分条件。许多学者指出,旅游企业要培育真正忠诚的顾客,必须在消费者满意的基础上,逐渐增强消费者对本企业的信任感和归属感。

1)消费者满意度与忠诚度

虽然学术界对消费者满意度与忠诚度之间的关系尚未完全达成共识,但越来越多学者认为,消费者满意度最终会发展为消费者忠诚度(Gremler et al,2001;韩小芸 等,2003)。如果消费者对自己以往在某个服务性企业的消费经历感到非常满意,他们再次购买同类服务时就可能会首先想到这个企业。因此,消费者满意度会直接影响消费者的认知性忠诚度。此外,满意的消费者往往愿意再次购买企业的产品和服务,愿意为企业做有利的口头宣传,愿意向他人推荐该企业的产品和服务。因此,消费者满意度会直接影响消费者的意向性忠诚度。如果企业能满足消费者不断变化的需要,始终为消费者提供满意的消费经历,就有可能把满意的消费者转变为忠诚的消费者。

然而,有趣的是,满意的消费者,甚至非常满意的消费者也经常会选购不同企业的产品和服务。一些旅游消费者为了求新、求异,不再到访他们感到满意的景点或购买同一企业的旅游服务。雷奇汉、琼斯(Thomas D. Jones)、赛塞等人发现,消费者满意度对忠诚度的直接影响很小,对自己的消费经历满意的消费者不一定就会忠诚于企业。雷奇汉指出,在声称自己满意或非常满意的消费者中,65%~85%的消费者会"跳槽",改购竞争对手的产品和服务。换言之,消费者满意并不一定能增加企业的经济收益。因此,雷奇汉提出企业应跳出"顾客满意度陷阱",尽力培育顾客的忠诚度。

根据美国学者锡博特(John W. Thibaut)和凯利(H. H. Kelley)提出的社会交换理论,人们是否愿意保持某一关系并不是由他们对这一关系的满意程度决定的。如果人们能从其他关系中获得更大的利益,他们就可能会终止现有关系。旅游消费者与企业之间的关系也是如此,对某个旅游企业的产品和服务满意的消费者不一定会长期购买该企业的产品和服务。如果其他旅游企业能够为消费者提供更大的利益,消费者就可能会改购其他旅游企业的产品和服务。因此,旅游企业提高消费者满意程度,也不见得一定能够提高消费者的忠诚度和再购率,为企业增加收益。

尽管在雷奇汉等人的研究中,消费者满意度不直接影响行为性忠诚度,但消费者满意度对忠诚度的重大影响仍是不可否定的。因为大量学者的实证研究结果表明,消费者满意度对消费者归属感,消费者与企业之间的社交联系,消费者与服务人员之间的关系,消费者的认知性忠诚度、意向性忠诚度有显著的影响,并通过这些因素间接地影响消费者的购买行为。

综上所述,旅游企业应当意识到消费者满意度是消费者忠诚度的一个重要的驱动因素,但仅有消费者满意度是不够的。企业必须赢得旅游消费者的信赖,提高旅游消费者"跳槽"的心理代价,才能巩固与旅游消费者之间的服务关系。

2) 消费者信任感与忠诚度

美国著名营销学者贝里指出,消费者的信任感是忠诚度的基础。消费者相信企业有能力兑现其所做的隐性承诺和显性承诺,并真诚地关心消费者的利益,就会愿意与企业保持长期合作关系。当需要购买产品和服务时,消费者会首先想到他们认为值得信赖的企业。如果消费者确信该企业的产品和服务能够满足他们的需要,消费者就会形成继续购买该企业产品和服务的意向,而不是花费大量的时间和精力,收集企业竞争对手的信息。此外,消费者还愿意为他们信任的企业做有利的口头宣传。因此,雷奇汉认为,企业要赢得顾客的忠诚,首先必须取得顾客的信任。国内外一些学者对旅游消费者的实证研究结果也表明,旅游消费者对旅游企业的信任感是旅游企业培育消费者忠诚度必不可少的条件,可以为旅游企业带来竞争对手难以模仿的竞争优势。

3) 消费者归属感与忠诚度

消费者归属感与忠诚度,是两个既有联系又有区别的概念。归属感是一种信念。对旅游企业有归属感的消费者重视两者之间的长期关系,甚至愿意为了保持这种关系所蕴含的长期利益而做短期的牺牲。它反映了消费者与企业之间关系纽带的强度,是消费行为的驱动因素,而并非实际的消费行为。忠诚度则包含了旅游消费者对企业的态度和购买行为,它是由消费者的实际消费经历决定的。

国内外许多学者认为,旅游消费者与企业之间的关系是建立在他们对企业的归属感的基础上的。在其他条件相同的情况下,消费者对旅游企业的归属感越强,对旅游企业就越忠诚,对旅游企业缺乏归属感的消费者是不可能表现出忠诚度的。其中,旅游消费者的持续性归属感会促使其对企业产生认知性忠诚度。如果旅游费者觉得自己不易或无法到其他企业消费,那么当他需要购买产品和服务时,他往往首先想到特定的企业,并且对该企业能为自己提供的利益有较充分的认识。情感性归属感是消费者对旅游企业的依恋感。消费者可能会因这种依恋感而喜欢购买和消费某旅游企业的产品和服务。在酒店等旅游企业中,由于消费者与企业和服务人员的接触时间相对较长,如果旅游企业能够让消费者产生宾至如归的感觉,消费者对企业的情感性归属感就会更强烈,并愿意再次到该企业消费(韩小芸 等,2003)。此外,消费者对企业的归属感越强,就越可能为企业做有利的口头宣传,向他人推荐企业的产品和服务,向企业反映意见或建议(Bettencourt,1997)。因此,旅游消费者的归属感也是旅游企业培育消费者忠诚度的一个必要的前提条件。

5.2.3　消费者忠诚度对旅游企业经济收益的影响

20世纪90年代后,关系营销盛行的一个重要原因是实业界发现,企业的赢利能力实际上是由消费者的忠诚程度决定的。1998年美国学者鲍恩(John T. Bowen)和舒麦克(Stowe Shoemaker)在高档宾馆对商务旅客进行了一次调研。他发现,①忠诚的旅客在预订客房时很少询问房价;②与其他旅客相比较,忠诚的旅客更可能购买宾馆的其他服务(如洗衣、餐饮服务等);③忠诚的旅客还会为宾馆做正面的口头宣传,平均每个忠诚的旅客会向12个人推荐自己忠诚的宾馆,约有25%的忠诚旅客会向朋友和同事推荐自己忠诚的宾馆;④与不忠诚的旅客相比,忠诚的旅客更可能向宾馆管理人员反映意见。

总的来说,忠诚的消费者不仅长期购买企业的产品和服务,而且他们对价格不是很敏感,愿意为企业的优质产品和服务支付较高的价格。如果他们喜欢企业的某种产品和服务,他们很可能对企业的其他产品和服务做出好评。真正忠诚于某个企业的消费者一般不会因其他企业的促销措施而改购其他企业的产品和服务,相反,他们还会愿意为本企业做有利的口头宣传。因此,如果某个企业能赢得消费者的忠诚度,这个企业就能扩大市场占有率,增加营业收入,减少促销费用,降低服务成本。

然而,旅游企业必须认识到消费者对企业的忠诚度是相对的。在竞争激烈的市场里,企业很难拥有只购买本企业产品和服务的绝对忠诚顾客。艾仁贝格（Andrew s. c. Ehrenberg）和阿克勒斯（Mark D. Uncles）发现,99%的汽油购买者都会购买几种品牌的汽油,88%的消费者会在多家零售店购买商品,而乘飞机的旅行者往往会参加多家民航公司的"忠诚者奖励计划",旅游企业从不同的消费者那里获得的经济收益是不同的。因此,旅游企业有必要对忠诚者分类,以便采取有针对性的管理措施,提高企业的经济收益。目前对忠诚消费者的划分方法主要有以下几种：

1) 忠诚度钻石

英国学者诺克思（Simon Knox）根据消费者购买的产品和服务的品牌数量和消费者的投入程度将消费者划分为忠诚者、习惯性购买者、多品牌购买者和品牌改换者(图 5.5)。

图 5.5　忠诚度钻石

资料来源:Simon Knox. Loyalty-Based Segmentation and Customer Development Process[J]. European Management Journal,1998,16(6)：733.

忠诚者和习惯性购买者往往只选购少数几个品牌的产品和服务,表现出较高程度的行为忠诚。因此,企业为这两类消费者服务往往最能获利。但是,忠诚者和习惯性购买者的购买方式不同。习惯性购买者每次购买的产品和服务基本上没有什么区别。他们之所以购买某个企业的产品和服务,是因为这个企业能供应他们需要的产品和服务,而不是因为他们对该企业有深厚的感情。一旦该企业不能提供他们需要的产品和服务,他们就会改购其他企业的产品和服务。忠诚者的投入程度较高,并能够感觉到自己与企业或品牌之间的情感联系,愿意花费时间和精力与企业保持关系。在企业没有他们需要的某种产品和服务时,他们会暂时改购其他企业的产品和服务,一旦企业能够提供这种产品和服务,他们又会继续购买企业的产品和服务。有时候,忠诚者甚至因为企业暂时没有他们需要的产品和服务而推迟购买。由于消费者对企业的忠诚是相对的,因此,忠诚者偶尔也会表现出暂时性的"跳槽"行为。

多品牌购买者和品牌改换者的购买行为比较相似,他们都购买多种品牌的产品和服务。企业为这两类消费者服务往往获利不多。这两类消费者的购买动机有所差别。多品牌购买者积极寻找各种品牌的产品和服务,并为不同的消费场合购买不同品牌的产品和服务。品牌改换者一般对价格优惠比较感兴趣,他们的购买策略是以最低的价格购买自己需要的产品和服务,他们会为了一点点的价格优惠而改购其他企业的产品和服务。

2) 狄克和巴苏的划分方法

如前所述,狄克和巴苏根据消费者对企业的产品和服务的续购率与消费者对本企业的相对态度把消费者划分为忠诚者、潜在忠诚者、虚假忠诚者、不忠诚者(图5.4)。消费者对本企业的相对态度指消费者偏好本企业的程度,以及消费者对本企业与其他企业的态度差异。

　　续购率高、偏爱本企业的忠诚者(图5.4中的A类消费者)是企业和营销人员追求的对象。有些消费者对某个企业有强烈的偏好,但受环境因素限制,他们购买该企业产品和服务的频率较低,这类消费者是企业的潜在忠诚者(图5.4中的B类消费者)。例如,消费者可能非常喜欢某个餐厅,但他们可能因经济收入有限或为了品尝多种不同风味的食品而不经常到这个餐厅就餐。有些消费者认为各个企业的产品和服务没有什么差别,也很少重复购买同一企业的产品和服务(图5.4中的D类消费者)。这类消费者对任何企业都不忠诚,出于各种原因,这类消费者经常改换品牌,选择多个品牌。

　　此外,还有些消费者经常购买某个企业的产品和服务,但他们认为各个企业的产品和服务差别不大,这类消费者是企业的虚假忠诚者(图5.4中的C类消费者)。在垄断市场中,消费者只能向某个企业购买产品和服务。有些消费者严格按照自己的购买习惯购买产品和服务。这些消费者很可能是企业的虚假忠诚者。

　　不少航空公司、饭店集团、预订中心等旅游企业,把常客奖励计划作为忠诚计划,鼓励消费者长期购买自己的产品和服务。表面上看,运用价格折扣和积分奖励计划可能会使营业收入增加,刺激消费者的重复购买行为。但无论旅游企业采用哪种形式的常客奖励计划,企业都是通过让利的方法,与消费者建立财务层次的联系。可以说,旅游企业实际上是在"购买"常客,而由此获得的大多数"常客"并不是真正的忠诚者。原因在于,各旅游企业所推出的这些常客计划在性质上是雷同的没有致力于解决消费者的需要,因而难以与旅游消费者建立起情感和心理上的联系。在奖励计划的刺激下,即使旅游消费者对企业没有好感,他们也可能会经常性地购买该企业的服务,从而表现出"虚假的忠诚"。随着购买次数的增加,这类旅游消费者可能会变得更加难以满足。当竞争对手企业提供更丰厚的奖励时,他们很快就会改购其他企业的产品和服务。

　　简而言之,常客奖励计划也许可以留住旅游消费者,却难以买到旅游消费者的情感性忠诚度。此外,奖励常客的费用会增加旅游企业的运营成本。为了维持利润额,企业往往要提高售价,将这笔费用分摊到没有受到奖励的消费者身上,因而,常客奖励计划反而有可能减少企业的有价值的潜在顾客。旅游企业应尽力为消费者提供符合他们需要的产品和服务,让常客喜欢企业的产品和服务,培养真正忠诚的消费者。

3) 雷纳兹和库玛的划分方法

　　长期以来,我们都假定只要消费者经常惠顾企业,就能为企业带来更多的收益。然而,2002年雷纳兹(Werner Reinartz)和库玛(V. Kumar)在美、法、德三国展开的一项研究表明,消费者的购买频率和购买的长期性对服务性企业的利润只有轻度到中度的影响。许多常客并不像设想的那样愿意为企业的产品和服务支付较高的价格。他们熟悉企业的产品和服务,对价格相当敏感,知道应该向企业要求什么,而且比其他消费者要求得更多。所以,企业为他们服务,只能获得较低的收益,而不是较高的利润。在这项研究基础上,雷纳兹和库玛根据企业为消费者服务所能获得的利润和消费者与企业保持关系的时间长短,将消费者划分为陌生人、花蝴蝶、真正的朋友和藤壶(Barnacle)4种类型(图5.6)。

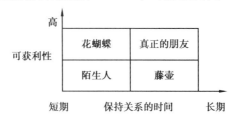

图5.6 雷纳兹和库玛对消费者的分类

"陌生人",指那些对企业不忠诚,企业为他们服务不能赢利的消费者。企业应尽早识别"陌生人",不要花费过多的时间和精力为他们服务。

"花蝴蝶",指那些对企业不忠诚,却可使企业赢利的消费者。企业可对这类消费者进行短期的硬性推销,尽可能从他们那里获取最大的短期利润。

"真正的朋友",指那些对企业忠诚,且能使企业赢利的消费者。这类消费者对自己与企业的关系比较满意。企业为"真正的朋友"服务,能获得最大的经济收益。因此,企业应采取适当的措施,回报他们的忠诚,以便增强"真正的朋友"的忠诚度。

"藤壶",指那些对企业高度忠诚却无法使企业赢利的消费者。由于这类消费者与企业的交易规模太小,交易次数太少,就像依附在货轮表面的藤壶只能增加货轮的额外负担一样,他们只会增加企业的负担,而不能使企业获得满意的回报。对于这类消费者,企业应首先判断他们的购买能力。如果他们的经济收入低,不可能增加消费量,企业就不值得继续为他们服务。如果他们有较强的购买力,但企业目前对他们的钱包占有率较低,企业就应继续为他们服务。

综上所述,旅游企业从不同的旅游消费者那里获得的经济收益是不同的。在各类旅游消费者中,旅游企业可从真正的忠诚者那里获得最大的经济收益。

5.3 旅游消费者的投诉

5.3.1 旅游消费者表达不满情绪的方式

有人幽默地说,让旅游消费者记住本企业最便捷的途径就是提供特别糟糕的服务,因为特别糟糕的服务总能让旅游消费者刻骨铭心。然而,这种服务对旅游企业来说是毁灭性的。劣质产品和服务必然会引起旅游消费者的不满,失望的旅游消费者可能会做出以下行为来发泄不满(见图5.7)。

1)不采取任何外显的行动

在不满的情况下,旅游消费者之所以采取忍让、克制态度,主要原因是他认为采取抱怨行动需要花费时间、精力,所得的结果往往不足以补偿其付出。很多旅游消费者在遭受不愉快的消费经历后,不采取任何行动,大多是觉得"投诉无门"或"投诉也无济于事"。虽然如此,消费者对旅游企业或相关管理部门的印象与态度显然发生了变化。换句话说,不采取行动并不意味着旅游消费者对企业行为方式表示默许。

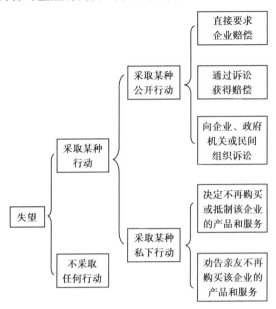

图 5.7　失望的消费者可能采取的行动

2) 采取某种形式的私下行动

旅游消费者可能:①决定再也不同该旅行社、饭店打交道;②将自己不好的体验告诉熟人,告诫朋友和家人,光顾该旅游企业是不明智之举。

3) 采取一些公开的行动

旅游消费者可能会:①直接向旅游企业索赔,要求补偿或补救,如写信、打电话或直接找相关负责人进行交涉,要求解决问题。②要求第三方予以谴责或干预。比如,对有关旅游企业提起法律诉讼,要求赔偿;或向地方新闻媒体写投诉信,诉说自己的不愉快经历;或要求政府行政机构、消费者协会出面干预,以维护自己的权益。

5.3.2　旅游消费者的投诉行为

在旅游消费活动中,只有一小部分人直接对旅游企业投诉。这并不意味着我国旅游业的服务水平很高,而是因为大多数旅游消费者采用其他方式来表达自己的不满情绪。从国内外旅游企业的成功经验来看,旅游消费者的投诉不见得是坏事,如果旅游企业能够很好地处理投诉,反而能够把坏事变成好事,让旅游消费者的投诉成为推动旅游企业不断提升旅游服务质量的动力。因而,从旅游企业的角度看,旅游消费者的投诉行为可以归纳为:

1) 是无法完全避免的

即使是最出色的旅游企业,最优秀的服务人员,也难免在服务工作中出现差错,遭到消费者的投诉。消费者的多样性以及旅游产品和服务的差异性,必然会导致投诉的发生。当然,如果旅游企业重视服务质量管理工作,遇到的投诉问题可能会相对少一些。

2) 对旅游企业是有益的

如果消费者没有采取任何行动,或采取某些私下的行动来表达他们的不满,企业就没有机会为他们提供补救性服务,丧失修补双方关系的最好时机。因此,旅游消费者的投诉从某种意义上说对旅游企业是有益的。

3) 是旅游企业向顾客学习的机会

任何营销调研都不可能像消费者投诉那样为旅游企业提供大量针对性极强的信息。从消费者投诉中,管理人员往往可以发现未满足的市场需要,形成新的产品构思和服务设计思想。

4) 是影响企业口碑的重要因素

如果旅游企业没能解决消费者投诉的问题,可能会使消费者更为不满,给企业带来破坏性的口碑宣传。但如果旅游企业解决了消费者的问题,他们就会为企业做正面的口碑宣传。欧美学者发现,曾经向企业投诉且投诉问题得到圆满解决的消费者,最可能成为企业忠诚的顾客,而且这类消费者乐于将此事告诉其他人。因此,旅游企业管理人员应当充分认识到投诉处理工作的重要性。

5.3.3 影响投诉行为的因素

旅游消费者是否投诉,会受以下因素的影响。

1) 不满程度

消费者往往会原谅旅游企业的轻微差错而不采取任何行动。20 世纪 90 年代初,美国著名营销学者比特纳(Maryjo Bitner)和布莫斯(Bernard H. Booms)等人要求酒店、餐馆和航空公司的消费者描述他们非常满意和非常不满意的服务经历,然后对这些事件进行分析。他们的研究结果表明,大部分消费者可以容忍某些服务差错,服务差错本身不一定会引起消费者不满。企业在服务差错发生以后不采取有效的补救性服务措施,才是引起消费者不满的主要原因。越是不满的消费者越可能采取比较激烈的行动,以维护自己的利益。

2) 产品和服务的重要性

对于价值较低的产品和服务,旅游消费者通常不愿花费时间和精力去投诉。随着产品和服务重要性的提升,不满的消费者的投诉倾向也会增强。

3) 预期的代价和收益

消费者会权衡投诉行为可能获得利益的大小,分析自己面临的问题是否值得花费必要的时间和精力向旅游企业投诉。此外,消费者还要判断自己是否有足够的时间和精力来采取投诉行动。

4) 旅游消费者的个人特点

消费者的文化程度、个性特点、投诉时间等也会影响他们的决策。一般来说,年轻人、教育水平较高和收入水平较高的旅游消费者更倾向于采取投诉行动。这也许是因为拥有足够的投诉所需时间以及拥有与有关方面接洽的能力。消费者必须能够准确地表达自己的意思,懂得如何与企业或政府机构交涉,让有关方面听取自己的意见与申诉,才能有效地达到自己的目的。

5) 旅游消费者责怪的对象

同样一个问题,如果旅游消费者认为自己也有错误,他们投诉的可能性就较小;如果旅游消费者认为旅游企业应对自己面临的问题负责,他们就可能投诉。

6) 旅游企业的态度

如果旅游消费者认为投诉之后,旅游企业不会解决什么问题,他们一般就不会向旅游企业投诉。

5.3.4 旅游企业的应对措施

与满意的旅游消费者打交道比较容易,将不满的旅游消费者转变为本企业的忠诚者,则比较困难。旅游企业管理人员在旅游消费者投诉处理工作中,不仅应真心实意地感谢消费者的投诉,而且应采取以下一系列措施为旅游消费者排忧解难,以便留住本企业的消费者。

1) 鼓励旅游消费者投诉,方便消费者投诉

不少旅游消费者不知道自己可在何处,用什么方法,如何向旅游企业投诉。因此,许多旅游企业设置消费者意见簿和监督电话,或安排大堂副理等专职人员,专门处理消费者投诉。为了表明对消费者投诉的高度重视,旅游企业应通过广告等市场沟通活动,公布监督电话号码,并对投诉属实的消费者实行重奖。这些便利投诉的措施有助于平息消费者的不满,让他们感觉到旅游企业真诚地欢迎并重视他们的批评和监督。

2) 及时提供补救性服务,处理旅游消费者的投诉

如前所述,比特纳等人发现,旅游企业在服务差错发生以后不及时采取有效的补救性服务措施,是引起消费者不满的主要原因。他们指出,管理人员应亲自处理消费者的投诉,听取消费者的意见,详细了解投诉的原因,向消费者表示歉意或做出必要的解释,及时解决好消费者提出的问题。当天投诉,当天解决,用实际行动表明企业对消费者投诉的高度重视,有助于恢复消费者对企业的信任感,促使消费者再次购买旅游企业的产品和服务。

3) 鼓励员工灵活地解决旅游消费者面临的问题

旅游管理人员应帮助全体员工掌握正确的投诉处理方法,教育员工不能为了赢得一次

争论而失去一位顾客。此外,旅游管理人员应授予员工必要的权力,鼓励员工灵活地处理好消费者的投诉。

4) 主动征求旅游消费者的意见

很多不满的旅游消费者不愿花费时间和精力向旅游企业投诉。因此,管理人员不应消极地等待旅游消费者投诉,而应该通过消费者意见调查、定期征求消费者意见等方法,主动听取消费者的反映。

5) 提高旅游产品和服务的质量

旅游企业管理人员应根据消费者投诉和消费者意见调查中发现的问题,采取各种有效的措施,改进经营管理工作,防止今后出现类似的问题。全面提高产品和服务的质量,是旅游企业减少消费者投诉次数的关键性措施。

本章概要

- 本章主要介绍了旅游消费者满意度和忠诚度的概念及成因,旅游消费者的投诉行为及应对举措。
- 影响旅游消费者满意度的因素分为几个方面:对旅游产品和服务的期望、旅游产品和服务的实绩和功效、归因、消费者的情感。
- 在解释旅游消费满意度的形成过程方面,有几个著名的模型:"期望—实绩"模型、"消费经历比较"模型、"顾客感知价值差异"模型。
- 旅游消费者的满意度是旅游企业培育消费者忠诚度的一个必要的前提条件,却不是充分条件。旅游企业要培育真正忠诚的顾客,必须在消费者满意的基础上逐渐增强消费者对本企业的信任感和归属感。

课后习题

1. 试述旅游消费者满意度的概念及形成过程;请分组讨论"期望—实绩"模型、"消费经历比较"模型、"消费者感知价值差异"模型、"情感"模型原理。

2. 请通过市场调研分析影响旅游消费者满意度的因素有哪些。

3. 旅游消费者的满意度是否必然形成忠诚度?如果不是,还有哪些必要条件?

4. 影响旅游消费者投诉的因素有哪些？并试分析旅游企业如何应对消费者的投诉。

【案例分析】

河姆渡旅行社的经营之道

河姆渡国际旅行社成立于 1999 年，是一家集旅游服务、商务接待、票务代理等业务于一体的综合性旅游企业，是当地规模最大，实力最强的旅行社，也是余姚市旅游行业首家通过 ISO 9001 质量体系认证的旅行社。河姆渡国际旅行社的综合营业额连年位居余姚市内同行第一，其中地接量连年占余姚市一半以上的份额。

除了常规经营的线路外，河姆渡国际旅行社在 2015 年 12 月 6 日组织了浙江省首次南极观光团。20 余人的旅行团从余姚出发，来回乘坐 8 次飞机，飞行 55 个小时，坐船 9 天，海上航行 2 000 多公里，总行程将近 47 000 公里，相当于绕地球一圈的距离，安全成功返回。这次南极观光团的出游成功吸引了浙江省内外媒体和央视媒体的报道。不仅如此，此次南极团在团员之间也有很好的反馈，许多团员在朋友圈晒出了南极游的照片，引来无数点赞，不少市民向河姆渡国际旅行社咨询南极旅行事宜。

在旅游途中，河姆渡国际旅行社的导游会根据线路长短和交通方式不同为游客准备好靠枕、拖鞋、毛毯等物品，以及水、榨菜、干菜等食品；遇到客人生日，他们会额外为客人准备炒面和蛋糕。每个导游员的工作包里还配备了常用药品，如克痢痧、黄道益、藿香正气水等，还有 2~3 种茶叶和袋装咖啡，确保游客在外玩得舒心、安心、开心。

一次，河姆渡国际旅行社接了 18 人的"桂林贵阳游"团队，行程约定：游客先"空降"桂林，游览完毕后，再乘火车到贵阳，最后从贵阳乘飞机回宁波。去贵阳时，由于合作的"地接"社没能买到火车票，余姚市河姆渡国际旅行社特意为游客买了飞机票，使约定的"两飞一卧"变成了"三飞"。又因乘坐飞机缩短了行程时间，旅行社又为游客多承担了一个晚上的住宿费用，两项费用加起来，旅行社最后共损失了六七千元。

河姆渡国际旅行社一直坚持做"细致的质量调查表+健全的客户回访跟踪"。健全的客户回访记录，给旅行社清晰地提供了哪些是潜在客户，哪些是忠诚客户，从而制订相应的营销计划。河姆渡国际旅行社的熊总表示，自己有一份老客户联系方式表。他坚持每天早上发一条问候短信，17 年如一日，每逢节假日也会亲自编辑短信为他们送去祝福。很多人在生活当中也和他成为了很好的朋友。还有一次，一位老顾客想要买泰国的孔雀羽毛，托了社内的员工帮忙带。可是当时并没有发泰国团，旅行社的熊总就自己托关系找了认识的人从泰国寄了孔雀羽毛回来，并由副总亲自送到老顾客的家中。

（资料来源：由编者实地访谈并整理获得。）

问题：

1. 试运用本章知识分析河姆渡国际旅行社的经营之道中体现了哪些提升顾客满意度（或忠诚度）的策略。

2. 从河姆渡国际旅行社的经营之道中能否归纳出旅行社的品牌创设之道？

【建议阅读文献】

［1］Song H, van der Veen R, Li G, et al. The Hong Kong tourist satisfaction index ［J］. Annals of Tourism Research, 2012, 39(1): 459-479.

［2］Sun X, Chi C G Q, Xu H. Developing destination loyalty: The case of Hainan Island ［J］. Annals of Tourism Research, 2013, 43: 547-577.

［3］戴斌, 李仲广, 唐晓云, 等. 游客满意度测评体系的构建及实证研究[J]. 旅游学刊, 2012(7): 74-80.

［4］范秀成, 杜建刚. 服务质量五维度对服务满意及服务忠诚的影响[J]. 管理世界, 2006 (6): 111-119.

［5］郭国庆. 服务营销管理 ［M］. 北京: 中国人民大学出版社, 2012: 4-23.

第6章
旅游消费者个性与自我概念

【学习目标】

- 了解与熟悉旅游消费者个性概念及相关理论、旅游消费者自我概念及相关理论；
- 理解与掌握旅游消费者的人格特征分类；
- 熟悉与掌握旅游消费者自我一致性的内涵、测量及其在旅游中的应用。

6.1　旅游消费者的个性

6.1.1　个性的含义与特征

个性(Personality)，来源于拉丁语 persona，最初指演员的面具，心理学家将其引申为个体的外在行为和心理特质。个性还包含了许多主观的社会或情绪特质，一些无法直接看见或人们刻意隐藏的特性。个性影响旅游者倾向与选择某种旅游产品的程度，比如对不同旅行交通工具的选择。

1)个性的含义

在心理学界，学者们对"个性"的定义尚未形成统一的认识。各有各的观点，归纳各种说法，较为一致的见解是：个性是个体在先天素质基础上，在一定的社会历史条件下，通过社会交往形成和发展起来的带有一定倾向的稳定心理特征的综合。它包含了以下几个层次的内容：第一，先天素质是基础，是前提条件。第二，社会历史条件是促进个性形成和发展的外在环境影响因素。第三，社会交往是促进个性形成和发展的方式。第四，个性是心理特征的综合，具有倾向性而且保持一定的稳定性。第五，个性的形成是一个过程，而非短时间可以形成。

依此观点，先天素质就好比一块天然的泥坯，在一定的社会历史条件下经过社会交往的雕琢才能逐渐形成具有一定倾向的、显示出其特点的、稳定的个性。它包括使某一个体区别于其他个体的特质、自我意识、行为方式等多个方面，影响着旅游者的旅游决策和对不同旅游产品的喜好程度。

2)个性的特征

影响个性特征形成的因素包括先天因素和后天因素。先天因素指人的个性的生物属性,即定义中所说的先天素质。例如,神经活动兴奋性和感受外界的速度的差异都会对主体反映客观事物有不同程度的影响,从而形成不同的个性,比如有的人做事不慌不忙,有的人却表现出风风火火的个性特点。后天因素是个性的社会属性,例如,不同的家庭成长环境、不同的社会关系、不同的自然环境都会造成人的兴趣、能力、性格、气质的不同。两种因素相互联系、相互作用,形成了个性的以下特征:

(1)个性的差异性

每个人所具备的先天素质、所处的社会历史条件以及社会交往都是不同的,因此造成了个体独特的风格、独特的心理活动和独特的行为活动。在旅游上,这种差异性对消费决策的影响表现得尤为突出,比如追新猎奇型旅游者更喜欢到新开发和充满新奇感的旅游目的地旅游和选择刺激的游乐项目,安乐小康型的旅游者更倾向于选择安静的旅游度假地和传统的旅游项目。

(2)个性的稳定性

人们通过不同的社会活动得到不同的社会体验,逐渐形成具有一定倾向性和相对稳定的心理趋势,并在以后的活动中针对外界刺激所表现出来的反应会比较稳定。比如,我们说某人是一个外向的人(或内向的人),是就其个性的稳定性而言的。另一方面,个体行为中偶尔会表现出一些心理特征或心理倾向与个体的稳定个性不符,这些是不能代表个性的。比如,一个安乐小康型的旅游者可能在朋友的影响之下参加登山探险等刺激型的旅游活动,这不能说明他的个性是冒险的和外向的。基于个性稳定的特征,经营者可将具有相同或相似个性的旅游者归为一类,组合出自己独特的旅游消费者市场,通过把握群体特征进行产品定位。

(3)个性的可塑性

个性在形成的过程中受到社会历史条件和社会交往的影响,因此,随环境的变化、年龄的增长和实践活动的改变,旅游消费者的个性会发生不同程度的变化。比如,一个年轻时冲动、追求时尚、活跃但收入不多的旅游者可能会选择富有冒险性但不太注重享受和休闲的探险旅游,但随着年龄的增长及所处社会地位、收入水平的变化,他可能在中年时转变为一个重视旅游产品休闲性和高品质的旅游者。另外,重大的事件以及环境的突变都可能对一个人的个性改变产生或大或小的影响,如亲人的逝世、工作环境的改变等。

6.1.2 个性的相关理论

1)弗洛伊德的精神分析论

根据弗洛伊德(Freud)的精神分析论,个性的结构由本我、自我、超我组成,个性就是在这 3 种力量的冲突中产生的。弗洛伊德认为个性的形成取决于个体在不同的个性心理阶段如何应付和处理各种相应的危机。

"本我"是人与生俱来的推动行为的心理动力,不受任何理性和逻辑准则的约束,实际上反映的是人原始的欲望和冲动,是人生物性的一面。"自我"是在本我的基础之上分化和发展起来的,是幼儿时期通过父母的训练与外界交往进程中形成的,是本我与外界环境的中介。"超我"是人在儿童时期对父母道德行为的认同,对社会典范的仿效和接收传统文化、价值观、社会理想的过程中逐步形成的,代表了"理智和良好的判断"。

弗洛伊德的理论建立在临床观察的基础之上,缺乏系统、严格的实验和经验验证,因此他的理论在西方学界毁誉参半,但对理解和分析旅游消费者的行为仍具有重要意义。例如,该理论所涉及的愿望的实现、幻想的追求、摆脱生活压力等主题都可以用来解释当今旅游消费者所面临的"本我""自我"和"超我"三者之间的冲突。

2)荣格的个性类型说

荣格(Carl Gustav Jung)前期是弗洛伊德精神分析论的支持者,后因观点不同而自创分析心理学。荣格的个性类型说认为,个性由很多两极相对的内动力形成,如感觉和直觉的对应、外倾和内倾的对应等。彼此相对的个性倾向力量的不平衡和不同相对个性的组合形成了不同的人的个性表现,例如有的人做事更为感性更倾向于直觉判断,而有的人则体现出理性的分析。由此,荣格将个性类型分为 4 种,分别为感觉思维型、感觉情感型、直觉思维型和直觉感情型。

(1)感觉思维型

感觉思维型表现为:决策理性、观点具有逻辑性和事实根据、决策遵循"客观性"导向、价格敏感性高、大量收集与决策有关的信息、风险规避者、实用主义、决策中的短视。

(2)感觉情感型

感觉情感型表现为:实证观点、决策受个人价值观影响、决策遵循"主观性"导向、考虑别人的想法、与他人共担风险、实用主义、决策中的短视。

(3)直觉思维型

直觉思维型表现为:视野开阔、决策时依赖想象并同时运用逻辑、想象很多选择方案、权衡各种方案、乐于承担风险、决策的长远性。

(4)直觉感情型

直觉感情型表现为:视野开阔、想象很多选择方案、在意旁人观点、决策遵循"主观性"导向、价格敏感性低、喜欢冒险、决策采用无限时间观。

3)新弗洛伊德个性理论

弗洛伊德的一些同事和门生并不同意弗洛伊德关于个性主要是由本能或性本能所决定的观点,这些被称为"新弗洛伊德者"的学者认为,个性的形成和发展与社会关系密不可分。比如,阿德勒(Adler)认为,人具有追求卓越的内在动力即人类共同的个性特质,正是由于这种动力和人们在实际生活中追求的不同而形成了人不同的生活方式。另一位代表人物沙利文(Sullivan)认为人总是追求与他人建立互利的关系,他特别关注个体为缓解各种紧张、焦躁和不安所作的努力。

与沙利文一样,霍尼(Honey)对焦虑的研究也特别感兴趣,他集中研究儿童与父母关系对行为的影响,尤其是个体抑制焦躁情绪的欲望对行为的影响。他将个性分为顺从型、孤立型和攻击型3种类型。顺从型的人在与他人交往中特别注重爱、赞许、慈善等需要,因而表现出同情、谦卑、慷慨的个性特点;孤立型的人躲避他人,注重独立、自由、自我依赖,漠视他人的期望,崇尚孤独;攻击型的人常与他人相悖,不怕冲突,注重权力、地位和控制他人的需要。

4)特质论

和前3种建立在个人观察、自我报告、投射技术等定性研究方法上的理论相比,特质论强调根据具体的心理特征来区分人的个性,它着重于实证和定量分析。特质论认为,人的个性是由诸多特质构成的,是人拥有的品质或特征,它们作为一般化的、稳定而持久的行为倾向而起作用,是个体以相对一贯的方式对刺激作出反应。

最具代表性的特质论是卡特尔(Cattell Raymond B.)的个性特质理论。除此之外,我国社会心理学家孙本文和美国个性心理学创始人阿尔伯特(Albert Ellis)也提出了比较典型的个性特质论。

卡特尔理论的特点是用因素来进行特质的筛选和分类。他认为在构成个性的特质中,有些是世人皆有的,有些则是个体独有的,有的是由遗传决定的,有的是受外界环境影响形成的。这样个性特质可以分成两类:一是表面的特质,即在具体行动中表现出来的个性特点;二是根源特质,是由表面特质而推出的一个人的总体个性。经过长期研究,卡特尔归纳总结出了16种相关度极小的根源特质,如表6.1所示。不同的人的个性就是这些不同特质和相同特质不同表现程度的组合。

表 6.1　卡特尔个性的16种根源特质

根源特质	低分特征	高分特征
乐群性 A	缄默、孤独	乐群、外向
聪慧性 B	迟钝、学识浅薄	智慧、富有才识
情绪稳定性 C	情绪激动	情绪稳定
好强性 E	谦虚、顺从	好强、固执
兴奋性 F	严谨、谨慎	轻松、兴奋
有恒性 G	权宜、敷衍	有恒、负责
敢为性 H	畏缩、退却	冒险、敢为
敏感性 I	理智、着重实际	敏感、感情用事

根源特质	低分特征	高分特征
怀疑性 L	信赖、随和	怀疑、刚愎
幻想性 M	现实、合乎成规	幻想、狂放不羁
世故性 N	坦白直率、天真	精明能干、世故
忧虑性 O	安详沉着、有自信心	忧虑压抑、烦恼多端
激进性 Q_1	保守、服从传统	自由、批评、激进
独立性 Q_2	依赖、随群附众	自主、当机立断
自律性 Q_3	矛盾冲突、不明大体	知己知彼、自律严谨
紧张性 Q_4	心平气和	紧张、困扰

资料来源:符国群.消费者行为学[M].北京:高等教育出版社,2001:238.

孙本文认为个性特质有 6 个密切联系的方面,即智能的特质、意志的特质、感情的特质、应付社会环境的特质、感受社会影响的特质、品格的特质。

个性特质论的创始人阿尔伯特认为特质是个性构造单位,是对个别行为习惯整合的结果。它具有相对持久性和动力性,能引导行为,并造成行为的一贯性,是个体独特性的来源。特质有 3 种:基本特质、核心特质和次要特质。基本特质主导着整个个性,人的所有行为都反映出它的影响;核心特质具有一般意义的倾向,是个性的重要组成部分;次要特质代表个人在某些情境下表现出来的个性特质,这些特征对一个人来说不是经常地、一贯地表现出的个性特质。

6.2 旅游消费者的人格特征

6.2.1 以度假类型描述的人格特征

长久以来,营销研究人员一直努力搜集资料,试图证明性格特征对消费者行为的影响。科恩以 CAD 的方法进行研究,证明不同性格的人对不同的产品、商标有不同的偏好(Cohen,1968)。但截至目前,尚不足以用统计学要求的高度准确性来明确显示两者之间的关键变量。

旅游者的人格特征分析,主要是为了阐明旅游者的心理及其旅游行为是因人而异的。加拿大政府旅游局曾对该国成年人进行了大量样本抽样调查研究,揭示了各种类型旅游者与其人格特征之间一些有意义的关系。表 6.2 清楚地表明假期出外旅游的加拿大人与假期待在家中或根本不度假的加拿大人在人格上的不同特征。假期出外旅游者喜欢对自己的行动及别人的行动进行思索和反省,也表现得更为活跃、自信和好奇,善于与他人交往且外向。在选择旅游方向、交通工具、活动内容、旅游的季节等方面,人格因素也确实显示出重要的影响。

表 6.2　旅游者类型与人格特征

旅游者类型	人格特征
假期旅游者	好思考、活跃、善交际、外向、好奇、自信
不度假者	好思考、不活跃、内向、严肃、忧心忡忡
坐小轿车旅游者	好思考、活跃、善交际、外向、好奇、自信
坐飞机旅游者	十分活跃、十分自信、好思考
坐火车旅游者	好思考、不活跃、冷漠、不善交际、忧郁、依赖性强、情绪不稳定
坐旅行轿车旅游者	依赖性强、忧郁、敏感、对他人怀有敌意、好争吵、不善自我控制
本国旅游者	外向、活跃、无忧无虑
外国旅游者	自信、对他人信赖、好思考、易冲动、勇敢
男性旅游者	好思考、勇敢
女性旅游者	易冲动、无忧无虑、勇敢
探访亲友者	不活跃
去休养胜地者	活跃、善交际、情绪不稳定、不善克制、不活跃
从事户外活动者	勇敢、活跃、不善交际、忧郁、沉闷
冬季旅游者	活跃
春季旅游者	好思考
秋季旅游者	情绪稳定、不活跃

资料来源:Canadian government travel bureau. 1969 Vacation Trends and Recreation Patterns[R].1971.

6.2.2　以性格倾向描述的人格特征

著名的瑞士心理学家荣格认为生命力流动的方向决定人的人格类型,生命力内流者属于内向型,生命力外流者属于外向型。前者在性格上爱沉静、易羞怯,不轻易表露感情,重视自己和自己的主观世界;后者则是好活动、爱社交,强烈表达感情者,较重视他人和外在的客观世界。但此种分类具有很大局限性,也过于简单。事实上,大部分的人却是适当的内向或外向,或是两个极端中的平衡。即使在同样的教育水平、性别或职业中,都会存在内外向的差异。

在一项专为调查"旅游目的地受欢迎的程度为何出现大幅度变动"而设计的研究中,人们发现具有内向型和外向型人格的人在旅游行为上的许多重要方向存在着明显的区别。表

6.3 显示内向性格者,显然强烈要求他的生活具有可预测性。因此,他的典型做法是自行驱车到他熟悉的目的地去。由于属于较安静的性格,他的旅游动机主要是休息和放松。他理想中的假期包括旅游目的地本身及全部活动、住宿设备、餐馆及娱乐,都应该固定不变,且可事先预订或预估的。而外向型人格的人则较渴望生活中有一些估计不到的东西。因为具有冒险的性格,所以他通常去那些较偏僻且不太为人所熟知或常去地方旅游,也愿意坐飞机去旅游目的地,由于较活跃,喜欢去国外旅游,接触不同的文化背景。他心目中理想的假期是充满新奇、无法预估、复杂的假期,且能体验一些新鲜事物,避免千篇一律。

表 6.3 各种心理描述类型的旅游特点

内向型人格	外向型人格
选择熟悉的旅游目的地	选择非旅游地区
喜欢旅游目的地的一般活动	喜欢在别人来到该地区前享受新奇经验和发现的喜悦
选择晒日光浴和游乐场所,包括相当程度无拘无束的休息	喜欢新的、不寻常的旅游场所
活动量小	活动量大
喜欢去能驱车前往的旅游点	喜欢坐飞机去旅游目的地
喜欢正规的住宿设备,如设备齐全的旅馆、家庭式饭店,以及旅游商店	住宿设备只要包括一般或较好的旅馆和伙食,不一定要现代化的大型旅馆,不喜欢专门吸引旅游者的地区商店
喜欢家庭的气氛如出售汉堡的小摊,熟悉的娱乐活动,不喜欢外国的气氛	愿意会见和接触具有他们所不熟悉的文化或外国文化的居民
要准备好齐全的旅游行装,全部日程都要事先安排妥当	旅游的安排只包括最基本的项目(交通工具和旅馆),留有较大的余地和灵活性

资料来源:斯坦利·普洛格.旅游目的地受欢迎的程度为何出现大幅度变动[C].旅游研究协会加利福尼亚分会,1972.

但在实际旅游活动中,多数人是属于两者之间的中间类型。中间类型人格的人,虽不真正具备冒险精神,但又喜欢旅游,可说是旅游市场中最活跃的人,是大众旅游市场的代表。由于人格受环境的影响很深,因此即使是内向型人格的人,经过一个长期过程,性格也会发生改变。原本中间类型人格的人可能会接近外向型人格,继而影响旅游活动地点和内容的选择。因此当一个旅游地点的旅游者从少量的外向型性格的人转变为大量的内向型性格的人,则可能预示着此旅游地点已更趋向商业化、普通化。

另一种类似的分类方法是将人们分为心理中心型(psychocentric)和他人中心型(allocentric)两大类。前者的英文前缀"psycho",即自我中心(self-centered),而后者的英文前缀"allo"也有多样性中心(varied in form)的含义。因此心理中心型的人凡事好计较,考虑自己,忧心忡忡,心情较压抑,不喜欢冒险;他人中心型的人则较自信、好奇、外向、急于与外界接触,所以喜欢冒险也喜欢在生活中尝试新的东西。显然,内向的人和心理中心型的人之间、外向的人和他人中心型的人之间有许多类似之处(Plog,1972),故其在旅游行为方面也极为类似。

6.2.3　以生活形态描述的人格特征

所谓的生活形态,简单地说,即使用时间和金钱的方式,这种生活形态也受到个人所属的文化、社会阶层、参考团体、家族成员等的影响(Engel & Blackwell,1982)。生活形态可以反映在个人的日常工作、活动、价值观、需求和对事物的认知表现上,其能够有效反映一个人的人格特征。它能有助于了解各种类型的旅游者及他们的旅游行为。

1)平静安宁的旅游消费者

寻求平静安宁生活的人,有其独特的生活形态。威尔斯曾对旅游者的生活形态进行分析,结果显示,他们的文化水平和职业,使得这些人有足够的钱用于旅游,但由于他们对家十分重视,因此宁愿将多余的钱用于购买家具、维修房屋,多余的时间待在家里与家人共处或看电视也不外出旅游,即使外出旅游,也愿在湖滨安静地度假,享受轻松和休息。他们也喜欢户外活动和新鲜空气,喜爱狩猎、钓鱼和野营。这样的人是喜欢孩子的,往往将孩子视为他生活中最重要的组成部分。这种人爱整洁、对自己的身体健康异常注意,不愿意冒任何风险,所以对广告向来抱着怀疑态度(Wells,1972)。了解这类人的生活全貌,可以知道哪些产品和广告宣传方式符合这类人的兴趣、需求、价值观和态度,对于宣传销售旅游商品是十分有利的。

2)交际型的旅游消费者

与喜欢平静安宁生活方式的旅游者相比,交际型的旅游者就有明显的不同。这种类型的人活跃、外向、自信、易接受新鲜事物,更爱主动与人交往,在旅游方面,则喜欢到有异国情调的目的地去旅游,喜爱环球旅行,并且认为假期的含义不能仅局限于休息或轻松,而应作为寻求新知识、结交新朋友的良好时机。对文化较感兴趣,参观美术馆或博物馆,以及听古典音乐或观看传统戏剧也成为他们到海外旅游的目的之一。上述这些特质说明交际型的旅游者偏爱远处或海外旅游,旅游业者对这一类人宣传去国外旅游时就不应该强调休息或疗养,而应该强调其他方面的益处。

3)对历史感兴趣的旅游消费者

有些人的旅游动机源于对历史的兴趣。历史也因此塑造了旅游和艺术的方向,几十年来,旅游者被吸引到具有历史和文化意义的地方。这是因为人类缅怀过去、了解过去、追忆过去的愿望是相当强烈的。

据有关研究发现,对历史爱好的旅游者是较为宁静的,他们对以往的文化非常感兴趣,所以大都认为假期应该过得有教育意义,能够增长见识。因而就促使他们将自己的假期变成历史课,去参观博物馆与艺术馆,去游览历史名胜古迹,去了解不同的文化和习俗。而娱乐反倒成为一个次要的动机了(Solomon & George,1978)。这些对历史感兴趣的旅游者之所以对受教育、增长见识如此重视,一般说来,除了他对自己国家和人类历史的强烈责任感外,更包括他对自己的孩子和家庭的强烈责任感。所以他认为假期应该是为孩子们安排的,并且认为全家能在一起度假的家庭才是幸福的家庭。因此,作为旅游业的宣传和销售服务人员,若想吸引这一类的旅游者,就要注意提供具有历史意义的旅游点,在度假或游览地点的宣传上应该突出其所能提供的受教育、增长见识的机会,并强调全家可同游的特点。

4) 驾驶旅行车的旅游消费者

从对驾驶旅行车旅游者的一系列特有的性格特征的分析中得知,凡是对旅行车及驾驶这种车辆旅游不感兴趣的人,一般对户外活动也不感兴趣(Hawes,1975)。他们更喜欢将时间和金钱花在所谓优雅的生活形态上,如上剧院、出席鸡尾酒会等,总之他们倾向的是室内的休闲活动。即使出外旅游,也喜欢去大城市度假。这些人最突出的生活形态特征在于他们对工作的高度责任感,他们从工作中得到极大的满足,希望能在职业上平步青云。因此这些人每天的工作时间很长,也不易且不愿花长时间去度假。而拥有或喜欢驾驶旅行车的人则相反,他们虽不那么外向、善交际,晚上也宁可待在家里,而不愿出席鸡尾酒会,更不认为应该将钱花在购置奢侈品上,但却舍得花上几千美元购置旅行车。由于这些人较为保守和正统,他们的生活形态多以家庭为重心,以家庭为单位的旅行车的购买可方便他们进行一系列的家庭活动。此外,他们也认为人不应该为长时间的工作所拖累,坚持要有足够空闲时间的观念。

5) 先旅游后付款的旅游消费者

现代人手中拥有信用卡已经成为流行趋势,所以"先享受,后付款"更是成为一种新的消费形态。这种消费形态不仅用在购置衣服、家具、汽车等产品上,就连旅游服务的购买,也因考虑到外出旅游现钞使用的安全等问题,而受重视。一般而言,若将旅游看成是奢侈品者,比较反对这种先旅游后付款的消费形态,而将旅游视为生活必需品者,则较易心安理得地使用。在美国,人们也许会毫不犹豫地用分期付款或赊欠方式购买首饰、高级赛车、度假别墅等奢侈品,但却不见得会以分期付款方式赊购旅游这种无形产品。据调查,有高达90%以上的美国人倾向于这种态度(Hawes,1975)。这些人在度假期间会用信用卡购买汽油、支付住宿费或一些餐费,但却不愿意以分期付款方式赊购机票、船票或支付团费这种较大宗支出项目,尤其这种支出是以"玩"为目的时更是如此。

正如霍斯所说,只有具有特殊性格的人才会心安理得地赊购旅游服务。此外,去国外旅游通常也较常使用信用卡。这是因为现钞在使用及携带上的风险增加,以及伪钞猖獗,持外币现钞在国外消费(尤其是大宗的消费上)不见得畅行无阻。以信用卡搭配旅行支票及适量小额现钞,不仅方便而且可保旅途平安,以及避免不必要的风险,更成为一种趋势。

如前所述,交际型的海外旅游者比较外向、活跃、自信,容易接受新鲜事物,不怕花钱,一般也较年轻,对外出旅游时信用卡的使用也持较为肯定的态度。目前,不论是上班族、家庭主妇,还是无正式收入的青少年学生们,对于申请一张以上的信用卡,都保持相当高的兴致。这种情形可能归功于信用卡的广告,以及电视或电影中刻意塑造拥有信用卡的人有着相当程度的社会地位和信用。虽然现今信用卡的发行量和消费总额大幅增长,但使用信用卡或分期支付机票、旅行社团费的情形却不见得会相对增加。今后若想宣传旅游者使用信用卡的好处,应着重强调其使用的便利性,而不应强调延迟付款的好处。

6.3　旅游消费者的自我概念

6.3.1　自我概念的定义和分类

1) 自我概念的定义

公元前四五世纪,希腊哲学家苏格拉底提出一句至理名言:"知汝自己。"这句话以现在的话来诠释,即是认识自己的人格特质(罗文基 等,1994)。古代中国,孙子云:"知己知彼。"意谓知晓他人,也要了解自己。由此可见,人类对于"自我概念"的认识很早以前即已存在。自我概念是个体对自身一切的知觉、了解和感受的总和(Sirgy,1982)。每个人都会逐步形成关于自身的看法,如是丑是美、是胖是瘦、是能力一般还是能力出众等。自我概念回答的是,"我是谁"和"我是什么样的人"的一类问题,它是个体自身体验和外部环境综合作用的结果。一般认为,消费者将选择那些与其自我概念相一致的产品与服务,避免选择与其自我概念相抵触的产品和服务。正是在这个意义上,研究消费者的自我概念对企业特别重要,尤其是以服务为主要产品形式的旅游企业。

2) 自我概念的分类

消费者不只有一种类型的自我概念,而是拥有多种类型的自我概念:
①实际的自我概念,指消费者实际上如何看待自己;
②理想的自我概念,指消费者希望如何看自己;
③社会的自我概念,指消费者感到别人是如何看待自己;
④理想的社会自我概念,指消费者希望别人如何看自己;
⑤期待的自我概念,指消费者期待在将来如何看待自己,是介于实际的自我与理想的自我之间的一种形式。

由于期待的自我折射出个体改变"自我"的现实机会,对营销者来说它也许比理想的自我和现实的自我更有价值。

自我概念的多样性,意味着在不同的情境下消费者可能选择不同的自我概念来指导其态度与行为。比如,在家里与家庭人员交往时,其行为可能更多地受实际的自我支配,在电影院或博物馆则可能更多地受到理想的社会自我概念所支配。

6.3.2 自我概念的相关理论

1) 自我心理学

美国心理学家詹姆斯所著的《心理学原理》一书被誉为开启研究自我心理学的先河。他认为自我包括"被认知的客体"与"认知的主体"两部分。前者又称"经验的自我",是经验与意识的客体,包括所有属于个体的东西;而后者又称"纯粹的自我",是个体经验、知觉、想象、选择、记忆与计划的主体,是决定行动与适应外界的心路历程。他进一步指出,自我的客体由物质我、社会我和精神我三者组成。其中,①物质我则包括生理、身体、家庭及所拥有的物质财产;②社会我是指个体透过他人对自己评价所形成的印象,如名声、荣誉;③精神我则代表个体内在的特质,如气质、思想、价值等。詹姆斯认为这 3 个我有阶层之分,精神我层次最高,社会我次之,物质我层次最低(Harter,1998)。

后续的研究者对詹姆斯的理论观点进行进一步的引申,提出自我概念亦是由三层结构所组成(郭为藩,1996)。分别是:①最底层(物质、生理自我),指个体对自己身体、健康状况、外貌、衣物、财产、技能等方面的看法;②中间层(社会自我),指个体与他人互动交往的过程中所感受到的价值感与胜任感;③最上层(人格、精神自我),指个体对某些信念、价值、行为准则的认同。

2) 社会心理学

美籍德国儿童分析医生,20 世纪精神分析自我心理学的最知名人物,埃里克森(Erikson)以心理分析学派为理论依据,再加以批判修正,提出心理社会发展理论,简称心理社会论,其理论与弗洛伊德的不同之处有三:①人格发展理论不是以人格异常者的心理特征建构的,而是以一般健康个体建构的;②人格发展理论不是早期决定论,而人格的发展是一生连续不断的过程,不止认可个性发展对自我的影响,也强调文化和社会因素对人格的影响;③人格发展理论不是本我的性冲动,而是发于自我成长的内在人格发展的动力,是具有社会性的,因此其人格发展被视为心理社会发展(张春兴,1994)。

依照心理社会论的观点,自我概念始于自我与他人之别,经过后天养成和学习而来,个体有了自我思想与行为时,经由与环境和他人的互动,自我概念便日趋成熟稳定。

3) 存在现象学

现象学派认为自我概念是主观的认知,个体是根据自己内在的参照架构来行动的。罗杰斯是存在现象学理论最具影响力的人物。他主张以自我概念为中心,强调个人对现实的主观感受,着重个人的意识。罗杰斯的自我概念理论包含了 4 个主张(Rogers,1951):①自我概念是人与环境互动的结果;②自我概念可以合并别人的价值观;③自我概念具有稳定性;④自我概念的改变是成熟和学习的结果。柏奇(Purkey,1998)的论点与存在现象学派极为相近,认为自我概念的发展是个体学习的过程,具有 3 个特征:①自我概念是经由学习的;②自我概念是有组织的;③自我概念是动态的。

总体而言,现象学派强调个人行为的探究,认为应根据"个人的""知觉的"或"现象的"方法,从行动者本身的观点去了解行为,而不能从旁观者的立场滥加评鉴,因为个人不是依据他人所见的事实去行动,而是依照自己知觉的事实而行动(李丽香,2004)。

4)其他理论

莎沃森等(Shavelson et al.,1976)认为自我概念可由一个人对环境的反应加以推断自己的知觉,其提出自我概念的建构具有 7 个重要的特质:①自我概念是有组织的;②自我概念是多面向的架构;③自我概念是具层级的;④自我概念的结构是稳定的;⑤自我概念是会随着年龄而发展的;⑥自我概念是可评价的;⑦自我概念是可区别的,不同于其他的建构。

郭为藩(1996)认为自我概念是知觉的主观认定,而非客观存在的事实,并认为自我概念是具有多面向结构的主观性知觉客体,表示对自己和外在事物的态度。他提出的自我概念具有以下的特质:①自我概念是知觉的客体;②自我概念的主观性;③自我概念显示对自我和外物的态度。

综合上述理论观点可知,自我心理学派将自我概念视为被知觉的客体,并认为自我概念有层次之别;而精神分析学派将自我概念视为人格的一部分;社会心理学认为自我概念始于自我与他人之别,经过后天养成和学习而来;存在现象学派则认为自我概念是个体与环境互动的结果,其发展过程是动态的,且具有稳定性和组织性。

6.3.3　自我概念与旅游消费的象征性

人们购买某种产品或服务并不仅仅在于其使用价值,还在于其所给予消费者的自我概念的认同感。特别是在日益讲求品质的现代社会,产品和服务向外界传递着关于自我的很重要的信息。比如法拉利、劳斯莱斯不仅仅是一种交通工具,它们传递的是一种更高的象征价值。如今丰富多样的旅游产品和服务,如探险游、自驾车旅游、出国游等也体现出了不同人群的自我概念,也是具有象征意义的产品。贝尔克(Belk)用延伸的自我来说明这类产品和自我概念的关系,认为延伸的自我由自我和拥有物两部分组成。在一定程度上,人们倾向于用外在拥有物来界定自己的身份。所以,拥有物不仅仅是自我概念的外在显示,还是自我概念的组成部分。

容易被消费者当成象征符号的产品或服务通常具有 3 个特征:首先是用途的可见性。也就是说,产品的购买、消费和处置容易被他人感觉到或看到。其次,具有差异性。这是指由于购买能力的差异,一部分消费者能够购买,而另一部分消费者则无力购买,也就是说,能作为象征符号的产品或服务不是人人都可以随意消费的。最后是应具有个性,这是指产品或服务描述消费者典型性的程度。

绝大多数的旅游产品和服务都具有以上 3 个特征,特别是随着人们生活水平的提高,可支配资金和闲暇时间成为现实,旅游成为潮流和时尚时,旅游的象征性日益突出。第一,旅游的购买、消费和处置都是显而易见的,去何处旅游、参加何种类型的旅游、住宿和出行交通工具的档次都是能被别人看得见和感受到的。第二,不同档次的旅游产品针对的客户群体不同。越是高档的旅游产品对身份和地位的体现越高,这就是为什么商务游客对旅游产品质量更为关注的原因之一。第三,针对不断细化的旅游市场,销售者设计了更为丰富和独具特色的旅游产品,更好地体现出了旅游者的个性,符合他们追求与个性相符的产品的愿望。旅游产品和服务是具有鲜明个性的。比如背包客多为年轻健康、富有冒险精神和好奇心强但经济上并不富裕的人,而老年人更倾向于舒适和日程安排较为宽松的团队旅游。最能从象征性产品的3个特点体现旅游产品象征性的例子当属高档的"体验旅游",它是个人与家庭综合经济实力和高文化资本拥有量的体现,其中最典型的冒险旅游家就是那些有钱有闲的中年男士。

正因为旅游产品是具有很强象征意义的产品,它不仅能反映一个人的社会地位、事业成就以及个人素质,还能提升个体的自我形象,因此它可以作为人们达到理想自我的一种途径。

6.4　自我一致性与旅游目的地选择

6.4.1　自我一致性的内涵

自我一致性是指将个体自我概念的心理结构与市场上欲购买产品的象征性价值相联结(Grubb & Grathwohl,1967)。当产品或品牌能够提升或符合消费者的自我观念时,消费者会购买某种产品或品牌(Ross,1971)。

自我一致性包含两个要素,分别为自我形象与产品形象。自我形象是指"我希望其他人认为我是怎样的人",其理论可与自我概念理论互相替换。产品和服务也可以被视为有人格形象,即含有某种(些)人格特质,如友善的、新潮的、年轻的及传统的,故将产品形象定义为"特定产品或服务的人格特质"(Sirgy,1985)。产品的形象或人格不仅来自产品本身实体的特征,还可能因包装、广告、渠道、价格等因素而被人为赋予某种人格特质,因此可以说,产品的人格是指"通过产品的使用,可看出一般使用者的典型形象"(Holman,1981)。

以自我概念为基础的"个人—符号—观众"理论模型提到自我概念对品牌与消费的影响,其内容如下:

①一个人有自我概念是与父母、朋友、老师等互动产生的;

②一个人的自我概念对他而言是有价值的;

③由于对自我概念如此重视,个人会努力提升其自我概念;

④某些产品能提供社会象征,并可传递产品拥有者的某种社会意义;

⑤使用具有社会象征的产品会影响个人的、私人的、社会的自我概念;

⑥个人会通过消费某些产品或服务来维持或提升理想的自我概念。

虽然"个人—符号—观众"理论模型说明自我概念对个体的消费有所影响,但市场营销人员在利用消费者的自我概念作为相关的营销工具之前,必须认识到消费者心中的自我概念与品牌形象具有关联性。如图6.1所示,厂商所销售的品牌必须要让消费者得到理想的自我概念,也就是说品牌可以用来让消费者解释他们是谁,他们在做什么,和希望别人如何看待自己。例如,广为人知的韩国首尔悦榕庄度假酒店,这一上流社会高档俱乐部之所以为世人所追捧与欣羡,关键的原因就在于让消费者享有贵族般的品质。在会员的心中,它是身份与地位的象征,能在韩国首尔悦榕庄度假酒店度假,即能获得时尚、高雅、尊贵的自我满足。

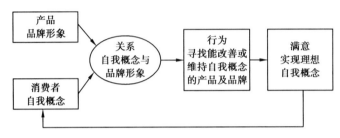

图 6.1　自我概念与品牌形象的关系

资料来源:Hawkins et al., 2001.

国内外已有许多研究探讨品牌形象与自我概念一致性对消费者消费行为的影响。例如,以真实自我和理想自我来探讨社交性消费产品(啤酒和香烟)与私人性消费产品(肥皂和牙刷)品牌一致性的关系。有学者提出消费者会偏好形象与自我形象一致的品牌、产品或供货商的观点(Landon,1974)。

回顾过去的研究结果,自我概念与产品形象的一致性和消费者行为间的关系可表述如下:

①消费者真实自我概念与产品形象一致性确实会对消费者消费决策造成影响,如产品偏好、购买意愿、产品的使用、拥有和忠诚度。

②消费者理想的自我概念与产品品牌形象的一致性对消费决策的影响通常也会被支持。

③消费者的社会自我概念与产品品牌形象的一致性对消费决策的影响仅有少数研究支持。

④由上述结果可知消费者自我概念与产品形象一致,会促使消费者对产品产生正面的行为和态度,即会影响消费者的产品偏好及购买倾向,不论一致性的标准是来自实际我,还是理想我。

6.4.2　自我一致性的测量

上节内容主要阐述自我一致性的内涵、其包含的要素,以及以自我概念为基础的"个人—符号—观众"理论模型。那么,研究中怎样测量自我一致性,以及自我形象与产品形象的关系? 下面主要介绍 3 种测量自我一致性的主要方法。

1) 马尔霍特拉的自我形象归因量表

第一种是早期马尔霍特拉(Malhotra,1981)所建立的自我形象归因量表,他采用维度、间接式的衡量方式,以 16 个语意差异归因因子及 7 点回应量表来衡量真实自我形象及理想自我形象的分数,然后以同样的量表衡量受测者对于产品印象的分数,自我形象的属性分数与产品印象的属性分数相减后,其绝对值的总和,即为自我一致性的分数,分数越低,表示自我一致性的程度越高。

马尔霍特拉的量表被广泛应用到不同产品类别的研究上,其最初的研究认为消费者购买的汽车可以反映出购买者的自我形象,其后在房子的购买上也得到了同样的支持,随后更有学者成功地把马尔霍特拉的量表应用在流行领导者身上。

2)海金和费克的持久性涉入量表

第二种方法为海金和费克(Higie & Feick)于 1988 年所提出的持久性涉入量表,该量表包括 10 个问项,以 7 点语意差异衡量,分别包含快乐主义及自我表现因素,前 5 题是在验证快乐主义(hedonic)的因素,后 5 题背后隐含自我表现(self-expression)的因素,这 5 个问项主要是在衡量受测者是否将自我人格投射在媒体内容上。换句话说,其他人是否能从观察消费者所观赏的媒体内容,进而推测该消费者的个性或人格。

3)阿克的品牌人格量表

第三种方法是阿克(Aaker)于 1997 年提出的品牌人格量表,可以同时询问消费者的人格特质及其对该品牌的感觉,了解品牌个性与消费者人格之间的关联。换句话说,可以衡量品牌与消费者人格的一致性程度。

6.4.3　自我一致性理论在旅游中的应用

1)自我形象与旅游目的地形象的一致性与旅游满意度的关系

在旅游满意度的测量方面,大多数研究都是通过旅游消费者对旅游目的地功能属性的期望与实际体验的差距来进行测量,而没有考虑旅游消费者自身特质,即旅游者的自我形象对旅游目的地的价值衡量。面对这种情况,部分学者运用自我概念理论中自我形象—产品形象的一致性模型,来探讨在同一旅游目的地当中,旅游消费者的自我概念/旅游目的地的一致性高低与满意度之间的关系。乔恩(Chon,1992)将一致性分为 4 种维度:积极的自我形象一致性、积极的自我形象不一致、负面自我形象一致性及负面的自我形象不一致。通过分析,他发现"自我形象与对旅游目的地形象的一致性"与旅游满意度有显著的相关关系。举例来说,同样是登顶华山,一个喜欢刺激冒险的旅游者的旅游满意度较那些害怕冒险的旅游者往往是偏高的。

2)自我形象一致性和旅游消费行为之间的关系

自我形象一致性对旅游消费行为产生重要的影响,图 6.2 很好地概括了二者及相关概念之间的关系。从图 6.2 可以看出,目的地的环境因素,同时影响目的地知觉到的功能归因和目的地旅游者形象,从而间接地影响了自我形象的一致性;目的地旅游者形象和旅游者自我概念共同决定了自我形象一致性;目的地知觉到的功能归因和目的地理想上的功能归因又共同决定了功能属性的一致性；自我形象的一致性与功能的一致性共同影响旅游消费者的旅游行为(Sirgy & Su,2000)。

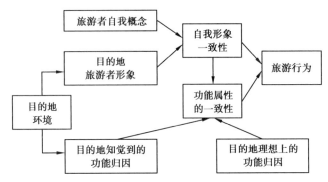

图 6.2　自我形象一致性影响旅游消费行为的整合框架

资料来源:Sirgy M J, Su C. Destination Image, Self-Congruity, and Travel Behavior: Toward an Integrative Model[J]. Journal of Travel Resarch, 2000,38(4):340-352.

3)自我形象一致性与旅游兴趣、旅游可能性的关系

自我概念理论中自我形象—产品形象的一致性模型同样可以应用到购前行为,形象的一致性会影响旅游兴趣和是否出游。旅游消费者在出游之前,会提前了解旅游目的地的一些相关信息,对目的地形成初步的感知形象。如果这一形象与自我形象的一致性较高,就可能会增强其出游意愿;反之,如果旅游目的地的感知形象与自我形象相差甚远,则可能会降低出游的可能性。这一点也同样回应了上一点内容,也就是自我形象的一致性会影响旅游行为。

4)个人主义/集体主义在自我形象一致性与消费行为之间产生的影响

在自我概念理论中自我形象—产品形象的一致性模型的研究基础上加入文化因素,可以探讨个人主义/集体主义在自我形象一致性与消费行为之间可能产生的影响。李特文和高(Litvin & Goh)认为,无论是真实自我形象的一致性,还是理想自我形象的一致性,当自我形象的一致性越高时,倾向个人主义的消费者满意度较高(Litvin & Goh,2003)。

5)目的地自我形象的一致性与品牌偏好以及购买的关系

目的地自我形象一致性(destination-self-congruity,DSC)是当地居民、旅游消费者,以及目的地各象征性元素的实际自我形象与情感目的地形象对比的直接结果。马尔霍特拉的语意差异量表,以及直接而整体的自我形象一致性问句可以直接对乡村旅游的旅游者进行问卷调查。旅游学者经过研究后指出,直接测量的方式是衡量 DSC 最好的表现方式,通过测量评定可知,自我形象的一致性与购买意愿有显著的关系,旅游消费者的重游行为与其对旅游目的地的形象认同存在较强的交互关系(Kastenholz,2004)。

6）目的地品牌个性与旅游者的自我一致性之间的关系

约克塞尔（Yuksel）等提出了目的地品牌化的过程和内涵的理论模型,旅游目的地品牌化是目的地与旅游消费者之间的一种互助关联,情绪需求与基本需求是首先要满足的。然而,更重要的是,要使旅游者形象和目的地形象达成一种有效的链接状态,即自我一致性,则目的地个性与旅游者的自我观念应当是协调一致的。将自我一致性理论应用于旅游目的地领域,可以得知,目的地个性与旅游者的自我观念越是匹配,旅游者就越是对该目的地抱有好感,这种好感将会导致旅游行为或是传播推广。因此,了解目的地个性与旅游者自我观念之间的一致性对旅游消费者行为复杂本质的了解大有裨益（Ekinci et al.,2011）。

本章概要

- 本章介绍了个性概念及相关理论、旅游消费者的人格特性、旅游者自我概念及相关理论,阐明了自我一致性的内涵、测量及其在旅游中的应用。
- 个性的相关理论有:弗洛伊德的精神分析论、荣格的个性类型说、新弗洛伊德个性理论、特质论。
- 旅游消费者的人格特征可以按不同的划分标准分为多种类型,不同类型的消费者有其独特的人格特征。
- 旅游产品具有很强的象征意义,它是消费者个人形象、社会地位、事业成就等因素的体现,因此可以作为人们达到理想自我的一种途径。
- 旅游消费者的自我一致性对其旅游满意度、旅游兴趣、旅游可能性、品牌偏好及购买等消费行为的诸多方面产生了影响。

课后习题

1. 试述人的个性内涵与特征,并分组讨论荣格的个性类型说。
2. 旅游消费者的人格特征有哪些类型？这些人格特征是否会对旅游消费者的目的地选择产生影响？
3. 消费者的自我概念与消费行为是什么样的关系？为什么说旅游消费具有象征性？
4. 请分组讨论马尔霍特拉的自我形象归因量表对旅游消费者的自我一致性测量的科学性,并分析旅游消费者的自我一致性对其旅游目的地选择的影响。

【案例分析】

以个性化服务取胜的万豪酒店

许多著名的国际酒店管理公司和品牌都将北京作为其在亚太区发展的重点城市。这样的战略部署一方面为到北京的商旅客人提供了方便,但另一方面也加剧了酒店间的竞争。面对这样的局面,服务也就成为了酒店发展的重要"生命线"。在北京,万豪酒店集团旗下的北京富力万丽酒店、北京万豪酒店、北京海航大厦万豪酒店则以个性化的服务取胜,凸显了趣意、地道、独特的品牌特色,为客人带来惊喜的同时,更注重人性的关怀。

开业至今,北京万豪酒店确实拥有了一批铁杆粉丝。客人们最常说的就是"我又回家了"。这应该是对酒店服务的最佳解释。常客马先生最近就说起了一件感动他的小事:这段时间已经进入了北京的雨季,那天他准备离店在酒店门口乘车离开时,礼宾部员工主动为他递上了一把雨伞,提醒他当天预告有雨,让他带着以备不时之需。

北京富力万丽酒店主要以商旅客人为主,这也对酒店的服务提出了更高的要求,通过与客人建立"情感联系",挖掘客人的热情点,从而打造与众不同的体验。比如,万丽导航员、趣意会议、生活原音等平台都是为了更好地让客人享受万丽式生活方式。为了满足当下万丽目标客户群寻找个性化体验的需求,酒店持续推出各类体验活动,包括烹饪学堂、插花课、每周四生活原音活动等。除了客人,也欢迎周边社区的普通居民加入到活动中。世界杯期间,酒店为不同国籍的客人制作有自己肖像的足球巨星欢迎卡,成了当时最受客人欢迎的贴心礼物。

海航大厦万豪酒店的员工会主动观察客人的需要,提供个性化的服务,给客人宾至如归的体验。市场销售部的同事 Laura 曾接待沙特阿拉伯大使馆的一个宴会活动,特意买了一套沙特阿拉伯当地的传统服饰,并在活动当天穿上,向每位客人问好,客人们看到后十分惊喜并感到非常亲切,主办方会后告诉酒店工作人员,这就是所谓的非凡。

还有一次,商务旅客 Amundsen 先生办理完离店手续后,来到礼宾部柜台查收他的邮包。酒店礼宾司 Jeffrey 询问客人本周内旅行的行程及邮箱地址并记录下来,这样如果收到后就可以邮寄给客人。两天后酒店收到了客人的邮包,与客人电话确认沟通后,把此邮包寄到客人此次旅行的最终目的地上海外滩华尔道夫酒店。然后,Jeffrey 再次跟上海外滩华尔道夫酒店的同事确认后,得知他们已经收到了客人的邮包。接下来 Jeffrey 给客人发了一封邮件,告诉他邮包已经安全送到了上海华尔道夫酒店。Amundsen 先生非常感激,表示酒店的服务令人印象深刻。

(资料来源:个性化服务成就酒店"生命线"[EB/OL]. 新京报,2014-06-25.)

问题:

1.为何万豪酒店要致力于为顾客提供个性化的服务?

2.案例中提到的个性化服务细节对其他旅游企业(如旅行社、景区等)有何启示?

【建议阅读文献】

［1］Gursoy D. Prior product knowledge and its influence on the traveler's information search behavior［J］. Journal of Hospitality & Leisure Marketing, 2003, 10(3-4)：113-131.

［2］Park C W, Mothersbaugh D L, Feick L. Consumer knowledge assessment［J］. Journal of Consumer Research, 1994, 21(1)：71-82.

［3］Tsaur S H, Yen C H, Chen C L. Independent tourist knowledge and skills［J］. Annals of Tourism Research, 2010, 37(4)：1035-1054.

［4］刘力,陈浩.自我一致性对旅游者决策行为的影响——理论基础与研究模型［J］.旅游学刊, 2015, 30(6):57-71.

［5］周永博,程德年,等.生活方式型旅游目的地品牌个性建构——基于苏州古城案例的混合方法研究［J］.旅游学刊,2016(07):85-95.

第 7 章
旅游消费者的感知

【学习目标】

- 了解和熟悉旅游消费者感觉和感知的相关概念、分类及其特征;
- 熟悉与理解旅游消费者的知觉的概念、分类与特征;
- 熟悉与掌握影响旅游消费者感知的主观和客观因素,并能结合实例展开分析;
- 掌握旅游消费者对旅游目的地感知的过程及特点。

7.1 旅游消费者的感觉

7.1.1 感觉的概念

日常生活中,我们无时无刻不在接触各种客观刺激,任何客观刺激都具有光、色、声、味、温度等属性,这些属性作用于人的眼、耳、鼻、舌、身等感觉器官,就会在大脑中形成听觉、嗅觉、味觉、视觉等,这些反映就是感觉。感觉是一种最初级的经验,是我们认识客观世界的第一步,是我们关于世界一切知识的最初源泉。

《中国大百科全书·心理学——普通心理学》将感觉定义为:客观刺激作用于感受器官,经过大脑的信息加工活动所产生的对客观事物的基本属性的反映。感觉作为认识过程的初级阶段,它为知觉及其他复杂认识过程提供了最基本的原始材料。通过感觉,人们从外界获得各种各样的信息,这些信息在感觉系统的不同水平上经过加工,并与已经存储的信息进行对照,得到补充,从而产生了对外界事物基本的反映。例如,当我们看到一个苹果时,它直接作用于我们的眼睛,通过大脑我们反映出苹果的形状、颜色、光滑程度等,通过品尝我们知道了它的酸甜程度,这就是我们对苹果的感觉。感觉在人的心理活动中起着十分重要的作用,是心理行为变化的最基本变量,担负着对复杂事物的简单要素进行分析的任务。

与感知相比较,感觉较为简单,个体察觉刺激的存在,并立即分辨出事物的外形、色彩、气味、粗糙程度等个别属性。感知,是人脑对直接作用于感觉器官的客观事物的整体反映。它是在感觉的基础上,把有的信息材料加以综合整理,从而形成对事物的完整印象。个体对于感觉器官所获得的外来刺激都要加以主观的解释和组合,才能形成感知。

7.1.2　感觉的分类

客观事物有各种不同的属性,它们作用于人的不同的感官使人产生各种感觉。"感觉"一词是多种感觉的总称,在心理学上最受重视的是视觉与听觉,其次是嗅觉、味觉、触觉,它们合称为五大感觉(张朝 等,2008)。

1)视觉

视觉是个体借助眼睛辨别外界物体明暗、颜色和形状等特性的感觉,对光波 360~780 nm 的反映(很小范围),是人类和其他动物最复杂、最重要,也是生物进化过程中得到高度发展的感觉(梁宁建,2006)。现实中我们常说"一饱眼福",就是视觉享受的满足。在旅游过程中,我们会被各种雄、奇、险、秀、幽的自然之美所折服,为各种雄壮、规模庞大或精巧别致的人文景观而惊叹。比如,以山色称绝的丹霞山,构成它的红色砂、砾岩呈现出绚丽的色彩,远看似染红霞,近看五彩斑斓,令人称奇。大自然的植被随季节变化而呈现出春的翠烟弥漫、夏的碧海无涯、秋的层林尽染、冬的银装素裹,令人流连。万里长城的雄伟、兵马俑的庞大气势、古典园林的静雅别致等,这些自然或是人类的杰作无不给予人们一场视觉的盛宴,让人感慨万千。

2)听觉

听觉是人通过听觉器官对外界声音刺激的反应,是仅次于视觉的重要感觉。听觉与视觉相互补充,从而为人脑提供来自各方面的信息,使人对客观事物形成更全面的认识。声音是由发声体的振动引起的,根据振动是否具有周期性,可将声音分为乐音和噪声。日常所说的噪声,从心理学的角度讲,就是我们不希望听到的声音。我们在欣赏旅游景观之美的过程中,不仅会得到视觉上的享受,同时还可能会有听觉上的震撼。惊涛拍岸的潮流、空山雄浑的飞瀑、恬静的涓涓细流各自弹出了不同声域的乐章,悦耳动听,给人以音乐美的享受。例如,安徽黄山的鸣弦泉,泉水叮咚作响,宛如弹拨琴弦的声音,清脆悦耳。有古诗描述云:"山空滴沥如下注,转觉飘洒若风雨,却按宫商仔细听,二十五弦具不住。"

3)嗅觉和味觉

气味,可使情绪激动,也可使情绪缓和,它们能引起回忆或是缓和压力。人们对气味的一些反应,源于气味与他们早期经历的联系。例如,婴儿粉(baby powder)的香型之所以经常在香水中被采用,是因为这种气味能唤起人们对舒适、温暖和喜悦等感觉的记忆。味觉感官,有助于我们对许多产品感受的形成。所以,饭店的餐厅、餐馆、食品店总是忙着开发新味道的食品来迎合消费者不断变化的口味。

4)触觉

触觉对旅游消费者的影响也很重要,它能够发挥缓解压力、安抚镇静或刺激兴奋的作用。比如,景区道路上镶嵌的按摩石会刺激游客的脚部触觉,给他们一种休闲、健康的体验;让游客亲近一些小动物或植物,则可以通过手的触觉给游客带来兴奋的体验;一些以水为主题的游憩活动往往能够给游客带来全身心的触觉体验。

7.2 旅游消费者的知觉

7.2.1 知觉的概念

知觉是人对客观环境和主体状态的感觉和解释过程。感觉只是人脑对客观事物某一方面属性的反映,而知觉则是视觉、听觉、触觉、运动觉等多种感觉协同化的结果。任何事物都包含着个别属性,这些个别属性并不是各自孤立的,而是一个综合的整体,在知觉过程中,人脑将各种感官刺激转化为整体经验,从而形成人对客观事物和身体状态整体形象的反映。知觉不是各种感觉的简单相加,而是按事物的一定关系被整合成一个完整的、有意义的映像。

事实上,在正常的日常生活中,纯粹的感觉是不存在的,感觉信息一经感觉系统传达到脑,知觉便随之产生(黄希庭,2007)。当一个苹果出现在我们面前时,我们马上会认出“这是一个苹果”,而不会说它是其他东西。这里需要强调的是,知觉是随着人的实践活动的丰富而发展起来的,和人的知识经验密切相关,是在现实刺激和原有知识经验的相互作用下形成的结果,和感觉相比,具有间接的性质。此外,知觉会受到诸多心理特点的影响和制约,人的情绪、兴趣、态度、价值观等都会影响到人们的知觉过程,如人在心情愉悦时,倾向于把很多事物知觉为美好的,反之则反之。

总之,感觉和知觉紧密相关,都属于人的认识的初级阶段,即感性认识阶段。从感觉到知觉是一个连续的过程,感觉是知觉的前提和基础,知觉是感觉的深入和发展。由感觉而变为知觉,其间要经过选择的历程,感觉是知觉的基础,但有了感觉未必会产生知觉;感觉是个体获得此时此地的事实资料,知觉是个体将感觉资料与经验联结而产生的组织;个体靠感觉接受到刺激,但决定其行为的则是知觉因素。没有感觉和知觉,也就不会有记忆、思维、想象、意志等复杂的心理活动。所以,感觉和知觉是正常心理活动形成、发展的基础,也是认识世界的开端。

7.2.2 知觉的特征及分类

1)知觉的基本特性

(1)理解性

知觉的理解性是指在知觉过程中,人根据自己已有的知识经验对客观事物进行解释,并用词语加以概括与标志以赋予其意义的组织加工过程(梁宁建,2006)。同一个知觉对象,由于人的知识经验背景的不同,对其的知觉加工也是不同的,由此形成的知觉经验也会存在差异。例如,在峨眉山旅游中所见到的蛾眉十景之一——金顶佛光,没有知识背景的人怎么都不会把它理解为一种自然现象,总觉得是佛光显现,激动不已;而有相关知识的人就会理解它只是一种大气光学现象,不是变幻莫测的。

（2）整体性

知觉的对象具有不同的属性,由不同的部分组成,但我们并不把它认为是个别孤立的部分,而总是把它当成一个有组织的整体。人在接受一个客观事物的信息时,总是会利用自己已有的经验,把单一的、零散的信息进行整合,有时甚至当事物的某些部分被遮盖或隐去时,也能将零散的部分组织成完整的对象。

（3）选择性

知觉的选择性是人有意或无意地把某些刺激信息或刺激信息的某些方面作为知觉对象而把其他事物作为背景进行组织加工的过程。因为人每时每刻都会接触到各种各样的事物和信息,所以不可能也不会把所有作用于感官的刺激信息进行反映,而会进行选择性的加工处理,从而排除其他信息的干扰,迅速地形成对事物的知觉。例如,在人群密集的地方,大多数人都身着黑白灰色系的衣服,这时如果其中有一人穿着红色衣服,那么我们肯定会首先把他区分出来。

（4）恒常性

当知觉对象的刺激输入在一定范围内发生了变化时,知觉形象并不因此发生相应的变化,而是维持恒定,知觉的这种特性称为知觉恒常性(黄希庭,2007)。知觉的恒常性在人的实践生活中具有重大的意义,它能使人在不同的情况下按照事物的实际面貌作出反应。一个人已有的知识经验,在知觉恒常性的产生过程中扮演着角色。例如,从远处开来的一辆汽车很小,但大小恒常性仍然能够使我们知觉到它的大小足以载人;室内的家具,在不同颜色的光照下,我们对它的颜色感知依然保持不变。

2）知觉的分类

（1）空间知觉

生活在立体空间内的个体,必须能够了解自己与空间的关系及其变化的基本原则,而后才能适应生存。例如,猴子攀岩、老鼠归洞、飞鸟归巢等,其动作之敏捷准确,靠的是它们对空间关系的正确判断。在人类生活中更是如此,但凡我们步行上下台阶、穿越马路、驾车转弯时,都需要时时刻刻了解自己与周围事物的关系,以及对位置、方向、距离等各种构成空间要素的判断,这种对空间关系综合了解的心路历程即为空间知觉。构成空间知觉的感觉基础,最主要的是视觉与听觉,而且空间知觉也和时间知觉有关。

（2）时间知觉

了解空间中的物体的存在要靠空间知觉,但在空间中要了解事件发生的情况,就要靠时间知觉。时间知觉,即个体在生活环境中以某事件的发生为根据,对过去、现在、未来,以及快、慢等时间变化有所了解的心路历程。时间知觉的形成不以外界刺激和感官为基础,主要由生活环境的外在线索(如钟表等工具)和身体机能或生理历程的内在线索(如一日三餐有定时习惯者,每到吃饭时间就有饥饿感)来判断。但是时间知觉也会因时、因事、因地而有所变化。一般而言,个人在心情愉快时总感觉时间过得很快;反之,则会有度日如年或漫漫长夜的感觉。

(3)运动知觉

运动知觉指我们对客体或客体的部分在空间上的位置变化及变化速度的知觉,其对有机体的意义不言而喻。造成运动知觉的原因相当复杂,运动知觉的产生虽源自外界的刺激,但知觉的感受却并非由于刺激的变化而起,而是由于视网膜上的影像的移动而生。例如,当我们坐在火车内注视车外较近的物体,你会觉得物体迅速地后退,但是远处的云朵或月亮又好像跟着车子,朝相同的方向前进。而当你坐在室内,转动头部环顾四周,这时虽然周围物体的光波投射在视网膜的不同部分,但是你仍然感觉到室内的物体并没有因此而移动。由此可知运动知觉是相对的,而非绝对的。

(4)错觉

错觉指在特定的条件下对事物必然会产生的某种固有倾向的歪曲知觉,它是在一定条件下必然发生的正常现象。在我们日常生活中,会有各种各样的错觉,如颜色错觉、运动错觉等。尤其是视觉方面,经常会出现看来如此的东西,实际上并非如此。例如,现实生活中一些商店、餐厅为了增添宽敞的效果,往往在墙面上镶上巨大的反射玻璃或镜子,这样给人感觉比原有面积大了很多,这就是错觉所致。我们在欣赏旅游景色,尤其是奇峰怪石景观时,也经常会有错觉出现,而这些错觉正是景观的神奇特色所在。例如,长江三峡的巫山神女峰,游客在远处眺望,烟雾中的神女峰看起来的确很像一位风姿绰约的少女,而当烟雾散去,再近观时,才发现那只是一块普通的石头,而没有错觉中的美丽动人。在中国的古典园林设计中,错觉的运用更是淋漓尽致。造园手法中的藏景、障景、借景,欲扬先抑、虚实相生,使得游客总有"山重水复疑无路,柳暗花明又一村"的感觉,入小园而不觉园之小,进大园而不觉园之旷,观假山而觉是真山,这就是所谓的错觉效果。

7.3 旅游消费者感知的影响因素

7.3.1 旅游者的感知

心理学研究中将人的感知分为两个不同的心理活动阶段,即感觉和知觉。感觉是对刺激的觉察,知觉是将感觉信息组成有意义的对象,即在已存储知识经验的参与下把握刺激的意义。通过前两节对感觉和知觉的介绍,理解感知其实就是通过人的感受器不断接收刺激信息,并有选择地进行加工的动态信息处理过程。国内外一些学者根据心理学中的定义对旅游感知进行界定。例如,黎洁、赵西萍关于美国游客对西安的感知研究中,定义旅游感知是人们通过感觉器官获得对旅游对象、旅游环境条件等信息的心理过程。阿兰·迪克洛普将旅游者感知定义为:将外部世界的旅游信息转换为每一个人都会经历的内部思维世界的过程(Pizam & Mansfield,2005)。但是这些定义只是心理学感知概念的移用,都没有考虑到旅游者行为自身的特点。

旅游感知在旅游研究中的比重日益上升,研究内容涉及:旅游者抵达目的地前后的感知和经历(陆林 等,1996);旅游中食、住、行、游、购、娱等社会方面的评价(黎洁 等,2000);旅游安全因素的前期评估(吴必虎 等,2001);旅游地感知距离和常住地距离比较(解杼 等,2003);旅游者在旅游目的地对各种旅游信息的评估;旅游目的地各种综合环境对旅游者决策行为的影响等(白凯 等,2005)。这些研究中的"感知"究其本质都是一种评估、评价,有些已经和认知评价相互重叠。心理学中感知是人认识世界的初级阶段,强调个体被动接收外界信息。基于心理学对感知的定义及旅游研究者对感知的运用,"旅游感知"是旅游者在旅游者常住地或旅游目的地将外部旅游信息被动接收后和自身已有的旅游经验进行对比所形成的和旅游目的地事物密切相关的认识和评价。

旅游者在旅游前,会受到有形与无形的信息影响,对目的地旅游产生初步的、不完整的感知,这是激发旅游需要的重要条件;旅游中,游客通过对目的地旅游吸引物的游览、旅游服务质量的体验,以及其他条件的相应感受,身心各种感官得到切实的刺激,就会形成实际的感知,为进一步理解旅游目的地,即深入认知奠定基础。在感知过程中,旅游者对目的地的认识程度和情感水平在不断地变化,感知程度由浅变深,认知内容由少变多,情感水平沉睡或者唤醒、愉快或者不愉快、烦恼或者放松、沮丧或者兴奋(Russell & Snodgrass,1987)。

7.3.2 旅游者的感知过程

旅游者的感知过程是个体选择、组织和解释感觉刺激,使之成为一个有意义的连贯的现实映像的过程。一个世纪以前,人们还把感知类比成照相机来理解,但是计算机要模拟感知时却发现远不是那么回事。感知是一个主动探索客观世界的过程,在这一过程中,大脑对大量离散的感觉信息进行选择加工,在信息加工过程中又强烈地受个体的动机、人格、态度、学习等因素影响。不同的人面对相同的风景,会产生不同的旅游感知。可以把感知的过程视为连续过滤外界刺激的过程。个体有选择地注意环境中的信息,然后加以解释和理解,并与其他知觉综合。

1)选择性注意

注意,是指个体对展露于其神经系统前的刺激物作出进一步加工和处理。由于认知能力的限制,在某一特定时点,旅游消费者不可能同时处理所有展露在他面前的信息。人们只是按照某种需要和目的,有意识地选择他们感兴趣的少数事物作为感知对象,或无意地被某种事物所吸引,以它作为感知对象。比如说,如果你正在寻找一个蜜月度假地,你可能会特别注意宣传材料上对于沙滩、露台、安静的环境、月亮的描述。如果你正在为公司寻找合适的地点召开一次销售会议,那么对于同样的宣传材料,你会更注意对会议室、宴会设施及健身器材的介绍。当你身处一家饭店时,你可能会注意饭店的装潢、电梯服务、酒吧、高尔夫球场等你认为饭店已经向你承诺的东西。

在旅游情境中,旅游者的兴趣爱好能够帮助他过滤掉与己无关的及有危害的事物。这可以理解为"感知防御"。比如,飞机乘客通常不注意航空保险机构,在很大程度上是因为他们不愿意把乘坐飞机旅行视为危险的过程。走在华山险处的旅游者,眼睛大多盯着脚下的石阶,或向山顶和天空看,而不去看脚旁的万丈深渊。

在日常生活中,人们往往把注意力集中在自己认为重要的东西上,将不重要的事物作模糊处理。但是,在旅游活动中,旅游者通常会有意识地降低自己的感知选择性,尽可能多地把各种事物纳入感知范围,扩大感知对象,体验日常生活中没有或无法体验到的多姿多彩的人生乐趣。然而,由于感官功能和停留时间的限制,即使最大限度地降低感知选择性,刺激的无限性和感知选择性之间的矛盾也依然存在。为了解决这个问题,旅游者往往借助各种媒介,如导游手册、明信片、书籍、照相机、录像机、旅行日记等,记录当时无法深入感知的事物,以供事后欣赏,继续享受旅游乐趣。

2) 理解

感知是在过去的知识和经验的基础上产生的,所以对事物的理解是感知的必要条件。个体对刺激物的理解,是个体赋予刺激物以某种含义或意义的过程。人们总是根据已有的知识和经验,赋予新的刺激物以某种含义,以便形成对新刺激物的整体感知印象。在此过程中,人们倾向于将其获取的各种信息作简化处理,把其最关注的刺激要素转变为图形的形式,予以归类,而刺激物中的其余部分则构成了图形的背景或底色。这种做法称为定势,或刻板(stereotyping)。即使在要素不全的情况下,人们也倾向于主动处理信息,将刺激物发展成一幅完整的画面或图景。

借助过去的知识和经验对新的刺激物进行分类和概括,能够使人的感知过程更加迅速,节约感知的时间和工作量,同时使感知印象更准确完整。如果缺乏知识和经验,每一次感知都要重新学习,那么,不断尝试与错误不仅浪费时间和精力,而且感知印象还可能与实际对象相差甚远。

旅游者的理解在旅游中有着十分重要的意义。自然界的山水原本是没有意义的,但经过旅游产业的加工和旅游者的理解后就变得有旅游意义了。比如,对一些特殊的岩石和地质现象进行神话式、拟人式、拟物式处理,能促使游客游兴大发。对人文景观、古迹名胜的游览,更需要旅游者在掌握一定知识和具备一定经验基础上进行,才能真正领会旅游的乐趣,获得更多的审美享受。一般来说,经验越丰富的旅游者,对旅游活动的理解能力越强。

然而,有的时候,消费者对新的刺激物定势可能会出现以偏概全的现象。例如,一位旅游者在一家饭店里碰到一个板着脸、心不在焉的服务员,他就认为这家饭店的服务员都是外行、不友好。此外,消费者在面临与其态度、价值观或原有信念冲突的外界刺激时,趋向寻求与其信念相吻合的信息,忽略与其信念不一致的信息,可能对新的刺激物作出与客观事实相悖的解读,造成感知失真。消费者在理解过程中注意力不集中,或消费者的知识不足,或刺激物本身不明确,也容易对刺激物产生误解。这些现象会使旅游企业的营销效果大打折扣。旅游企业在与消费者及其他社会公众沟通的过程中,应预先认真测试所要传递的信息,尽可能减少误解。每位员工也要做好服务中的每个细节,扮演好兼职营销人员的角色,才能给消费者留下良好的印象。

3) 保持

保持,是记忆的基本环节。它是巩固已获得的知识和经验的过程,是再认和回忆的前提。一般来说,一个人总是把与自己的需要、价值观念及心理倾向相联系的信息存储在记忆中,而与需要、价值观念及心理倾向无关的信息则会很快被遗忘掉。当人们接触到的信息与他们的态度、癖好及生活方式相一致时,就非常容易在记忆中保持,而且准确无误。

只有那些被保留下来的信息,才能对继之而来的行为产生影响。例如,一个旅游者住在某饭店,恰逢该饭店发生火灾,而他幸免于难。这个经历就会在他头脑中清晰地保持许多年,甚至终生难忘,形成了他对这个地方总印象的基础,甚至会使其忘记这个地方更有吸引力的特征。消费者所保留下来的感知通常具有恒常性,即当感知对象的客观条件已经在一定范围内改变时,消费者的感知印象在相当程度上仍然保持着不变。

7.3.3　影响旅游者感知的因素

旅游者的感知过程,会受感知对象的特点和旅游者本人特点的影响。苏州的拙政园,谁去看它都是人造园林,这是由拙政园的景观决定的,但是,园林专家和普通旅游者的感知印象是有差别的。苏东坡说:"西湖天下景,游者无愚贤;深浅随所得,谁能识其全?"这从某种意义上说明了旅游者的感知印象受到主客观因素的双重影响。旅游者对感觉器官所获得的外来刺激加以主观的解释和组合,才能形成感知。影响感知的客观因素,主要包括外来刺激的强度以及感知对象与背景的关系。影响感知的主观因素,则主要包括需要和动机、情绪、兴趣、经验、阶层意识、个性特征等心理因素。

1) 感知对象的刺激强度

旅游者面对的环境是错综复杂的,既有自然景观又有人文景观,既有静止的事物又有动态的事物。面对众多的外界刺激,旅游者容易感知到的是那些在特定环境中有突出特点的对象以及那些与其惯常生活环境有较大差异的对象,即刺激强度较大的事物。一块碑刻,放在陵墓、寺院、山水、园林等处,很容易被人感知到,但是,把它放在著名的西安碑林之中,旅游者就可能不会注意它。在相同文化背景的城市中,旅游者很少注意当地人的服饰、交通工具和建筑。一旦旅游者踏出国门或进入文化差异较大地区,他们最先感知并留下深刻印象的往往就是他们不熟悉的衣、食、住、行。这就是因为不同的客观事物对旅游者刺激强度不一样。一般情况下,感知对象的刺激强度越大,越容易被清晰地、深刻地感知。比如说,险峻的山峰、幽静的湖泊、奔腾的江河、辽阔的大海、古老的建筑、珍禽异兽、奇风异俗等,都会以较大的刺激强度,给旅游者留下清晰的感知印象。

2) 对象与背景的关系

旅游者感知事物时,总有一定的选择。在感知范围内最受关注的事物就是感知对象,与感知对象相连但处于感知范围之外的其他事物,构成了感知的背景。通常情况下,背景只是衬托感知对象,对旅游者意义不大。例如,旅游者在着急寻找自己要搭乘的列车车厢时,会对来往的行人视而不见。

在感知中,对象与背景也可以相互转换,这取决于人的感知选择。如旅游者在观赏花草树木时,亭台楼阁就成了背景,而当他们注意这些建筑时,花草树木就转化成了背景。但是,如果对象与背景之间的差异不显著,旅游者就不容易确定感知对象。例如,江南很多园林都种植了观赏性的方竹或斑竹,它们周围都种植了其他的花草树木,旅游者轻易地就能看到,但是,如果把方竹和斑竹同其他竹类种在一起,旅游者要看到它们就困难了。所以,景区设计强调在保持景观和谐性的同时,使主要景观在色彩、造型等方面与周边景观有所区别,以便引导旅游者从背景中区分出观赏对象。

旅游者在选择刺激物时,往往会把彼此相似的刺激物组合在一起,构成感知对象。例如,"苏州和无锡""山海关和北戴河""深圳和香港"等在时空距离上接近的旅游地,往往被旅游者列入一条旅游线;五台山、普陀山、峨眉山、九华山等地,虽然在地理上远隔千里,但由于有相同的性质,因而人们把它们感知为相似的佛教圣地;在拥挤的旅游区,戴着相同颜色太阳帽的旅游者在一个方向上前进时,往往被其他人组合成一体,感知为团体旅游者。在完形心理学中,这种认知规律被称为相似法则。

3) 旅游者的需要和动机

动机,是直接推动人从事某种活动的内在驱动力。在欧美学者做的一个实验中,实验者将一幅模糊的图画呈现给被试者,并询问被试者的观感。结果越是饥肠辘辘的被试者,就越容易将图画想象成为与食物相关的东西。由此可见,需要和动机对人们的感知有明显的影响。

一般情况下,只有那些能够满足旅游需要、符合旅游动机的事物,才能引起旅游者的注意和感知。一个旅游区可以同时接纳各种类型的旅游者,如观光型、度假型、健身型、疗养型、商务型等。不同的旅游者有不同的旅游需要和旅游动机,他们感知的范围、具体的对象以及最终的整体感知印象也不同。

此外,有些事物本来不是感知对象,但当它们的刺激强度大到足以干扰需要与动机所指向的目标时,旅游者也会转移注意,把它们纳入感知范围。如各地大同小异的旅游车,通常不会引人注目,但是,当旅游者因为旅游车出问题而耽误行程时,它们就会进入旅游者的感知范围。

4) 情绪

情绪,是人对客观事物的态度的一种反映。情绪状态,是指人在感知客观对象时个人的主观态度和精神状态。情绪状态在很大程度上影响着个人的感知水平。俗话说"欢乐良宵短,愁苦暗夜长",正是反映了情绪对人的时间感知的影响。

情绪有正面和负面之分。一般来说,在正面情绪下,人们对对象的感知会比较深刻鲜明;在负面情绪下,心情苦闷,感知水平就会降低,再生动、鲜明的对象也很难成为其感知对象。当旅游者情绪低落时,其感知范围缩小,感知主动性下降,对导游的讲解可能会听而不闻,对优美的景观也会视而不见;当旅游者情绪愉快时,他们对各种事物的感知可能比实际状况更好,同时也会兴高采烈地参与旅游活动,积极主动地感知大量的景观。因此,旅游服务人员应关注并努力调动旅游者的情绪,使其在旅游中处于最佳状态。

5) 兴趣

兴趣,是人们积极探究某种事物或从事某种活动的意识倾向。旅游者经常把自己感兴趣的事物作为感知对象,把那些和自己兴趣无关的事物作为背景,或干脆排除在感知之外。一个计划到广州旅游的人,对与广州有关的消息就特别敏感。打算来中国旅游的人,对中国新闻的注意程度也会超过对其他国家新闻的注意程度。一个常滑雪的旅游者,比不常滑雪的旅游者更留意气候的变化、雪况、滑雪器械的价格变化。旅游者的兴趣不一样,他们对感知对象的选择以及留下的感知印象也会因人而异。

6) 经验

经验,是从实际活动中获得的某些感受。人在感知事物时,与该事物有关的经验越丰富,感知内容就越全面,也就越能接受这个事物。凭借以往经验,旅游者很快就能对感知对象的意义做出理解与判断,从而节约感知时间,扩大感知范围,获得更多,也更为深刻的感知体验。如山峰是否险峻,交通是否便利,服务是否热诚,诸如此类的问题,都和旅游者的经验有关。旅游实践表明,故地重游的旅游者与初次到访的旅游者的旅游享受大不一样。有经验的旅游者知道哪些景点景观应该多玩多看,哪些应该少玩少看,哪些不看也罢,哪些不可不玩不看等。在相同的时间里,有经验的旅游者比没有经验的旅游者有更多的旅游收获。

7) 阶层意识

在现代社会中,一个人的收入、受教育程度以及职业是反映其社会阶层的重要指标。同一阶层的人拥有相似的价值观念、生活方式、待人处事的态度,甚至在道德标准等意识层面上也较为接近。旅游作为一种象征性的活动,也在一定程度上反映着旅游者的社会地位,不同阶层旅游者在旅游方式、旅游地的选择、旅游活动内容的安排、消费水平等方面存在一定差别。一般而言,处于社会上层的旅游者,更多注意那些象征社会地位、表现活动能力、代表经济实力的旅游项目;中层的旅游者,既有选择性地注意一些上层旅游者关注的旅游项目,在力所能及的范围内表达向上的动机,也乐于接受廉价实惠的旅游项目;下层的旅游者更欢迎物美价廉的旅游消费,对旅游距离的感知较为敏感,他们理想的度假方式是去离家不远的地方旅游。

8) 个性特征

个性,是个体所具有的独特而稳定的心理特征的总和。个性影响着旅游者对周边事物感知的广度、深度和感知的速度。例如,个性专断的旅游者在交通工具和旅游地的选择上所花的时间有限,他们的个性通过缩小选择对象的范围而影响其感知。一般来说,乘飞机的旅游者非常活跃,大胆而自信,乘火车的旅游者对风险的感知较为敏感。

9) 其他个体因素

除了上述因素之外,旅游者的收入、年龄、性别、职业、家庭结构、国籍、种族等人口统计方面的因素,也对旅游感知有一定的影响。比如说,上了年纪的旅游者更喜欢轻松愉快、节奏缓慢的旅游方式,更关注在旅游活动的过程中获取更多的知识;一个从事考古工作的旅游者与一个从事医务工作的旅游者对古陵墓的感知也不同;信佛的人会把庙宇视为圣地,进行朝拜,不信佛的人则只把庙宇当作一般的游览对象,他们对宗教旅游目的地的感知全然不同。旅游业界在旅游资源开发、旅游区建设、接待服务、旅游营销宣传等工作中,应该通盘考虑影响旅游者感知的主客观因素。针对上述因素,使旅游项目和旅游服务符合旅游者感知的客观规律,引起他们的注意,能给旅游者留下清晰深刻的感知印象。

7.4　旅游消费者的目的地感知

7.4.1　旅游者对旅游目的地的感知过程

旅游目的地是能够满足旅游者需要的设施和服务的综合体,是旅游者选择逗留一段时间以体验其吸引力的地方。在传统观念上,目的地被认为是一个明确的地理区域。大到一个国家,小到一个公园,只要能够为旅游者提供食、宿、行、游、购、娱的活动场所的地方,都可以称为旅游目的地。现在,人们逐渐认识到目的地也可以是个感知概念。旅游消费者可以主观地理解它,这种理解取决于他们的旅行路线、文化背景、游览的目的、受教育程度及过去的经历。具体而言,旅游者对旅游目的地的感知过程包括3个阶段:

1) 旅游前对旅游目的地的感知

旅游者与旅游目的地的交往不是发生在行程开始之后,而是开始之前已进行。在长期的社会生活中,每个人都会得到一些地方的自然与人文资源信息,在心目中自然构筑起关于该地的形象感知。典型的例子是,在很多中国人心目中都有对苏州和杭州的感知。即使从未去过那里的人也能根据历史典故、文学作品、基础教育中的相关知识或民间俗语,构筑出那里的江南水乡的旖旎形象。潜在旅游者在未定旅游之前,根据头脑中的个人知识和经历所形成的旅游感知形象,称为旅游目的地的原生形象。

由于潜在旅游者并未到过旅游目的地,此时,他们对目的地原生形象的主观判断往往会多于客观判断,其感知是有限的。在很多情况下,这些自然感知的旅游地形象还不够强烈,不足以直接导致旅游消费行为的发生。但是,在特定情境下,比如,收入和时间允许、旅行社推出了合适的旅游线路、旅游目的地举行有吸引力的活动等,这种感知也能激起人们的旅游愿望,促使人们把旅游冲动转变为现实中的旅游行为。

2）旅游开始时对旅游目的地的感知

大多数旅游者在产生旅游动机后,会有意无意地搜集可选目的地的信息,并对信息进行加工、比较和选择,确定出游的目的地。旅游者可能会通过旅游目的地的广告宣传(如各种风景明信片、导游图、影像资料等)或耳闻目睹的其他物质媒介,揣摩旅游目的地经营者的服务特征和当地居民的接待态度。这个阶段也是形成旅游期望的重要时期。当旅游者进入旅游目的地开始实地旅游时,对目的地的形象感知称为引致形象或诱导形象。

3）旅游者实地旅游之后形成的感知

旅游者离开常住地进入旅游状态后,对旅游目的地的实地认知阶段就开始了。由于旅游产品生产与消费的同一性,现场服务成为旅游者对旅游目的地感知的重要决定因素。以景区为例,向旅游者提供优质的向导服务有助于旅游者获得美好的消费经历。没有向导的旅游者常常会迷失方向,对眼前的一切感到迷惑、焦虑,不得不花费较多的精力来理解其接触到的信息。一些博物馆参观者往往因为无人指导,只能花更多的时间去欣赏自己并不感兴趣的展览,由此,旅游者对旅游目的地的印象将大打折扣。在实地认知阶段,旅游者可直接获取旅游目的地的信息,因而是旅游者对旅游目的地形成印象的最重要环节。

行程结束后,旅游者对旅游目的地信息进行综合分析并做出判断,此时,所形成的旅游目的地感知形象称为混合形象。混合形象与诱导形象之间的差别,反映了旅游经历对旅游者旅游地感知的影响。旅游者在旅游活动结束后又通过各种手段影响周围人们对某一目的地的印象。

7.4.2　旅游者对旅游目的地感知的特点

旅游目的地,是一个涉及景观、人、环境等因子在内的复杂系统。受主体认知水平、认知客体复杂性及相关因素的影响,旅游者对旅游目的地的感知具有以下几个特点:

1）感知的差异性

严格地说,没有两个人对一个旅游地的看法是相同的。受生活习惯、文化程度、兴趣爱好、民族、宗教信仰、职业、年龄等因素的影响,旅游者在认知水平上具有明显的差异性。此外,由于旅游者的感知过程涉及较多的主观因素,导致感知结果带有浓厚的主观性、模糊性、差异性。不同游客对相同的旅游地的感知相差很大。例如,一位法语专业毕业的白领工作者对巴黎的感知与一位初中学历的农业劳动者对巴黎的感知可能相差甚远。

2）感知结果有较强的片面性

绝大多数旅游者都只是旅游目的地的匆匆过客,由于旅游活动时间较短,且受认知水平和环境因素的限制,旅游者往往无法深入彻底地了解旅游目的地。他们对旅游目的地的感知往往存在这样或那样的偏差。常见的情况是,旅游者以第一印象来评价旅游地,或根据对旅游地某方面的认知(如卫生状况)来推论该旅游地其他方面的特征。旅游者对目的地的感知还较容易受社会刻板印象的影响,即人们将某一旅游目的地的社会文化特征、风俗习惯和居民的行为方式固定化、模式化,并以此评价旅游目的地。

3) 感知内容的情节性

经过与旅游地居民及旅游景观的短暂接触后,旅游者记忆中保留下来的主要是旅行中印象最深刻的景观或情境。换言之,旅游感知形成的记忆大多属于情节记忆。所谓情节记忆,是指对特定经验的记忆,它是储存当时的短期事件或插曲,以及这些事件之间关系的信息。与语义记忆相比较,情节记忆较容易被遗忘。由于情节记忆的衰退、新兴旅游目的地的替代、多个旅游目的地形象的互相干扰,旅游者对目的地的感知会逐渐模糊。

7.4.3 旅游消费者对旅游目的地的评价

人们在感知旅游目的地时,通常乐于广泛接受有关目的地的各种信息,力争把握旅游目的地的主要特征,并从自己的旅游需要和旅游目的出发,对旅游目的地做出综合的识别、理解和评价,最终形成自己的目的地感知印象。由于旅游者个体差异和旅游动机的不同,旅游者评价目的地的角度以及衡量目的地的标准也会因人而异。但总的来说,旅游者通常会考虑以下因素:

1) 旅游资源的性质

以自然景观资源为例,绝大多数旅游消费者喜欢具有独特性、观赏性、复杂性、完整性、生动性的景观,而且观光资源特性在相似的资源中排名越高,旅游者越可能对它做出正面的评价。如果旅游业能利用旅游资源开发出参与性强的旅游活动项目,如采摘、近海潜水、制陶等,旅游消费者对旅游目的地的感知会更清晰、深刻。

2) 观光设施及配套设施和服务的优劣

目的地所提供的食、宿、行、娱等设施质量的好坏、便利程度、数量充足程度以及旅游商品的地方特色,都直接影响旅游者的旅游感知。旅游咨询、投诉管理、主要景点的客流秩序管理等,针对旅游者的行业管理服务的专业性,也会影响旅游者对目的地的感知。

3) 价值与价格比

旅游景观、旅游设施和旅游服务,虽然内容不同,但是都属于旅游产品。旅游者感知它们时,其价值与价格的比值是一个非常敏感的问题。过高的价格会损害旅游者的利益,而过低的价格会让旅游者心生疑虑,这两种情况都会使旅游者形成不良的旅游地感知印象。

4) 目的地的政治和经济社会特性

对一些文化跨度较大的目的地,旅游者还会注意目的地的政治、经济和社会特征,如旅游地居民对待旅游者的好客程度、旅游地居民的文化素养、当地的习俗等。一般来说,旅游者掌握的目的地的信息是不充分的。对惯常生活环境附近的目的地,旅游者尚可获得较丰富的信息,但是,旅游者对较远的目的地的感知,就容易受到刻板印象等心理效应的影响,做出片面的判断。

本章概要

- 本章介绍了旅游消费者感觉和知觉的相关概念,分析了影响旅游消费感知的主要因素、旅游消费者对目的地的感知过程及特点。
- 影响旅游消费感知的客观因素,主要包括外来刺激的强度以及感知对象与背景的关系;影响旅游消费者感知的主观因素,主要包括需要和动机、情绪、兴趣、经验、阶层意识、个性特征等心理因素。
- 旅游消费者对旅游目的地的感知过程包括3个阶段:旅游前、旅游时、旅游后。
- 旅游消费者对旅游目的地的感知具有几个特点:感知的差异性、感知结果有较强的片面性、感知内容的情节性。
- 旅游消费者对旅游目的地的评价,通常会从目的地旅游资源的性质、观光设施及配套设施和服务的优劣、目的地旅游产品的价值与价格比,以及目的地的政治和经济社会特性等几个角度,对旅游目的地进行评价。

课后习题

1. 为什么在心理学上最重视个体的五大感觉中的视觉与听觉? 请举例说明。

2. 何谓感觉? 什么是感知? 请分析感觉与感知的差异及两者之间的关系。

3. 是哪些因素影响了旅游消费者的感知? 除了书上列出的因素外,你个人认为还有哪些?

4. 旅游消费者对目的地的感知可分为几个阶段? 他们对目的地的感知有何特点? 这些特点对旅游业者有何启示?

【案例分析】

失望的新婚夫妇

小张和晓慧打算结婚,两人正在筹备婚礼事宜。喜欢浪漫的晓慧一直以来有个愿望,希望到巴厘岛度蜜月。为了满足晓慧的愿望,小张收集了不少巴厘岛度假酒店的资料和攻略,其中一家饭店的图片给他留下了深刻的印象。图片展示了一望无垠的沙滩、挂着一弯明月的恬静夜空、在夜风中婆娑的棕榈树,客人们坐在房间的露台上,一边俯瞰着大海,一边享用着精美的晚餐。小张不由得感叹,"真是一个蜜月旅行的好去处!"为了方便,他去本地的旅行社报了一个纯玩团,行程的住宿安排中也包含了这个酒店。

小两口满怀憧憬的蜜月旅行如期开始了。从南京直飞巴厘岛,下午4点的飞机晚点了2个小时才起飞,飞机真的又小又挤坐得他们非常难受,而且没有飞机餐,这是他们没想到的。晚上12点左右才到巴厘岛,出机场后有鸡蛋花迎接,坐了40分钟左右大巴到达酒店,酒店在一个偏僻的地方,出去坐车都要十几分钟,对于酒店过多的期待,只能带来失望了,虽然有阳台、浴缸,但是并没有网上展示的私人游泳池。

小张以前看攻略说阿勇漂流很好玩,但是同样期望太大就比较失望了,完全没有国内的好玩刺激,而且环境也特别差,什么丛林火锅就是白水煮青菜,还有什么山地车就骑了5分钟不到,第一天给他们的感觉完全颠覆了他们对巴厘岛的印象,以为巴厘岛是特别干净的地方,但看到的都是比较脏乱的地方。

终于到了最期待的蓝梦岛,行程中包含的浮潜、香蕉船、海水天一色泳池等项目,因为是在一个大船上玩的,虽然是无限次玩,但是有的团友没有玩的就坐那等着,所以也不能一直玩,而且并没有想象中那么好玩。玩了个浮潜,香蕉船就拍拍照,然后大家也自觉地集合去吃饭的地方。同样吃饭的地方自助炒面、鸡块、鱼什么的,虽然说不难吃,但是就餐环境比较差,都是跟团的人才会去吃的,所以少了些享受,就剩填饱肚子了。

回家后,小张和晓慧提起这次旅游都觉得挺失望的,跟之前想象的在浪漫场景下自由玩耍相差甚远,去之前还曾逗趣说怎么去巴厘岛感觉比结婚还激动,实际上后面只想早点结束!

(资料来源:根据蚂蜂窝游记《蜜月之旅——有点失望的巴厘岛》改编。)

问题:

1.小张夫妇对旅游目的地的感知过程分为几个阶段?各个阶段有何特点?

2.试分析哪些因素造成了小张夫妇旅游前后的感知差异。

【建议阅读文献】

[1] Pearce P L. Tourist behaviour: Themes and conceptual schemes [M]. Bristol: Channel View Publications, 2005:86-103.

[2] Cohen S A, Prayag G, Moital M. Consumer behaviour in tourism: Concepts, influences and opportunities [J]. Current Issues in Tourism, 2014, 17(10): 872-909.

［3］吴清津.旅游消费者行为学［M］.北京:旅游教育出版社，2006:98-121.

［4］黄颖华,黄福才.旅游者感知价值模型、测度与实证研究［J］.旅游学刊,2007(08)：42-47.

［5］白凯，马耀峰，游旭群.基于旅游者行为研究的旅游感知和旅游认知概念［J］.旅游科学，2008，22(1)：22-28.

第8章
旅游消费者的学习与记忆

【学习目标】

- 熟悉与理解学习的概念及对旅游消费行为的作用;
- 理解与掌握主要的学习理论,并能分析其在旅游消费行为中的应用;
- 熟悉与掌握旅游者的学习内容;
- 结合实例分析如何加强旅游者的记忆。

8.1 学习的含义

8.1.1 学习的概念

人出生以后,从牙牙学语到掌握高深的科学知识,从蹒跚学步到掌握各种复杂的运动技能,始终贯穿着学习这一主题。所谓学习,是指人在生活过程中,因经验而产生的行为或行为潜能的比较持久的变化。从上述定义中,可以归纳出学习的3个本质:

第一,学习是因经验而生的。因经验而产生的学习有两种类型:一种是由有计划的练习或训练而产生的学习,如学习某种技能,在学校的学习等。另一种是由偶然的生活经历而产生的学习,如读杂志中的一篇游记而学习到一种旅游经验,于是在自己的旅游过程中加以仿效;或者在旅游活动中获得一种新的体验也是一种学习。

第二,学习伴有行为或行为潜能的改变。有些变化是显性的,如游客学习潜泳、打高尔夫球,从个体的行为变化中就可观察到学习的发生。但有些变化则是隐性的,是潜移默化的。如对于历史文化的学习可能会影响到个体的价值观念和将来对待事物的态度,从而改变人的行为潜能。对于旅游消费者,这种潜移默化的影响是深远的。例如,一个人平日喜爱读三国故事,对其中的情节了如指掌。一旦他到三国古迹游览,就会比一般游客体会到更多的乐趣,也会更加注重游览中的细节,甚至会产生更为强烈的感知需求。

第三,学习所引起的行为和行为潜能的变化是相对持久的。无论是外显行为,还是行为潜能,只有发生较为持久的改变才算是学习。当然,学习所获得的行为也并非是永久性的,因为遗忘是每一个人都会体验到的事实。学习所引起的行为和行为潜能的改变能持久到什么地步与学习的材料和练习的程度相关。尽管如此,相对于暂时的变化,学习所带来的变化所保持的时间是相对长久的。

8.1.2　学习对旅游消费行为的作用

人的行为主要是一种习得行为。人的语言、知识、技能、生活习惯、宗教信仰、价值观念以及情感、态度、个性都会受到后天学习的影响。人与动物的一个重要区别就在于动物的行为主要是一种本能行为,而人的行为则主要是一种习得行为。习得行为是可以通过学习加以改变的,因此,人类通过学习能够更好地适应复杂多变的外部环境。正是通过学习,使人类得以不断调整自己的行为,保持自身与外界环境的平衡。从旅游消费者行为角度看,学习对其消费行为的作用主要表现在以下方面:

1) 通过学习获得关于旅游及其消费知识的信息

旅游消费者的购买决策是以获得有关旅游知识和旅游消费信息为前提的。信息获取本身就是一种学习,而怎样获得或通过哪些渠道获得信息、获得哪些方面的信息,均需要借助学习这一手段。在现代社会,每个人每天都要接收大量的信息,其中包括旅游方面的信息,如有关新的旅游项目的信息,如何购买某项旅游产品的信息,新的旅游线路信息,他人使用产品的行为和体验的信息,等等。消费者或主动或被动地接收信息,而其中被消费者接收并能够影响消费者的行为和行为潜能的可能只有一小部分,但正是这一小部分信息,使消费者的行为不同以往,使其在进行购买决策时更富于理性和趋于优化。

2) 通过学习建立与旅游相关的联想机制

联想是指个体由此事物而想到彼事物的心理过程。人们谈到避暑就会想到海边,会想起北戴河、大连、青岛等学习到的滨海目的地;说起西双版纳就会想到大象。之所以能够产生联想,是因为平日学习积累的信息储存在记忆库中,一旦有外部刺激便产生联想机制。联想在旅游消费者行为中有着非常重要的作用,它既能促发消费者的购买行为,又能抑制或阻碍其购买行为。经由学习而产生的联想,经多次重复,日久天长,便会形成习惯。旅游者选择什么样的目的地与旅游者的学习有密切关系。

3) 影响旅游者对旅游消费的态度和对购买的评价

旅游者关于某种特定产品或服务的态度也是通过学习逐步形成的。例如,对于某些口碑很好的旅游胜地,旅游者往往会形成肯定的态度,这种态度是从其他旅游者的态度学习而来的。当消费者经过学习具有更多的知识和经验以后,他对产品的评价及选择标准也会发生变化,经验丰富的旅游者与初级旅游者会对同一类型的旅游产品作出不同的评价,其原因在于前者有更丰富的参照标准。

8.2 学习理论及其应用

8.2.1 经典性条件反射理论

俄国的生理学家巴甫洛夫(Ivan Pavlov)以实验法研究狗对外界刺激的反应,从而提出了经典性条件反射理论。巴甫洛夫的实验是把一个原本不会引起狗分泌唾液的中性刺激(铃声)与一个能引起狗分泌唾液的无条件刺激(食物)联系起来,在每次给狗喂食前半分钟响铃。如此实验多次后,巴甫洛夫发现仅响铃而不喂食,也会引起狗的唾液分泌。此时,狗学会了把铃声和食物联系在一起。经过条件联系的建立,铃声由中性刺激变成了条件刺激,具备了类似食物诱发狗分泌唾液的力量。狗一听到铃声就联想到食物并分泌唾液,这种现象就是条件反射。表 8.1 描述了经典性条件反射的过程。

表 8.1 经典性条件反射的过程

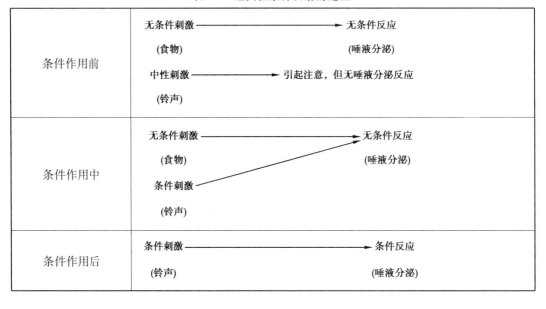

经典性条件反射理论表明,如果能引起消费者反应的无条件刺激持续不断地与条件刺激同时出现,消费者将学习到这两种刺激之间的关系。在条件刺激下,消费者会产生原本仅在无条件刺激下才作出的反应。这一原理在市场营销实践中得到了广泛的运用。许多广告都试图激发消费者的遐想,促使消费者把广告产品和服务与某些美好的事物联系起来,进而形成对该产品和服务的好感。一般来说,在消费者投入程度不高的情境下,比较容易形成经典性条件反射。消费者最初可能并没有关注产品或产品广告,也不大关心产品或广告所传达的具体信息。然而,在多次被动接触刺激物后,消费者可能会由此而建立起各种各样的联想或联系,形成对刺激物的情感反应。正是这种情感反应,促使消费者进一步搜集产品的信息或试用产品。

在经典性条件反射作用过程中,有几类常见的现象:

1) 刺激泛化(generalization)

刺激泛化是指当条件刺激能引起条件反射后,与这种条件刺激相似的其他刺激无须经过条件作用过程也可以引起同样的条件反射。换言之,消费者对某种特定刺激的反应会扩大到对其他相似刺激的反应中。泛化现象对旅游广告宣传有重要的启示,即把宣传内容与游客以往所熟悉并有好感的旅游产品或目的地联系起来,可以取得很好的效果。有些旅游目的地在推介新景点时,给新景点冠上"小桂林""小三峡"等与知名景点相似的名称,或赞美新景点有"黄山之奇""峨眉之秀""华山之险""青城之幽"等,这些做法就是运用了刺激泛化原理,以激发旅游消费者的旅游意向。

2) 刺激辨别(discrimination)

刺激辨别是指当条件刺激能引起条件反射后,消费者能够把其他类似的刺激与这一刺激区分开来,予以不同的反应。此时,消费者学会使某种反应只能在某个刺激下发生,而不能在其他相似的刺激下发生。例如,消费者在熟悉了某知名品牌后,仅购买此品牌的产品,而不购买便宜的复制品。新的旅游产品要最终获得成功,必须使旅游消费者感到它具有某些不同于已有旅游产品的独特性,与属于同一类的其他产品相区分。

3) 刺激消退(extinction)

刺激消退是指由于条件刺激不再与无条件刺激相伴出现,条件反射会逐渐减弱直至消失。在巴甫洛夫的实验中,虽然狗的条件反射与无条件反射均是分泌唾液,但在连续多次响铃后并没有食物出现,狗的唾液分泌会减少,直至完全停止。

8.2.2 操作性条件反射理论

经典性条件反射理论解释了学习者如何建立条件刺激与条件反射之间的关系,但无法解释为什么学习者在遇到某种刺激时,会从各种各样的反应中选择特定的反应。比如说,当旅游消费者需要前往目的地时,他可以选择乘坐飞机、火车、旅游巴士或自驾车出行,但在一定环境条件下,他为什么会作出这样的反应而不是其他反应呢? 操作性条件反射理论要回答的正是学习者如何把特定的刺激与特定的行为反应对应起来。

操作性条件反射理论又称为学习的强化理论。该理论的提出者斯金纳(B. F. Skinner)认为人的行为是行为结果的函数。人们通过尝试与错误过程,了解哪些行为反应能够获得满意的效果,然后,人们会重复那些能产生有利结果的行为,减少那些会带来负面结果的行为。

根据强化理论,如果一个行为反应发生后,接着施加一个强化刺激,那么这一行为反应出现的概率就会增加;经由条件作用强化了的行为反应,如果出现后不再尾随强化刺激,该行为反应出现的概率就会降低,直至不再出现。 由此可见,在消费者对刺激与反应之间联结关系的学习中,强化物扮演着重要的角色。根据强化的性质和目的,强化可以分为正强化和负强化。正强化可以加强旅游消费者的反应并促使他们表现出适当的行为。例如,一名旅游者参加了航空公司的常客飞行计划,用积分换取了不少令人羡慕的礼品。今后,旅游者就更可能继续乘坐该公司航班出游。负强化所强化的,是个体成功地消除厌恶性刺激物的行为。例如,一家订票公司也许会做这样一个广告:一个旅游者收拾好行囊却无法出行,原因是他没法买到车票。广告传递的信息是:只要他采用该订票公司的服务,就可以避免这种负面结果。因此,负强化与惩罚是不同的。正强化和负强化都会加强反应和结果之间的未来联系,因为这两种强化作用都会带来愉快的经验,而惩罚意味着一种行为反应导致了不愉快的事件。

强化理论对营销工作的启示在于提醒旅游企业应格外重视营销宣传与服务质量的一致性、服务质量的稳定性并做好游后服务,以更好地满足消费者的需要。企业可以通过提供奖券或给予折扣,鼓励旅游消费者进行第一次购买;营造良好的消费环境,使旅游消费场所成为一种强化因素;通过发送赠品等强化刺激,对旅游消费者购买行为给予奖励;在广告宣传中,强调顾客群体卓尔不凡,以此对消费者行为予以强化。

一些旅行社、宾馆、饭店等旅游企业以为游客到某地旅游大多是一次性行为,很少重复光顾,因此把与游客之间的交易视为一次性交易,不重视为顾客提供始终如一的优质服务,尤其不重视对游客的游后服务工作。根据强化理论,注重游后服务有着非常独特的意义,它能在很大程度上增加游客的好感,即使游客自己不重复光顾,也会向他人进行良好的口碑宣传。企业可以建立游客游后反馈制度,通过电话、感谢信、问候卡,了解游客的游后感受,鼓励游客提意见和建议。这对旅游者来说就是一种强化,因为这使游客感到旅行社对他格外重视。旅游消费者获得了强化,再度购买或宣传该旅游产品的概率将增加。

此外,企业要注重控制强化的频率。欧美学者发现,如果在每次正确反应后就给以强化物,个体习得正确反应的速度很快,但当强化物不再出现或中止强化时,正确反应的消退速度也很快。相反,如果强化是间断性的,即不是针对所有正确反应,而是对部分正确反应予以强化,虽然最初对正确反应的学习速度较慢,但在强化物消失后,行为消退的速度也比较慢。在营销工作中,企业通过降价或发赠品促销,往往能在短期内刺激消费者的购买行为,但当企业取消这些手段后,销售收入可能马上下降。因此,企业要与顾客保持长期的关系,还需采取一些变动性的间隔强化手段。

8.2.3 认知学习理论

根据上述两种学习理论,人们所习得的刺激与行为反应之间的联结,经过反复练习和强化就会形成习惯,这些习惯指引人们在遇到原来的或类似的刺激情境时如何作出反应。然而,人类许多复杂的学习行为都无法用习惯来解释。例如,儿童学习加法,由 $2+2=4$,$2+2+2=6$……养成连加的习惯,但在学过乘法之后,如果遇到"$2+2+2+2+2+2=?$"之类的题目,他往往不再采用已有的习惯算法,而是改用简捷的乘法运算。有时,学习者并不需要经历尝试与错误的过程,而是通过洞察情境中各种条件之间的关系,然后找出行动方案。德国心理学家柯勒(Wolfgang Kohler)把此类学习称为顿悟。从完形心理学(又称为格式塔心理学——

gestalt psychology)的角度看,顿悟是学习者对目标和达到目标的手段之间关系的理解。顿悟式学习不一定依靠练习或经验,只要认识到整个情境中各成分之间的相互关系,顿悟就会自然发生。

美国心理学家托尔曼(E. C. Tolman)等人在柯勒的研究基础上进行了一系列实验。他们认为,个体的行为并不是由行为结果的奖赏或强化所决定,而是由个体对目标的期待所引导的。在既无正强化也无负强化的条件下,学习仍可能以潜伏的方式发生。现实生活中的许多现象都可以支持这一观点。比如,在接触各种广告的过程中,消费者可能并没有有意识地学习广告的内容,其行为也没有表现出受某则广告影响的迹象,但并不能由此推断消费者没有获得某广告的某些知识与信息。也许,当某一天消费者要作出某项购买决策时,会突然从记忆中提取出源自某广告的信息,此时,潜伏的学习会通过外显行为表现出来。

迄今,除了顿悟学习理论和潜伏学习理论以外,还有许多种认知学习理论。这些理论的共同特点是强调学习者的内部思考过程在解决问题、适应环境中的重要性。认知学习理论认为经典性条件反射理论和强化理论只能用来解释较为简单的学习。学习并不是在外界环境支配下被动地形成刺激与反应之间的联结,而是主动地在头脑内部形成认知结构。学习是新旧知识同化的过程,即学习者在学习过程中把新信息归入先前有关的认知结构中去,或在吸收了新信息之后,使原有认知结构发生某种变化,而认知结构又在很大程度上支配着人们的预期,支配着人们的行为。简而言之,学习实际上是学习者头脑内部认知结构的变化,人们会积极地利用从周围世界得到的信息来适应他们所处的环境。

8.2.4　社会学习理论

社会学习理论又称为观察学习理论,其主要倡导者是美国斯坦福大学教授班杜拉(A. Bandura)。这一理论的特点,是强调学习过程中社会条件的作用。班杜拉认为,人的许多行为是在社会情境中,通过观察他人的行为表现方式以及行为后果(得到奖励或惩罚)间接学到的。在观察学习过程中,被观察和模仿的对象称为榜样(model)。榜样可以是活生生的人,也可以是以符号形式存在的人和物。比如,在学习如何搭建露营帐篷时,有关产品的使用手册或用户指南就是观察学习的榜样。

对榜样的学习包含 4 个相互联系的过程:注意过程、保持过程、再造过程和动机过程。要使学习有效,学习者首先应对榜样或示范影响予以足够的注意。一般而言,预期导致较大奖惩的示范、具有影响力和吸引力的榜样、熟悉的事物或与学习者有相似之处的个体,较容易引起学习者的注意。学习者有意识地观察榜样还不足以完成学习,而必须以符号或言语编码形式,把他们所观察到的东西储存在记忆中,以便日后据此指导自己的行为。第三个过程是行为再造,即个体把以符号形式编码的示范信息转化为适当行动的过程。学习者在演习和再造示范行为时,可能会发生偏差,需要经过大量实践后,才能达到榜样的水平。第四个过程是动机过程。经由注意、保持和再造过程后,学习者基本上掌握了示范行为,但他们不一定表现出所学到的所有东西。只有存在积极的诱因时,如学习者认为示范行为能导致有价值的结果,或观察习得的行为能提高行为满意感,这些行为才会由潜伏状态转化为行动。

观察学习具有以下特点:首先,学习者对榜样的观察和模仿可能表现为外显的行为反应,也可能只是在内心汲取楷模的行为方式;其次,在没有强化作用的情况下,观察学习同样可以发生;最后,观察学习并不等同于对榜样行为的简单复制,而是从他人的行为及其后果中获得信息,它可能包含模仿,也可能不包含模仿。例如,两位旅游者结伴到陌生的地方游玩,一位旅游者出于好奇,购买了当地的"风味小吃",结果发现不对口味,后一位旅游者就不买了。在这个例子中,后一位旅游者的行为是观察学习的结果,而不是简单地模仿。

与其他类型的学习相比,观察学习有很多优点。首先,通过对榜样行为的观察,可以避免在尝试和错误中犯下各种代价昂贵的错误。其次,观察是学习某些新行为的最好甚至是唯一的手段。比如,通过看旅游电视节目,人们很快就能自行到一个新的旅游目的地游玩。再次,观察学习可以缩短行为学习的时间。想象一下,如果人们只有通过亲身经历才能学习,那将要花多么漫长的时间才能学会使用各式各样的产品。最后,在尝试和错误中学习有时是相当危险的,而观察学习可以避免对学习者造成伤害。

旅游是一项费时费力费钱的活动,任何一个旅游消费者都不可能广泛地"试误",因而旅游消费者会更注重观察学习。为了减少错误行为带来的代价和危险,旅游消费者会主动从别人那里学习旅游,比如倾听朋友和熟人的介绍、观看旅游电视节目、阅读其他旅游者写的旅游日记等,通过观察和思考来掌握旅游知识,形成正确的旅游态度。对旅游企业而言,这意味着每一位游客都是一则广告,每位游客在本企业的消费经历都可能成为若干旅游者模仿的内容。因此,旅游企业必须始终如一地为每位游客提供优质服务。

8.3 旅游消费者的学习

学习,是人在生活过程中获得行为经验的过程。人类的绝大部分行为都是后天学习的结果。人的旅游行为是在生活水平达到了一定程度的情况下为满足较高层次的需要而产生的,比起其他行为,更具习得性。因此,掌握学习规律,可以帮助我们深入认识旅游者的心理和行为规律,为搞好旅游服务工作带来有益的启示。

旅游者的学习内容主要包括4类:①关于旅游商品本身的信息,包括旅游线路、价格、旅游目的地的资源特点、游程需要多长时间等;②关于旅游服务的信息,包括旅行社、宾馆、饭店、交通部门等将分别提供的服务;③关于旅游目的地其他方面的信息,包括旅游目的地的气候、物产、民风民俗、消费水平等方面;④关于旅游常识的信息,包括旅游淡旺季的知识,到沿海地区旅游的经验、到北方参加冰雪旅游的经验,参加探险、漂流等的注意事项等。对这些信息的加工处理结果主要体现为对旅游动机的习得、对旅游态度的习得和对旅游消费经验的习得。

8.3.1 对旅游动机的习得

人类探索的需要是先天的需要,但除了探索需要这个基本的内驱力外,大多数旅游行为的动机则是后天习得的。儿童在两岁以前对旅游一般没有真正的认识,也不会向家长提出旅游的要求。到了 3 岁左右,儿童由于受电视广告、家长及周围人的语言和行为等刺激影响,会对旅游产生好奇和兴趣,表现为主动向家长提出自己也想去旅游。4 岁的孩子则会在幼儿园与小朋友谈论北京天安门和上海的东方明珠。

人们通过后天的学习产生了对成就、权力、归属感和社会地位的需要,完成对自我形象的塑造。这些后天产生的需要又在很大程度上影响了人们的出游动机,以及人们把动机付诸实践的行为方式,比如对旅游目的地、交通工具、食宿的选择。

生活在高度紧张的工业化社会中,人们很容易习得旅游是一种舒缓工作压力的途径。长期不断的工作所带来的紧张是一种外在的刺激,而休闲旅游则是对现实生活状况的一种改变。当人们发现旅游可以减少工作所带来的紧张后,就会在工作压力过大时产生旅游动机。只要这个刺激和行为反应能带来满意的回报,他们将会继续旅游,甚至把旅游消费行为作为手段,进而实现其融入新的社会群体、消除焦虑的目的。事实上,随着现代都市生活理性化的快速推进,越来越多的人将旅游作为一种休闲消遣的方式,而这种休闲方式在某种程度上也是社会地位和声望的象征。

8.3.2　对旅游态度的习得

一个人所持的态度,是学习过程的结果。态度大多建立在人们的信念和见解基础之上。这些信念和见解,主要是人们通过家庭、学校、朋友、熟人、所属的群体、所生活的社会,以及新闻媒介学来的,或源于人们的直接经验。例如,人们从熟人、广告或其他渠道学习的内容,构成了他们对某一旅行社的初始态度。当人们与这家旅行社直接接触之后,就会证实或改变先前的态度,或形成全新的态度。

教育是人们学习旅游态度的一种重要途径。钟洁和杨桂华对云南大学的 257 名学生开展了一项调查,以了解他们对待生态旅游的态度。结果表明,这些大学生旅游者具备较强的生态意识和环境责任感。调查者对样本中的博士生、硕士生和本科生旅游者进行了比较,发现随着教育程度提高,旅游者的生态意识呈递增趋势(钟洁 等,2005)。

态度的学习还会受到社会和文化的影响。广泛的文化和社会变革促使人们形成新的态度,或改变原有的态度。例如,在传统观念中,家庭成员应团结且行动一致。在今天,人们普遍接受家庭成员各有各的个人空间,孩子甚至夫妻都需要有独立的空间。这种态度的变化是学习得来的,并对旅游行为产生巨大的影响,体现为越来越多夫妻不携带孩子出游,甚至各自单独旅游。近年来,妇女的旅游态度也发生了很大变化。许多职业妇女不再是丈夫温顺的陪伴者,不再被动地由丈夫为她们办理登记住宿手续,而是主动地处理各种各样与旅游有关的问题。诚然,女性旅游者还会特别注意自己的人身安全。

8.3.3　对旅游经验的习得

经验是学习的源泉,学习的结果又促使经验得到进一步的积累。旅游者从旅游经历中学习并把旅游经历概括为经验。例如:一个到过几个海滨城市的旅游者会根据以往的经验推知,在任何一个海滨城市都会有类似的经历。一位外国旅游者多次乘中国民航的班机,他都体验到了机组人员热情周到的服务,他可能由此断定中国民航所有的班机都会提供一流的服务。一旦需要作出旅游决策,旅游者就可以依据经验形成判断,参考以往对类似情形的处理方式,把作出决策所需要的时间和精力减少到最低限度。当然,经验并不都是积极的,有时会以偏概全。例如:某一旅游者在某旅游目的地消费时被宰,由此会推断该地所有的购物店都是骗人的。

旅游从业者应注重旅游消费者经验对旅游决策的影响,树立产品及企业的良好形象,以优质的产品让旅游消费者乘兴而来,满意而归;并充分利用消费者概括的倾向,采取措施把他们的各种产品和服务相互联系起来,或采取措施避免这种联系,以避免某一低水准的产品和服务影响与它有关的其他产品和服务。

旅游行为是学习的结果。一个人旅游动机的产生、对旅游所持的态度、关于旅游的知识经验等,主要是在后天环境作用下习得的。通过学习,旅游者逐渐变得成熟,具体体现为:

1) 从茫然胆怯到自信

从依附于旅游经营者和旅游服务人员到要求具有相对的"自主性"。处于"入门"阶段的旅游者通常会选择参加旅行团,以降低旅游风险,确保安全。随着旅游知识和经验的增多,旅游者相信自己能够处理旅游中出现的问题,他们不再满足于参加由旅行社安排好的固定旅游,不愿意由旅行社控制一切,而是希望享有一定的自主决策权,按个人意志去探索外部世界,享受"自己"的假期。

2) 从标准化旅游到个性化旅游

随着旅游知识和经验的丰富,旅游消费者形成了对特定旅游产品的态度,他们倾向于购买符合自己的个性和需要的旅游产品,不再满足于购买旅行社标准化的旅游产品——跟团旅游,而是选择具有个性化的、自主性强的自由行产品,或者采用私人订制的形式让旅游经营商为自己服务。

3) 从前往已具知名度的景点到自己去探索发现新的"旅游胜地"

随着知识经验的日益丰富,旅游消费者探索的冲动很容易变成行动,希望能到一般游人罕至的地方旅游。近年来,越来越多的旅游消费者选择到一些普通旅游者没到过的旅游目的地探险旅行。比如组团到大西北戈壁滩徒步旅行;徒步进入一些大峡谷探险;到北极或者南极感受大自然的神奇风光;等等。

4) 从"走马观花"到滞留型旅游

随着旅游知识和经验的增多,旅游消费者倾向于深入体验目的地的生活,而不愿仅扮演"旁观者"。他们希望逗留一段时间仔细游览,参与目的地的一些活动,了解风土人情,体会旅游的乐趣。近年来,各地兴起的民宿(或者叫家庭旅馆)为这些旅游消费者提供了很好的休闲度假、感受当地文化和当地生活方式的载体。

8.4　旅游消费者的记忆

8.4.1　旅游消费者记忆的产生

旅游记忆由旅游体验而来,旅游消费者必须先有旅游经历,才有衍生旅游记忆的依据。游憩体验的历程应包括 5 个阶段,它们分别为:预期阶段、去程、现场活动、回程及回忆(Clawson & Knetschy,1969),并由此开始影响以后的游憩经验历程(黄宗成 等,2000)。

"预期阶段"指旅游消费者前往游憩地点前的阶段,旅游者会参照个人以往的经验、收集信息或参考社会价值观,进行各项游憩活动的计划与决策。

"去程"是指旅游消费者前往游憩地点的阶段,旅游者必须付出时间与费用,并通过交通工具完成。

"现场活动"指旅游消费者自抵达游憩地点至离开该地为止的时间,此为旅游者旅游体验的主要阶段,亦是游憩经验发生的原因。

"回程"指旅游者离开游憩地点,与去程相同,旅游者须付出时间与费用,并通过交通工具完成该阶段。

"回忆"指旅游者回到原居住地后的阶段。旅游者在经历过游憩体验的各项阶段之后,旅游者记忆的体验会产生与实际体验不同的感觉,此感觉会形成经验,影响以后游憩体验的决策。

如前所述,游憩体验有 5 个阶段,旅游者在每个阶段会产生不同的游憩体验,通过体验所产生的认知、知觉与印象,使旅游者形成游憩经验,此经验常被作为衡量各项游憩体验的指标。相关研究发现旅游者在现场活动阶段,会产生暂时性的心理满足,而在回忆阶段则会留存长久性的游憩体验(Manfredo,1983)。本书中所指旅游记忆,是指游憩体验五阶段中的最末阶段,是旅游消费者回想旅游经历的举动,旅游消费者必须先具有旅游体验才能产生旅游记忆。因此,旅游体验是旅游记忆的基础,旅游记忆也是完整旅游体验不可或缺的环节。

8.4.2　旅游消费者遗忘及其影响因素

遗忘是对识记过的内容不能再认和回忆,或者表现为错误的再认和回忆。从信息加工的角度看,遗忘就是信息提取不出来,或提取出现错误。

1)时间对旅游消费者遗忘的影响

最早对遗忘现象进行实验研究的是德国心理学家艾宾浩斯(Ebbinghaus)。艾宾浩斯以自己为实验对象,以无意义音节作为记忆材料,用时间节省法计算识记效果。实验结果见表8.2。表内数字制成的曲线被称为艾宾浩斯遗忘曲线。该曲线表明了遗忘变量与时间变量之间的关系:遗忘进程不是均衡的,在识记的最初一段时间遗忘很快,以后逐渐缓慢,过了一段时间后,几乎不再遗忘。可以说,遗忘的发展历程是先快后慢,呈负加速型。

表 8.2　不同时间间隔后的记忆成绩

时间间隔	重学时节省诵读时间的百分比/%
20 分钟	58.2
1 小时	44.2
8~9 小时	35.8
1 日	33.7
2 日	27.8
6 日	25.4
31 日	21.1

资料来源:黄希庭.心理学导论[M].北京:人民教育出版社,2007:365-367.

除了时间以外,识记材料对学习者的意义、识记材料的性质、识记材料的数量、学习程度、学习材料的系列位置和学习时的情绪等均会对遗忘的进程产生影响。下面对这些因素分别予以讨论。

2)识记材料对旅游消费者的意义

凡不能引起旅游者兴趣、不符合旅游者需要、对旅游者购买活动没有太多价值的材料或信息,往往遗忘得快,反之则遗忘得较慢。同是看有关旅游地的宣传材料,对于准备去该地旅游的旅游者与从未想过要去旅游的旅游者,两者对所记信息的保持时间存在明显差别。

3)识记材料的性质

一般来说,熟练的动作遗忘得最慢。有研究发现,一项技能在一年后只遗忘了 29%,而且稍加练习即能恢复。同时,有意义的材料较无意义的材料,形象和突出的材料较平淡、缺乏形象性的材料遗忘得慢。莱斯托夫效应实际上从一个侧面反映了学习材料的独特性对记忆和遗忘的影响。所谓莱斯托夫效应是指在一系列类似或具有同质性的学习项目中,最具有独特性的项目最易获得保持和被记忆。对于旅游企业或旅游目的地来说,要使广告内容被潜在旅游者记住,并长期保持,广告主题、情境、图像等应当具有独特性或显著性;否则,广告内容可能很快被遗忘。

4)识记材料的数量

识记材料数量越大,识记后遗忘得就越多。实验表明,识记 5 个材料的保持率为 100%,10 个材料的保持率为 70%,100 个材料的保持率为 25%。

5)识记材料的系列位置

一般而言,系列性材料开始部分最容易记住,其次是末尾部分,中间偏后的内容则容易遗忘。之所以如此,是因为前后学习材料相互干扰。前面学习的材料受后面学习材料的干扰,后面学习的材料受前面材料的干扰。中间材料受前、后两部分学习材料的干扰,所以更难记住,也更容易遗忘。

6) 学习的程度

一般来说,学习强度越高,遗忘越少。过度学习达 150%时,记忆效果最佳。低于或超过这个限度,记忆的效果都将下降。所谓过度学习,是指一种学习材料在达到恰好能背诵时仍继续学习的状况。

7) 学习时的情绪

心情愉快时习得的材料保持时间更长,而焦虑、沮丧、紧张时所学习的内容更易遗忘。美国学者斯鲁尔(Srull)通过将被试者置于过去的某些经历中,激起了 3 种情绪状态,即积极的情绪、消极的情绪和中性的情绪。然后,向被试者呈现一则关于马自达跑车的印刷广告,并要求被试者在阅读该广告时形成对该跑车的整体印象。48 小时后,这些被试者被要求对这种跑车作出评价。结果发现,阅读广告时处于积极情绪状态的被试者对该跑车的评价最高,其次是处于中性情绪状态的被试者,而处于消极情绪状态的被试者对该跑车的评价最低。由此说明,信息获取时的情绪状态,对信息如何编码有直接影响。

情绪与记忆之间的上述关系,对旅游企业具有重要启示。企业营销人员应努力营造一种气氛,使旅游者在接触或接收有关企业产品与服务的信息时产生一种愉快的或积极的情绪。比如,可以在广告中使用幽默手法,或在向客户推销旅游产品时给客户一些小的礼品,以便尽可能使受众或目标顾客产生积极愉快的情绪。

8.4.3　记忆在旅游营销中的应用

本节中提到了记忆产生和遗忘。人们会出于各种原因记住某些事情而不是别的事情,包括他们记忆时的情绪,记忆内容的独特性。旅游消费者的一些特征会影响他们的记忆。比如,一种积极的情绪能够通过鼓励精细化和影响信息复述加强记忆。此外,在旅游营销中,以下方法也经常被用作加强旅游消费者的记忆。

1) 注意记忆极限

营销活动要向旅游消费者传达各种各样的信息,首先要考虑的是记忆极限问题,即向旅游消费者传达的单位信息量应在记忆的极限范围之内。例如,广告词,要简短易记,尽量把信息单位缩短到 8 个之内。凯悦饭店广告词:温馨舒适,物有所值。瞬时记忆效果好,旅游消费者易接受全部信息。这不仅收到了很好的广告效果,而且也使广告客户节约了广告费用。

2) 注重情感、情绪对记忆的影响

由于人们的记忆容易受人的情绪和情感因素的影响,因此在营销活动中可以通过刺激

情绪、情感来提高记忆效果。比如前面所讲的,现场操作演示增加了对商品的认识也增加了对商品的记忆;极富刺激性的旅游项目,增加人的情绪色彩,记忆也深刻;旅游活动中的参与性给人以深刻记忆;无微不至的照顾、热情周到的服务增加了顾客的愉快感,留下美好的回忆,也可以增加记忆。

3) 经常出现,减少遗忘

遗忘与记忆是相伴而行的一种心理活动,也可以称为记忆失误。记忆会随着时间而消失,时间是遗忘产生的温床。典型的表现是遗漏(漏掉事实)、平均化(把事情标准化)、压缩(不准确记忆时间)。营销人员要使企业的产品在旅游消费者心里成为长时间乃至终生不被遗忘的记忆,就应该经常不断地让旅游消费者看到你的形,听到你的声。因此,旅游企业的营销活动或者广告要经常出现,不断强化顾客(或者潜在的旅游消费者)对旅游目的地或者企业旅游产品的印象,以减少他们对目的地或者旅游企业产品的遗忘。

4) 重视旅游纪念品的开发

"怀旧"是一种随年龄的增长而产生的心理现象,而且越来越普遍。老年人有怀旧,年轻人也有怀旧,这是把自己现在的场景与自己经历的事情之间建立一种联系。这是一种情结。消费心理学家所罗门认为:消费者最值得拥有的 3 类东西是家具、视觉艺术品和照片,这些物品可以给消费者带来对过去的回忆。旅游是人们外出寻找娱乐、学习新知识的活动,活动的新鲜感和刺激感会给人们留下美好而深刻的记忆,为了纪念这些外出活动并为日后的"怀旧"提供素材,旅游者除了照相留念外,还会购买旅游纪念品,这是人们普遍的旅游情结。因此旅游纪念品不在于贵贱,而在于有意义,设计精美,有纪念性,能经得起"历史—怀旧"的检验。

表 8.3 借鉴营销领域的研究成果,总结了如何从营销角度影响旅游者记忆的一些方法。

表 8.3　加强旅游者记忆的方法

方　法	细化说明
归并(归并记忆法)	帮助旅游者将关于品牌的一组相关信息放在一起,使其更容易进行短期记忆,并增加短期记忆转变为长期记忆的机会
复述	动人的押韵和标语的使用能够鼓励旅游消费者重复及思考这一信息
循环	营销传播应该重复面对旅游者,如果使用不同的执行手法,这一效果就会被加强
精细化	当旅游者思考信息并有意识地将其与现有的信息联系起来时,会建立起更强的记忆线索。鼓励旅游者与过去的重要体验联系的广告,或许是鼓励精细化的一种有效的方式
先入为主	旅游者对他们最先学到的记得最好。营销人员能够试图控制消费者面对信息的顺序
情感	整体的评估或感觉倾向于比具体的信息获得的更多。营销人员能够鼓励旅游者对他们的产品和服务产生正面的情感

续表

方　法	细化说明
突出性	独特或重要的突出信息比其他的信息更容易获得。营销人员可以使潜在旅游者对他们与产品相关的信息感到特别
典型性	产品种类中的典型品牌更容易被记住。前期进入旅游市场的营销人员比后入者更具有优势,因为他们限定产品种类
一致性	当对旅游产品的多种联系是一致的或与其他信息一致时,旅游产品信息更容易被记住。营销人员可以努力确保信息的一致性
引发性	当人们一起回忆一些项目时,最为积极的一条或许会启动旅游者通常联系的其他项目。如果营销人员理解了这些联系,他们就能通过与其他人员的联系有效地促销旅游产品

- 本章介绍了学习的概念及相关理论、旅游消费者的学习和记忆、提升旅游者记忆的方法。
- 学习理论主要有:经典性条件反射理论、操作性条件反射理论、认知学习理论、社会学习理论。
- 旅游者的学习内容主要包括4类:关于旅游商品本身的信息、关于旅游服务的信息、关于旅游目的地其他方面的信息、关于旅游常识的信息。对这些信息的加工处理结果主要体现为对旅游动机的习得、对旅游态度的习得和对旅游消费经验的习得。
- 加强旅游者记忆的方法主要有:注意记忆极限,注重情感、情绪对记忆的影响,经常出现、减少遗忘,重视用作记忆标志的产品。

课后习题

1. 试述何谓学习,学习的本质是什么,学习对旅游消费者行为起到什么作用。
2. 请分组讨论有关学习的几种理论,这些理论对理解旅游消费者行为有何启发意义?
3. 如何理解学习这一环节对旅游消费者行为的影响?

4.试结合某一具体实例谈谈你对如何加强旅游消费者记忆的认识。有些旅游目的地的促销广告中打出"来这里旅游吧！我们这里将给您留下满满的回忆"。如何理解给旅游消费者留下满满的回忆的说法？请分组讨论。

【案例分析】

研学旅行,要走的"路"还很远

作为泛游学概念中的细分领域,研学旅行已成为各大旅游机构热炒的概念。国家旅游局发布的《2016中国旅游投资报告》中,研学旅游产品被视作未来旅游投资的十大重要领域之一。究竟什么是"研学旅行"？它为何受到众多企业的关注？市场前景如何？它会是下一个风口吗？

广之旅研学旅行业务总监陈晖介绍,回顾过去3年多的政策变化,研学旅行经历了"发布推行意见""正式规范出台"再到"全国铺开实践"的演变历程,未来研学旅行或发生3种变化,即由选修课变为必修课、随机性变为计划性、少量参与变为广泛参与。2017年是研学旅行正式开启的"元年",随着市场需求将被大量释放,研学旅行将成为旅游领域新的发力点。

◆**什么是研学旅行?**

由教育部门和学校有计划地组织安排,通过集体旅行、集中食宿方式开展的研究性学习和旅行体验相结合的校外教育活动,并提出要将研学旅行纳入中小学教育教学计划,各中小学要结合当地实际,把研学旅行纳入学校教育教学计划,与综合实践活动课程统筹考虑,促进研学旅行和学校课程有机融合。研学旅行概念最早于2013年由国务院提出,直至2016年12月,教育部、国家旅游局等11个部门联合发布《关于推进中小学研学旅行的意见》,首次多部门联合发文落实推进研学旅行。近年来,安徽、江苏、陕西、上海、河北、江西、重庆、新疆等8个省(区、市)作为研学旅行试点地区,并确定天津滨海新区、湖北省武汉市等12个地区为全国中小学生研学旅行实验区。

◆**国外经验**

英国:一直以来就有崇尚研学旅游的风气,被称为"大陆游学"的the Grand Tour实际就是研学旅游。早在17世纪,英国王室就有教师带领王子们周游列国的先例;到了18世纪,这种游学普及英国上流阶层;到19世纪,倘若当时英国的青年学子,尤其是贵族子弟不曾有过海外研学旅游的经历,就会被人看不起。今天,很多英国家长会选择在暑假带着孩子一起旅行,有些没有家庭出游计划的学生也会参加学校组织的出游,在旅途中学习知识。由于欧盟国家间往来不需要签证,因此英国学生的境外研学旅游较之非欧盟国家的学生更为便利。

美国:家长较少有"望子成龙"的功利念头,孩子参加假期活动主要还是凭借兴趣爱好,所以研学旅游和夏令营、冬令营一样,为满足或培养孩子的兴趣爱好提供了多种多样的选择,是假期非常受学生欢迎的活动。美国霍奇基斯高中甚至曾组织10～12年级的学生去南极开展为期3周的探险之旅,让孩子们在考察南极半岛和周边岛屿,观察鲸鱼、磷虾群,拍摄帝企鹅、海豹、冰山的同时,听取随行的南极科考专家讲解生态学和当地历史。此外,不少美国高中生会在假期参加国内名校游,了解高校特色,为将来升学选择作准备。

日本:研学旅游在日本被称为"修学旅行",是日本学生最具特色的活动。起源于1946年的"修学旅行",涉及从学习传统文化知识、参观国家公园、访问历史古迹,到职业选择、自然体验、考察先进企业甚至体验商人活动等,涵盖了政治、经济、文化等各个领域。实施中,学校会依据学生的年龄不同而侧重有别,时间一般为期数天。其中小学生主要就近参观名胜景点或是集体泡温泉;初中生不仅去名胜景点,而且把教科书中出现的国会议事堂、东京塔等列为参观景点;高中生则倾向于把参观地点定位在自然体验或了解往日战争的历史,修学旅行常去冲绳、广岛、长崎等地。另有不少学校,尤其是私立学校,还会组织学生出国修学旅行,并将此作为特色写入招生简章。

◆**国内经验:西安模式**

三年来,西安市累计有1 000余所学校的60余万名学生走出校园,进行研学旅行,学生们走入博物馆、实践基地、现代化工厂、高新开发区、现代化农业园区、红色革命旧址等,通过参观学习、实践互动、体验等多种方式,提高了创新与实践的能力,增加了人文及道德素养。此外,西安市还结合教育教学实际和课程教材内容,在学期内积极组织开展小学四、五、六年级1~3天,初中一、二年级1~4天,高中一、二年级(含中等职业学校)1~5天的研学旅行。逐步建立小学以乡情、市情为主,初中以市情、省情为主,高中以省情、国情为主的研学旅行体系。同时,帮助服务单位、接待单位制定了上百个研学旅行一日、两日或多日方案,形成了四面八方布点、各具主题特色的研学旅行"西安教育地图"。

业界人士表示,从游学到研学,还有很长的路要走。真正能够赢得市场的"研学旅行"产品,需要站在教育层面把课本活动化、活动教育化,尤其是产品研发人员需要涉及不同领域的专家和任课教师参与其中,真正从教育的视角出发,打造出符合青少年核心素养发展和学校、家长需要的体验式教育产品。

(资料来源:研学旅行,要走的"路"还很远[EB/OL].中国未成年人网,2016-12-20.)

问题:

1.试结合本章的知识点分析研学旅行对旅游者学习的意义。

2.研学旅行的发展给旅游产品设计、旅游营销提出了哪些新要求?

【建议阅读文献】

[1] Braun-LaTour K A, Grinley M J, Loftus E F. Tourist memory distortion[J]. Journal of Travel Research,2006,44(4):360-367.

[2] Craig-Smith S J, French C. Learning to live with tourism[M]. Melbourne:Pitman Publishing,1994.

[3] 徐克帅.红色旅游和社会记忆[J].旅游学刊,2016(03):35-42.

[4] 黄竹兰,王晓昕.传承与记忆、创新与开发——论作为特色本土文化的贵州苗族旅游产品研究[J].贵州民族研究,2011(06):72-75.

[5] 钟洁,杨桂华.中国大学生生态旅游者的生态意识调查分析研究——以云南大学为

例[J].旅游学刊, 2005,20(1):53-57.

[6] Clawson M, Knetsch J L. Alternative Method of Estimating future Use[J]. Economics of Outdoor Recreation,1969,21(7):113-143.

[7] 黄宗成,黄跃雯,余幸娟.宗教观光客旅游动机、期望、满意度关系之研究[J].户外游憩研究,2000,13(3):23-48.

[8] 黄希庭.心理学导论[M].北京:人民教育出版社,2007:365-367.

第9章
旅游消费者的态度

【学习目标】

- 了解旅游者态度的概念和特性,理解并能分析影响旅游者态度的因素;
- 熟悉与掌握测量旅游者个体态度的方法;
- 能结合实例分析改变旅游者态度的方法。

9.1 旅游消费者态度概述

9.1.1 态度与旅游者态度

1)态度的定义

在西方,态度一词源于拉丁语中的"aptus",后者含有合适或适应的意思。到18世纪,它开始被用来指身体姿势,指人对其他事物在身体上的倾向。

对于态度的定义最早是斯宾塞和贝因(1862)提出的,认为态度是一种先有主见,是把判断和思考引到一定方向的先有观念和倾向,即心理准备。

奥尔波特(1935)受行为主义影响,认为态度是一种心理和神经的准备状态,它通过经验组织起来,影响着个人对情境的反应。他的定义强调经验在态度形成中的作用。

克瑞奇(1948)则认为态度是个体对自己所生活世界中某些现象的动机过程、情感过程、知觉过程的持久组织。他的定义强调当下的主观经验,把人当成会思考并主动将事物加以建构的个体,反映了认知派的理论主张。

美国心理学家巴克(1984)认为态度是对任何人、观念或事物的一种心理倾向。强调态度是一种观念、意见等主观的东西。

迈尔斯(1993)对于态度的定义较为完善,认为态度是对某物或者某人的一种喜欢或者不喜欢的评价性反应,他在人们的信念、情感和倾向中表现出来。

可见,在过去的一个多世纪里,许多学者从不同的角度诠释态度的含义,探讨态度在消

费者行为中所扮演的角色。概括起来看,这些学者的观点大致可分为 4 类:

第一类强调态度是人们情感的外部表露。态度反映人们是赞成还是反对,是喜欢还是讨厌特定的人、物或思想。

第二类强调态度包含认知成分。其中,有些学者认为态度是由一组对特定客体的相互关联的记忆组成的结构性认知体系;有些学者认为态度是情感和认知的统一,人们对态度客体的情感反应都是以人们对客体所持的信念或知识为依据的。

第三类强调态度是行为反应的准备状态,态度决定着人们的所见、所闻、所思、所想。

第四类则把态度视为由情感、认知和行为意向构成的综合体。态度以人们的经验为基础,并且形成人们未来的行为。

综上所述,本书所持的观点为,所谓的态度是个体对特定对象(人、观念、情感或者事件等)所持有的稳定的心理倾向。这种心理倾向蕴含着个体的主观评价以及由此产生的行为倾向性。

2) 旅游者态度的定义

在旅游过程中,个人会因为本身的过往经验,而有不同的旅游方式或地点的选择,同时也会因个人对该旅游活动的评价,在旅游过程中产生多样的旅游行为。这些旅游历程中的评价或行为意图,都是通过个人内在的心理感受,进一步影响或发展其个体行为的,所有这些经由个人内在心理的反应与倾向,就是个体所发展的旅游者态度。

从旅游者态度形成的过程来看,旅游者态度是个体对于旅游活动的一种观点、反应与行为意图,它会引起个体旅游的动机及参与旅游活动的程度,而且个体内心所保存的旅游态度会影响到其外显的旅游行为。在一项针对生态旅游的旅游者行为调查中,旅游者所秉持的环境学习态度如果是负面的评价,则其旅游时的破坏行为就越多;当其环境学习态度是正面的评价,则对居民或是其他旅游者的社交、接触行为次数也就越多,因此可以发现旅游态度对旅游者外显行为的影响(李思屏,2001)。

综合上述对旅游者态度的探讨,可以知道旅游者态度是个体对从事旅游活动所存有的一种评价、观感、喜好反应的心路历程,经由个人内在的人格特质与其外在的环境因素交互作用影响,而形成的一种动态过程。因此,这样的态度本质可能会影响其外显的旅游行为。

9.1.2 旅游者态度的特性

态度是一种内在的历程,须经由外在行为来印证,因此其包含的性质就比较复杂。个人内心态度的不同状态,导致多样的旅游行为产生。这些存于个人内在心理的态度并非是一致的,而是在不同的目的与环境下,产生其态度特有的性质,这些特性会影响旅游者态度的发展。有关态度的特性,大体归纳为以下几点。

1) 态度经由学习而来

态度是个体由经验中学习得来的心理结构,对于个体而言,这一经验的形成就是一种学习。旅游者在游憩体验后,会对该活动过程与结果产生评价,而此评价满意与否会形成经验,并影响下一次的旅游活动。

2) 态度需具有特定对象

这里所指的对象,可能是有形的人或物,也有可能是无形的某件事,但不论所指的对象是什么,态度的产生必有其对象存在。在旅游活动中,态度的对象可能是旅游目的地、服务人员、某一产品或事件。

3) 态度具有持久性

态度是在经验中学习产生的,并会内化为人格的一部分,因此在个体建立其态度后并不会立即消失,而会持久性地存在于其内心。例如,某人有溺水经历,则其在以后的旅游活动中就会比较排斥与水有关的旅游活动,并持续一段时间。

4) 态度具有一致性

态度反应于外显行为时,具有一致性,即正面的态度会有正面的行为表现。例如,对生态旅游者而言,如果态度是属于正向的,就会比较遵守生态保护的相关规定;如果态度是负向的,就会有摘取花草、践踏草皮等行为。

5) 态度具有行为意图

行为意图是一种心理的准备状态,态度也具有动机的性质,所以可以通过个体的态度来推测其行为。例如,在主题乐园里,具有刺激冒险态度的旅游者,就比较容易产生选择云霄飞车、自由落体等设施的行为意图。

6) 态度具有程度上的区别

不同个体的态度会呈现简单与复杂不同程度的差异,且反应多面性、协调性及关联性 3 种特性,并对来源作出单纯或多样的评价。在旅游活动中,旅游者具有认知、情感、行为意图的态度组合因素,有些则只有一两项态度构成因素。例如,某人参加公司举办的旅游活动,纯粹只是基于免费的行为意图,而缺乏认知与情感的因素。旅游态度虽然具有行为意图、程度区别等项特质,而且有一致性与持久性等稳定特性,但有时仍会受内在心理或外在环境影响而有所改变。这种改变通常有 3 种原因,包括态度的冲突、情境影响态度、创伤性经历(洪慎忆,1995)。因此在旅游过程中,供旅游行为参考的旅游态度,除了应注意相关特性外,还需注意旅游态度会因情境而有所改变。

9.1.3　影响旅游者态度的因素

态度主要是在后天的生活环境中通过学习形成的。影响态度形成的因素,既有社会环境,又有个人主观方面的因素。旅游者的态度是旅游者通过认知活动,受到自己的主观经验和外部环境的影响而形成的。这些因素主要有以下几方面。

1) 个人旅游消费需要的满足程度

一般来说,对于那些能够满足个人欲望、需要和动机的对象,人们容易形成满意的态度,产生好感;而对不能满足自己的对象,就容易形成不满意的态度,产生厌恶感。例如,如果一些旅游目的地的旅行社或旅游服务机构的服务能够满足旅游者安全、舒适、豪华的需要,旅游者就会对其持满意的态度;而一些服务质量差、收费高的旅游服务机构,因为无法满足旅游者的需要,旅游者就会对其持不满意、否定的态度。这种态度一旦形成就会使旅游者的选择具有很明显的倾向性。

2) 知识和文化层次的影响

一个人对某些对象的态度形成,与所获得的有关这些对象的知识及本人的文化水平有直接关系。旅游者的知识水平越高,旅游行为可能受到文化知识的影响也就越大,例如,一个人如果对陕西的半坡遗址不甚了解,那么他很有可能对去这里游览提不起兴趣,反之,一个对古遗址兴致盎然的旅游者则很有可能对半坡遗址心向往之。

3) 旅游者所属团体的影响

一个人对于对象的态度,在很大程度上也受到所属群体的影响。例如,喜欢什么样的食品、爱穿什么样的服装等,同一群体成员之间会相互作用和模仿。在团队旅游中,这种现象尤其明显。当团队中的一部分人争相购买当地土特产时,也会带动其余的人购买。在出境旅游购物的情境下,很大一部分的消费是在团队成员的互相模仿和攀比中形成的。总之,个人的态度很容易受到团体的影响而发生改变。

4) 旅游经验

一个人旅游态度的形成是经验的积累和分化。一个人的直接经验是形成或影响态度的重要因素。例如,一个去过某地旅游的旅游者,因为自己的旅游经验使他对当地不同的旅游机构服务形成了不同的态度,第二次去此地时,他对那里的旅游机构的选择就会受到第一次旅游经验形成的态度的影响。

5) 个体差异

个人的个性倾向、性格是不同的,这样对于不同的事物和旅游环境就有不同的偏好。有些人喜欢热闹的环境,有些则喜欢"深谷幽兰"一类的环境,因此人们的旅游态度也就有所不同了。

这几个方面的因素,对于旅游态度影响的重要性,要视旅游者的具体情况而定,但各种因素都或多或少地促成和影响旅游态度的形成和保持。

9.2　旅游消费者态度的改变与测量

9.2.1　旅游者态度的改变

态度的改变,是指一个人已形成的态度在接受某一信息后所发生的相应变化的过程。旅游态度的改变包括两层含义:一是指态度强度的改变,一是指态度方向或性质的改变。例如,旅游者对某一旅游产品或服务的态度从消极的变成积极的,这是方向的改变;对某一旅游产品或服务的态度从犹豫不决变成坚定不移,这是强度的变化。虽然,在现实生活中,态度改变是常见的现象,但旅游企业要使旅游消费者由原来不喜欢某种旅游产品到喜欢该产品,从有点喜欢某种旅游产品到非常喜欢该产品,并不是很容易的事,必须经过有效的宣传、说服和劝导才能实现。

针对个体态度的改变,有以下几种主要理论:

1)认知平衡理论

认知平衡理论,最初是由海德(F. Heider)提出来的。海德认为,认知的平衡状态是一种理想的或令人满意的状态。如果认知上不平衡,就会产生心理上的紧张、焦虑和不愉快。为了从不平衡状态恢复到平衡状态,需要改变现有的某个认知或添加一种新的认知。

人们的态度对象范围很广,其中,有些对象相互之间有关联,有些则没有直接联系。类似、接近而产生关联的对象以及人们对这些对象的评价和情感,会形成特定的模式和结构。如图 9.1 所示,P 代表某个旅游消费者(认知主体),O 代表与该旅游消费者相关的某个人,X 代表与 P 和 O 相关的态度对象,如某种旅游产品、某类旅游活动、某位服务人员、某家旅游企业。在 P 的认知结构中,这个三角关系可能是平衡或不平衡的。如果三角形三边符号相乘为正,P、O、X 处于一种平衡状态。比如,P 和 O 都喜欢(+)X,而且 P 和 O 之间存在正面的积极态度,此时 P 的整个认知结构可达到平衡。如果三角形三边符号相乘为负,则 P、O、X 处于一种不平衡状态。比如,在班级毕业旅游中,O 为 P 所尊敬的班主任,X 为某个旅游目的地,P 不喜欢(-)该旅游目的地,而 O 对该旅游目的地持肯定态度(+)。如果 P 不能改变对 O 的态度,就只能由原来不喜欢 X 转变为喜欢 X,否则就会有不舒服、不平衡的感觉。

在认知不平衡的情况下,旅游消费者 P 可能会:①改变对相关人员 O 的态度;②对相关人员 O 进行劝说,使其转变立场;③将三角结构中的某两个因素转变为无关联的因素;④对三角结构中某两个因素之间的关系作出新的归因或解释。海德认为,人们会运用"最小努力原则"来预计恢复平衡所需的努力,采用尽量少改变情感关系的方法来恢复平衡结构。

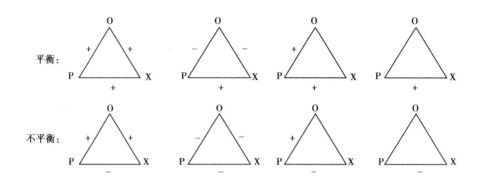

图 9.1　认知的平衡和不平衡状态

平衡理论以简单的概念与图解揭示了个人态度变化的过程,并把他人对主体态度变化的影响引入研究领域,为如何恢复认知的平衡状态提供了多种解决途径和思考线索,对理解态度的变化过程有重要的启示。然而,平衡理论也引发了一些批评:首先,在图 9.1 所示的模式中,只按"正"或"负"确定 3 个因素之间的态度方向,而未涉及态度的强度,因而不能说明 P 在不平衡状态时,何以会对其中的一方而不是另一方改变态度以恢复认知的平衡。其次,小的分歧和意见是人际交往中司空见惯的,两个人对同一件事有不同意见,可能会产生心理上的不快,但不一定引起态度发生变化或由此影响双方之间的友谊。

2)认知失调理论

费斯汀格(L. Festinger)在 1957 年提出认知失调理论。他认为每个人的认知结构包含了许多认知因素,如对环境、他人、自我以及自己的行为等方面的信念和看法。这些认知因素之间的关系存在 3 种情况:①互不相关,如"我吸烟很厉害"与"到陌生的地方旅游可以增长见闻"这两个认知因素是相互独立的。②相互协调,如"我喜欢旅游"和"旅游可以增长见闻"两个认知因素是协调的。③不协调,如"陌生的地方不安全"和"到陌生的地方旅游可以增长见闻"这两个认知因素便是不协调的。

如果认知因素之间出现不协调的现象,就会在心理上产生不愉快,甚至是痛苦的感觉。这种感觉会形成一种压力,驱使消费者不由自主地减少认知因素之间的冲突,力求恢复相对平衡,甚至为了保持认知因素之间的协调,避免接触与已有认知因素相矛盾的信息。费斯汀格认为认知失调的程度越大,人们想调节失衡的动机就越强烈,态度的改变就越迅速。减少或消除认知失调的途径主要有:

(1)改变某一认知因素,使其与自己持有的其他认知趋于协调

"陌生的地方不安全"和"到陌生的地方旅游可以增长见闻"这两个认知因素不协调,一个人把前者改为"有许多到陌生地方旅游的人都安全回来了",如此,便可达到认知协调了。

(2)强调某一认知因素的重要性

比如,强调旅游的重要性:"我喜欢旅游,旅游可以开阔视野、增长见闻、结交新朋友,给沉闷的日常生活增添色彩,不要为了可能遇到的风险而牺牲旅游的乐趣。"这样也可以协调认知因素。

（3）增加新的认知因素，加强协调关系的认知系统

比如，若无法改变对"陌生的地方不安全"的看法，则增加新的认知因素——"在信誉良好的旅行社帮助下到陌生的地方旅游可以减少风险，避免因语言不通、道路不熟、文化冲突等带来的问题"。这样就可以降低不协调的强度。

一种在旅游消费领域常见的现象就是购后失调，即旅游消费者在支付了旅游费用或订购了旅游产品后，想到他们未选择的其他旅游产品所具有的独特卓越的品质而感到认知失调。购后失调使旅游消费者对购买行为产生不良感觉，为了消除这种不良感觉，旅游消费者通常会找出支持其决策的理由，尽量与朋友讨论这一旅游产品的正面特征，以确认自己的决策还不错。旅游企业可以通过广告"赞美"旅游消费者的选择是明智的，提供更多的服务承诺，额外增加旅游服务的内容，以强化旅游消费者的购买行为，以减轻其购买失调对服务评价的负面影响。

认知失调论强调，人们在认知失调和缺乏充足辩解理由时，会设法通过自我调节改变态度，以达到认知平衡。这一理论不仅可以解释态度改变的原因，还可以用来帮助人在无法改变现实时，把消极态度转变为积极态度，维护心理健康。此外，该理论把认知者与认知对象之间复杂的认知关系和情感关系概括为协调和不协调的关系。这使得认知失调论不仅适用于认知者的认知体系，而且能够适用于更为广泛的社会领域。但是，这一理论对何谓协调与不协调本身的界定是模糊的，因而不易应用。

3）改变态度的说服模式

人们不仅要从理论上解释态度的变化过程，更为重要的是探讨态度改变的有效途径。在日常生活中，态度的改变更多的是在说服性沟通中完成的。社会心理学家就说服性沟通进行了许多研究。其中，较著名的理论包括霍夫兰德（C. Hovland）等人在 1959 年提出的有关态度改变的说服模型，以及佩蒂（R. Petty）和卡司欧泊（J. Cacioppo）在 1986 年提出的双加工模型。

（1）霍夫兰德的态度改变—说服模型

霍夫兰德认为，态度改变的过程也就是劝说或说服的过程。影响态度改变的因素包括说服者（communicator）、沟通传递的信息（message）、信息接收者（target 或 audience）和沟通时的情境（situation），这些因素相互作用，共同影响说服效果（见图 9.2）。

模型的第一部分是信息接收者受到的外部刺激。任何一个说服过程都是由对某一问题有看法的说服者向说服对象（也即信息接收者）传递信息来完成的。在商业活动中常见的说服者包括广告公司、发布某种劝导信息的企业、劝说消费者接受新产品的推销人员等。说服者的专业性、可靠性、外表的吸引力都会影响说服效果。说服者在有关领域或问题上的学识和资历越权威，在信息传递过程中越公正无私，就越具有吸引信息接收者的魅力，说服效果就越强。为了使信息接收者放弃原有态度和立场、接受说服者的观点或见解，说服者必须设计好沟通的内容，精心安排信息传递的方式。换言之，信息内容和传递方式是否合理，在很大程度上决定了能否有效地将信息传达给信息接收者，并使之改变态度。此外，由于说服过

程是在某一特定的情境中完成的,说服效果还会受情境因素的影响,如信息接收者对劝说信息是否已有所了解,信息传递时是否有其他干扰因素等。

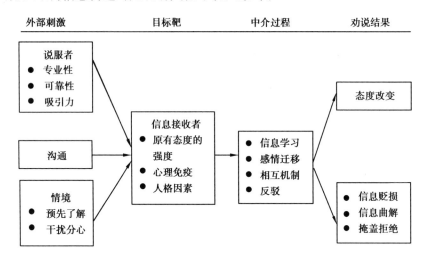

图9.2 态度改变的说服模型

模型的第二部分是目标靶,即信息接收者。信息接收者自身的特点在很大程度上决定了他们会接受还是抵制说服者的信息。比如,如果某人在多种场合公开表示过不喜欢旅游,那么,要改变他的这一态度,难度就比较大,因为那样将意味着他对自己的否定。一般来说,原有态度不那么坚定的信息接收者较容易被说服,心情好的人更易于接受他人的说服性观点,自尊心较弱的人比自尊心强的人更容易被说服。

模型的第三部分是中介过程。它是指信息接收者在外部劝说和内部因素交互作用下态度发生变化的心理机制。信息接收者原有的态度和外部劝说之间的差异会导致他们内心的冲突和心理上的不协调。为了恢复平衡,个体要么接受外来影响,要么找出各种理由抵制外来影响,以维持原有态度。在此过程中,信息接收者会主动地学习和评价信息。他们在接收和加工信息时所产生的思想是影响外部刺激与说服效果之间关系的重要中介因素。他们的情感也会通过信息加工过程间接影响态度的变化。

模型的第四部分是劝说结果。劝说结果不外乎两种:一是改变原有态度,接受信息传递者的劝说;一是对劝说予以抵制,维持原有态度。在后一种情况下,旅游消费者可能会:①贬损信息,比如认为说服者存有私利和偏见,以此降低劝说信息的价值。②歪曲信息,如对传递的信息断章取义,或者故意夸大某一论点,使其变得荒唐而不可信。③掩盖拒绝,即采用断然拒绝或美化自己的态度的方法抵御外部劝说和影响。比如,面对同事对其不敢远游的嘲讽,个别消费者会以"外出旅游交通不便,人满为患,留守家中才是明智之举"为搪塞理由,拒绝改变其态度。

霍夫兰德的说服模式虽然是关于态度改变的一般模式,但它揭示了引起态度变化的过程及其主要影响因素,对理解和分析旅游消费者的态度改变具有重要的借鉴与启发意义。

（2）说服的双加工模型

佩蒂和卡司欧泊在 1986 年提出说服的双加工模型,更全面地探讨了态度改变的过程。根据他们的观点,可以通过两条截然不同的"说服路径"来改变旅游消费者的态度:即中心路径和外周路径。遵循中心路径说服对方必须有符合逻辑的有力论据。遵循外周路径的说服活动则主要通过与话题本身无关的或额外的因素来说服对方,如请专家或名人担当传播信息的说服者。

在中心路径说服中,旅游消费者需要付出一定的认知努力来加工信息,仔细思考论据及其传递的信息含义。由于态度改变是因为旅游消费者积极地寻求和理解与态度对象本身相关的信息而产生的,所以,态度的改变较为持久。在外周路径的说服中,旅游消费者不花时间,也不努力理解劝说信息的内容,而是关注话题之外的其他因素。一般来说,外周路径虽然能动摇旅游消费者的原有态度,却难以持久地改变其原有态度。换言之,中心路径的说服效果优于外周路径的说服效果。

但是,为什么广告商、推销员或开展营销活动的企业总是偏爱外周路径的说服呢? 原因在于与外周路径的说服相比,中心路径的说服更难以实施。通过中心路径说服产生效果的前提条件是旅游消费者的学习动机高,而且评估态度对象的能力也较高。然而,许多旅游消费者通常没有时间和精力,也没有兴趣对所接受的每一条信息进行认知加工、理解、学习和评价有关态度对象的信息。此外,旅游消费者往往更关注产品和服务所能带来的效用是什么,而不是产品和服务为什么能带来这样的效用,如果向旅游消费者传递过于专业的知识,他们难以理解,只好"外行看热闹"。因此,当旅游消费者的动机和评价能力较低时,中心路径的说服难以实现,旅游企业采用赠券、免费尝试、更新装潢、请知名人士代为宣传等方式反而更容易改变旅游消费者的态度。

9.2.2　旅游消费者态度的测量

了解人们的态度绝非易事,不仅需要花费时间,还需要一些方法与技巧。研究态度的学者们一直致力于完善态度的测量方法,以便较好地把握人们态度的指向与强度。从瑟斯顿（Thurstone,1928）提出第一个态度测量表以来,态度测量技术已经有了很大的发展,如今的态度测量技术主要表现为两方面:外显（直接）测量和内隐（间接）测量。

对于外显测量,测量态度的最一般技术是总体上的自我报告法,也就是现在所称的外显（直接）测量技术,瑟斯顿量表、李克特量表、Guttman 量表、语义区分量表、感觉温度量表以及单项目评定量表,都是对态度进行直接测量的通用技术。对于内隐测量,早期的间接测量曾使用过不显眼的行为测量,而瞳孔反应、皮肤导电反应、面部肌电图等生理测量技术则一直沿用至今。下面就典型的测量方法进行介绍。

1) 瑟斯顿等距量表

瑟斯顿和蔡夫在其 1929 年出版的《态度的测量》一书中提出了态度测量的等距量表法。这一方法的具体测定程序比较复杂,下面仅将这一测定方法的基本思想作简要介绍。

首先,通过对消费者的初步访谈和文献分析,尽可能多地搜集人们对某一态度对象的各种意见。这些意见一般由一个个陈述语句来表述,其中,既有肯定的,也有否定的。比如,制订消费者对某种鲜花的态度量表时,可以包括该种鲜花很美、香气很浓郁、这种鲜花使我想起春天、葬礼上有这种鲜花会使人感到更加肃穆和悲哀等。这样的陈述意见可达 100 条以上。

其次,将上述陈述意见归类,将其分为 7、9 或 11 组,具体归类可邀请若干评判人员完成。评判者审视这些意见,看是否体现了对态度对象的肯定或否定的态度。然后,根据自己的判断,把这些意见分为 A、B、C、D、E、F、G 7 个组,A 表示极端肯定,B、C 表示中度肯定,D 表示中立陈述,E、F 表示中度否定,G 表示极度否定。分类任务完成以后,可以根据每种意见分类的分布情况,计算出该种意见的量表值。表 9.1 是由彼得森编制的瑟斯顿战争态度量表中的部分陈述意见及其量表分值。该量表是采用 11 组分类得出来的。

表 9.1 战争态度量表部分项目及其分值

题 序	项 目	分 值
1	在某些情况下,为了维持正义,战争是必要的	7.5
4	战争是没有道理的	0.2
6	战争通常是维护国家荣誉的唯一手段	8.7
9	战争徒劳无功,甚至导致自我毁灭	1.4
14	国际纠纷不应以战争方式解决	3.7
18	无战争即无进步	10.1

再次,由评判人员对各陈述意见作进一步筛选,形成 20 条左右意义明确的陈述,并使之沿着极端否定到极端肯定的连续系统分布。

最后,要求被试者对这 20 条左右陈述意见或其中的一部分进行判断,赞成某一陈述意见者在该意见下打"√",不赞成时在该意见下打"×"。由于每一陈述意见都已被赋予一个量表值,这样,通过计算应答者同意项数的平均量表值或这些项数的中项分值,就可得出他在这一问题上的态度分数。在彼得森的战争态度量表测试中,被试平均得分越高,表明他越赞成或拥护进行战争。

运用瑟斯顿量表测试消费者态度,要求被试者给予积极、诚实的回答和合作,否则,调查结果会出现偏差。同时,它需要许多评审者对数目众多的陈述意见进行筛选,并分别计算每一陈述意见的量表分值。这是一项极为费时、费力的工作,由此也极大地限制了这一方法在实际中的运用。

2)李克特量表

李克特量表是评分加总式量表最常用的一种,是由美国社会心理学家李克特(Likert)于 1932 年在原有的加总量表基础上改进而成的。此类问卷设计是撰写一系列针对某种态度的叙述,每个态度叙述句表达了正或负的情绪感受,请人们表达赞成、同意或符合自己想法的程度,在量表上选择意见落点,经由加总各题目所得到的分数而得到人们在态度上的相对位置。该量表由一组陈述组成,每一陈述在"非常同意"到"非常不同意"五级或者七级的量表上回答,分别记为1、2、3、4、5或1、2、3、4、5、6、7(图9.3)。每个被调查者的态度总分就是他对各道题目的回答所得分数的加总,这一总分可说明他的态度强弱或他在这一量表上的不同状态。

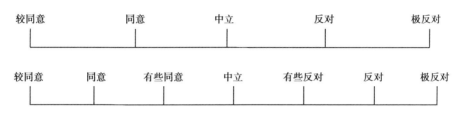

图9.3 李克特态度量表示意图

李克特量表要求受测者对一组与测量主题有关的陈述语句发表自己的看法,受测者对每一个与态度有关的陈述语句表明他同意或不同意的程度。具体方法分为以下几个步骤:

①收集大量与测量概念相关的陈述语句。②有研究人员根据测量的概念将每个测量的项目划分为"有利"或"不利"两类,一般测量的项目中有利的或不利的项目都应各占一定比例。③选择部分受测者对全部项目进行预先测试,要求受测者指出每个项目是有利的或不利的,合并在强度描述语中进行选择,一般采用五点量表。李克特表的选项举例如下:非常同意、倾向同意、中立(不清楚/不确定)、倾向不同意、非常不同意。④对每个回答给一个分数,如从非常同意到非常不同意的有利项目分别为1分、2分、3分、4分、5分,对不利项目的分数就为5分、4分、3分、2分、1分。⑤根据受测者的各个项目的分数计算的和,得到个人态度总得分,并依据总分多少将受测者划分为高分组和低分组。⑥选出若干在高分组和低分组之间有较大区分能力的项目,构成一个李克特表。例如,可以计算每个项目在高分组和低分组中的平均得分,选择那些在高分组平均得分较高,并且在低分组平均得分较低的项目。

由于李克特量表具有制作过程简单、容易计分、测量范围广、可增加项目可信度、测量深度较精确等优点,目前有相当多的研究采用李克特量表法来考察个人问答习惯及问卷进行时的精确度。

3)语意差别量表

语意差别量表又称语意分析量表,是由奥斯古德(Osgood)等人于1957年提出来的一种态度测量方法。该量表的基本思想是,对态度的测量应从多个角度并采用间接的方法进行,直截了当询问人们对某一主题或邻近问题的看法与态度,结果不一定可靠。人们对某一主题的态度,可以通过分析主题概念的语意,确定一些相应的关联词,然后再根据被试者对这些关联词的反应加以确定。例如,你想了解一个人对他父亲的态度,不必直接询问他对自己父亲的感觉,因为这样询问不一定能了解他的真实态度。你可以提出"父亲"这个词,要求被试者按语意差别量表中的各个评定项目画圈,由此即可推断出他对自己父亲的态度。语意差别量表包括 3 个不同的态度测量维度,即情感或评价维度、力度维度和活动维度。每一维度都由几对反义形容词刻画。表 9.2 是奥斯古德等提出的语意差别测量项目表。在对不同事物或主题进行态度测量时,用以刻画表中各维度的具体项目可以作相应调整,以使量表能更贴切地反映测量主题的要求。具体测定消费者态度时,先给被试者提出一个关于态度对象的关键词,然后要求被试者按自己的想法在两极形容词间的 7 个数字上圈选一个数字,各系列分值的总和即代表他对所测事物总的态度。得分越高,表示被试者对所测事物越具有积极和肯定的态度;否则,表明被试者对所测事物持有消极和否定的态度。

表 9.2 语意差别测量项目表

	好	7	6	5	4	3	2	1	坏
评价量表	美	7	6	5	4	3	2	1	丑
	聪明	7	6	5	4	3	2	1	愚蠢
	大	7	6	5	4	3	2	1	小
力度量表	强	7	6	5	4	3	2	1	弱
	重	7	6	5	4	3	2	1	轻
	快	7	6	5	4	3	2	1	慢
活动量表	积极	7	6	5	4	3	2	1	消极
	敏锐	7	6	5	4	3	2	1	迟钝

4)行为反应测量

行为反应测量是指观察和测量被试者对于有关事物的实际行为反应,以此作为态度测量的客观指标。常用的行为反应测量方法有:距离测量法、生理反应测量法、任务完成法。

(1)距离测量法

这一方法是通过观察人与人之间交往时的身体接近程度和亲切表现来研究人的态度。如果某个人与另一人交往时,保持较远的距离,目光较少接触,而且身躯后倾,则表明他对后者持一种否定的态度,相反情况下则表明对后者持肯定的态度。

人对事物尤其是人对人的态度,除了可以从前面所说的这种物理距离反映出来以外,也可以通过人与物、人与人之间的心理距离反映出来。博葛达斯(Bogardus)于 1925 年编制的社会距离测量表(表 9.3),就是根据人与人之间的心理距离制订的。它虽然最初是为分析种族之间的隔阂和距离而设计的,但对测定人与人之间的亲疏关系同样适用。表 9.3 中的分值表示的就是心理距离的远近。被试者在量表上作挑选后,如果得分值越大,表示社会距离越大,在种族问题上越怀有偏见;反之,则表示社会距离小,没有或较少有种族偏见。

表9.3 社会距离测量表

陈述句	分 值
可以结亲	1
可以作为朋友	2
可以作为邻居	3
可以在同一行业共事	4
只能作为国民共处	5
只能作为外国移民	6
应被驱逐出境	7

（2）生理反应测量

生理反应测量，即通过测定瞳孔的扩张、心律速度、血压变化、皮电反应等确定人的态度。例如，确定消费者对某则广告的态度时，可以在他看了该则广告后立即对其作心律变动或皮电反应测试。当然，心理反应测量也存在局限：一是它只能探测极端反应；二是它对所测态度的类型不一定能辨别清楚，如恐惧和愤怒的生理反应几乎相同，难以区分。

（3）任务完成法

任务完成法是让被试者去完成某项任务，通过观察任务完成质量来确定他对这件事的态度。态度对学习具有过滤作用，因此，如果让被试者阅读几种不同倾向的材料并要求尽可能地予以回忆的话，他一般会对与自己态度相吻合的材料记得更多更好。所以，若他对带有某一倾向的材料比另外的材料记得更多更好时，则表明他更倾向于这种态度。当然，对材料记忆的好坏还涉及材料的难度、排列次序等其他因素，在运用任务完成法探测消费者态度时，应设法对这些因素予以控制。

9.3　旅游消费者态度与行为的关系

在早期的研究中，许多学者认为，消费者一般是先形成关于产品的某些信念或对产品形成某种态度，然后在信念和态度的影响下，决定是否购买该产品。旅游消费者对旅游本身、旅游产品和服务以及旅游企业的态度不仅决定着他们如何看待旅游企业及其提供的产品与服务，而且决定着旅游消费者的旅游决策和购买行为。然而，随着研究的深入，人们逐渐发现，虽然态度与行为之间确实存在密切的联系，但态度与行为之间并不必然是一种指示与被指示的关系，两者的关系远比人们想象的要复杂。

9.3.1　态度与旅游偏好

即使态度不能预测人们的实际行为,却可以有效地预测人们的旅游偏好。所谓旅游偏好,就是驱使个体趋向于某一旅游目标的心理倾向。人们对某一事物所持态度的强度及对该事物所拥有的信息种类多少,都能明显地反映出人们对某一事物的偏好倾向。因此人们对旅游的态度一旦形成,将会产生一种对旅游的偏好,旅游偏好将直接导致人们的旅游行为。

态度的以下两个特征对其与偏好的关系产生重要影响:

①态度的复杂性。它是指个人对态度所掌握的信息种类和信息量。一般而言,复杂的态度比简单的态度更难以改变。假如,一个人对出国旅游持否定态度的理由是饮食和传统风俗的不适应、环境的陌生、费用较贵等,若想改变其否定态度,则需从其否定的成分改变。

②态度对象的属性,与态度的强度有密切关系。因此,研究态度的强度,应注意态度对象的属性,对一个物体的任何态度,都是由许多针对该物体每个特定属性的态度所构成的。例如,对于国家地质公园的整体态度,即由人们希望在那里看到的各种特征的态度所构成的,这些特征包括游憩设施、自然景观、住宿条件、饮食、费用支出和感觉到的价值。对于去国家地质公园的一些旅游消费者而言,气候、自然景观可能非常重要,但对于另一些旅游消费者而言,动植物资源、住宿条件则是其最突出的属性。因为,每一属性的相对重要性不仅随着个人的需要和目标变化,而且也是因人而异的,旅游消费者对突出获益的知觉导致旅游偏好的形成。

9.3.2　态度与旅游收益

态度对象的属性,对人们形成旅游态度而言,就是人们在旅游活动中所寻求的基本收益。人们并不是仅为了温泉本身而去泡温泉,而是因为泡温泉能给人体健康带来的某些好处,如可以滋养皮肤、刺激身体内循环、缓解呼吸系统或消化系统等不适症状。因此,人们出钱购买旅游产品或服务的很大一部分原因是期望从中获取某种收益,这种收益可能是面对美景时的赏心悦目,可能是面对异域风情的眼界大开。比如,人们选择去黄山、华山或者三清山旅游,因为那里可欣赏云海、奇峰等美景;农历三月到扬州可以感受到"烟花三月"扬州那种柳絮如烟、繁花似锦的阳春三月之美;而四五月份到洛阳去可以达到欣赏牡丹的目的。收益是人们旅游和决策时关心的东西,作为旅游业的销售和服务人员若能认清这点,并能找出某种产品的突出属性,则有助于营销的成功和产品的有效推销。

总之,在形成旅游态度的过程中,首先人们要评价的是一个旅游目的地对于旅游者的总体吸引力,与旅游者所希望的特定收益有关,与目的地所能提供的这些收益有很大的关系。

因此,为了增加一个目的地的吸引力,对于旅游从业人员而言,可以考虑从以下方面着手:①改善人们心目中感觉到的该目的地的形象;②改变某项收益对旅游者的相对重要性;③提升人们对于某个目的地的相对偏好。

9.3.3　态度与旅游决策

旅游决策就是对可供选择的对象进行选择,一个供选对象主体必须经过 3 个阶段,才能成为可行的选择对象。首先是意识。旅游决策者首先必须意识到一个可能的选择对象,才会对它认真加以考虑。比如,在圣淘沙被看作新加坡的一个旅游点之前,旅游消费者必须意识到它的存在;在考虑把飞机作为从厦门到新加坡的交通工具之前,旅游消费者必须意识到飞机能够承担这两个城市的客运任务。其次是可行性。意识到某个供选对象之后,旅游决策者必须作出判断,它是否真正可行,这可能要根据旅游消费者承担这个供选对象的能力来考虑。比如,时间和金钱因素,能否得到出国签证,旅游高峰期间能否订到飞机票等。再次是初步筛选。意识到某个供选对象,并判断该供选对象是否可行后,该不该对此供选对象作更仔细的考虑? 旅游决策者根据上述的旅游偏好形成过程作出初步决定,这一阶段可看作初步筛选阶段。

有些供选对象在初步筛选的过程中,一开始就很快被否定了。旅游消费者经过考虑,对这些供选对象能否实现预想的旅游目的,迅速形成否定态度。另一些供选对象既没有立即被否定,也没有立刻被接受,便形成既不肯定也不否定的中性态度。还有一些供选对象,被列为可行的供选对象。这就是说,旅游消费者可能在经过进一步的评估后,会从这些供选对象中选定一个对象。在旅游消费者决策的过程中,那些被仔细评估的供选对象是被加以周密考虑的。

需要注意的是,当人们作出旅游决策时,并不总是在各种问题被意识与被辨别后,才去寻求解决办法的,即决策者并非总是以一种有条不紊的方式作出决策的。某些旅游消费者是根据已有的旅游经历和知识储备来作出决策的。另外,旅游消费者认真评估的可行的供选对象的数目是不同的,它取决于旅游者本身。当人们作出一个旅游决策时,同时也意味着要承受错误决策的风险。

9.4　改变旅游消费者态度的策略

态度虽不能必然决定具体的决策和行为结果,但却是影响行为的重要因素。因此,可以通过引导和改变旅游消费态度,进而影响人们的旅游消费决策。首先,旅游企业和经营者应了解旅游消费态度。其次,在分析旅游消费态度的基础上,确定引导和改变旅游消费者态度的方法。通常有以下几种方法:

9.4.1　提高旅游产品形象

旅游产品形象是旅游消费者和潜在旅游消费者对旅游产品的总体评价,是旅游产品或服务的特征在现实旅游消费者和潜在旅游消费者心目中的反映。好的形象会产生好的感受,对增强或改进旅游消费者和潜在旅游消费者的态度起重要作用,对促进旅游消费者和潜在旅游消费者接受和使用该旅游产品或享受该服务产生重大影响。

旅游产品形象包含有多种因素,诸如一目了然的饭店建筑风格、客房的装饰、交通技术设备状况、娱乐设施、档次规模、菜肴品位、卫生环境和旅游从业人员的仪表、着装、态度、语言表达能力、技术水平、队伍规范等,以及能够表明旅游业精神、风格、凝聚力、实力、效率等内在因素。要想使人们对旅游产生肯定的态度,就必须努力去改变和提高旅游产品的形象,使之成为人们乐于接受的事物。旅游产品具有无形性,不像有形产品那样仅从物理特性上便可以改变形象,旅游产品形象的改变更多的是通过旅游工作人员的改变才能完成的,如对服务人员进行专业的训练、提高人际交往的技巧、改进服务人员的服装、培养良好的服务态度、改进服务价格、提供便利的服务等,从而使产品产生良好的形象,进一步导致人们态度的改变,去接受这种产品和服务。

9.4.2　提升旅游者的活动参与度

俗话说"百闻不如一见","眼见为实"。实践之所以能够改变一个人的态度,主要是因为通过实践,人们得以相互了解、能够认识新的事物、吸收那些能够削弱现存态度或导致原有态度改变的新的信息。特别是当人们离开家,离开工作岗位,摆脱了个人在家中的义务和工作岗位上的责任,以及束缚自己的那些行为规范去旅游时,就更容易接受新事物,结交新朋友,吸收那些能改变现有态度的新信息。

态度的改变并非瞬间可以完成,要使一个对旅游或某个旅游目的地或某类旅游产品持强硬否定态度的人转变态度去旅游并非容易之事,而是需要一个过程。旅游经营者要为持否定态度者提供体验旅游产品的机会,使其在接触旅游实际的过程中激发积极情感,从而引导其态度发生变化。

9.4.3　输送新的知识和信息

向人们输送新的知识,是改变人们态度最有效的办法之一。在一般情况下,掌握信息有限的人最容易改变态度,因为信息有限,一遇到矛盾就会动摇。在旅游市场上常见到对旅游知之甚少的人,特别是儿童和文化程度不高的成年人,只要提供有关旅游的一些信息,这些人就最容易接受而改变态度。相反,文化程度较高的人,往往在许多问题上拥有较多的知识和信息,欲改变他们的态度就比较困难。要想改变他们的态度,就必须向他们输送那些确实能够帮助他们解决旅游中问题的有关知识和信息,才有可能使他们改变态度。目前,旅游业者向人们输送新知识和信息常采用的方法是宣传与促销,诸如广告、专栏报道、举办讲座、开办展览、发行小册子、旅游杂志、专刊、地图、广告画、旅游卫视、电影片、旅游专题光盘、旅游信息网站等。采取这些形式向人们输送新知识,对改变人们的态度起了很大作用。

- 本章介绍了旅游消费者态度的概念、特性及影响因素,测量和改变旅游消费者态度的主要理论和方法,旅游消费者态度与行为的关系,以及改变旅游消费者态度的策略。
- 旅游消费者态度是个体对从事旅游活动所存有的一种评价、观感、喜好反应的心路历程,经由个人内在的人格特质与其外在的环境因素交互作用影响,而形成的一种动态过程。
- 针对个体态度的改变,有以下几种主要理论:认知平衡理论、认知失调理论、霍夫兰德的说服模型、说服的双加工模型等。
- 个体态度的测量有以下几种主要方法:瑟斯顿量表、李克特量表、语义差别量表、行为反应测量。
- 改变旅游消费者态度的方法主要有提高旅游产品形象、提升旅游者的活动参与度、输送新的知识和信息。

课后习题

1.何谓旅游消费者的态度? 请分组讨论旅游消费者态度的特性,以及影响旅游消费者态度的主要因素。

2.对旅游消费者个体态度的测量主要有几种方法? 针对个体态度的改变,有几种主要理论?

3.请分组讨论可通过几种策略来改变旅游者的态度,并举例说明。

【案例分析】

"五一"旅行社遇冷　　在线旅游市场火爆

近日,一封"世界那么大,我想去看看"的十字辞职信爆红网络,随后关于旅游的各种信息铺天盖地。但是记者经过实地调查发现,今年的"五一"旅游市场并不如往年那般火爆。

"'五一'假期短,只有三天,所以很多人没有出游计划,不只我们公司业务没有往年好,其他公司也这样。"中国旅行社总社的业务员李琳娜告诉记者,因为假期短、自助游兴起、国内游热度下降等原因,今年的"五一"假期相对要平静许多,"现在网上订机票、酒店,查看旅游线路都很方便,旅行团正在逐渐减少,就连春节黄金周国内游基本都是几个旅行社联合发团,单独的旅行社很难满员"。

李琳娜对"五一"旅游市场遇冷也表示很无奈,传统旅行社的优势已经逐渐被取代,旅游网站、自由行、自驾游渐渐成为出游的首选。记者在"穷游""十六番"等网站可以轻松地找到各种旅游线路的攻略,让想单枪匹马体会旅游的人们更加青睐自由行。

根据国家旅游局公布的数据,2014年由旅行社组织的国内游人数占全年国内出游总人数的3.6%,出境游中65%的客源不是由传统的旅行社提供服务。互联网旅游的迅猛发展正在颠覆传统旅游业的格局,知名互联网大数据产品和分析公司易观智库近日发布的最新研究报告显示,中国在线度假旅游市场发展迅速,成为提升旅游产业"互联网+"的关键。2014年市场交易规模达到332.6亿元,较2013年增长36.2%。

与传统旅行社遇冷形成对比的是,旅游网站异常火爆,"穷游折扣"的业务员告诉记者,往常推出的特价机票或者特价酒店一般都不包括节日,但是今年推出的特价套餐均可以在五一、端午、暑假期间使用,"这可以说是我们的一种经营策略,但也是旅游网站火爆的证据,只有客源多我们才能拿到这样的优惠"。

随着"互联网+"这个概念的提出,很多传统旅行社开始开展在线业务,3月20日,A股上市公司中青旅发布"遨游网+"战略计划,提出新的旅游行业O2O发展思路,就是利用互联网技术和传统旅行社专业服务能力的整合,把中青旅以及全国2万多家传统旅行社、全球范围内数千种的地接服务、亿万旅游消费者动员起来,以此挖掘潜在的消费需求。与此同时,一些纯互联网在线旅游平台也加快了各自资本运作的步伐,3月25日,旅游社交网站蚂蜂窝宣布完成C轮融资,累计融资逾1亿美元。在此之前的去年4月末,携程网战略投资同程网;去年5月初,途牛网在美国上市。

3月30日,阿里巴巴正式发布"未来酒店"战略,打造基于信用的新型在线旅游服务平台,通过蚂蚁金服旗下的芝麻信用、支付宝等直接提供信用入住及支付宝结算。据阿里巴巴航旅事业群总裁李少华介绍,未来用户通过"未来酒店"计划,可以先入住后付款,无须担保,零押金,离店时也无须排队,只需把门卡放到前台,系统会自动从用户的支付宝账户里扣除房费。这无疑是互联网公司在互联网旅游领域又一次大胆的尝试。

(资料来源:中华工商时报,2015-04-23.)

问题:

1.请结合本章的知识点分析为何"五一"黄金周旅行社业务遇冷。

2.如果你是旅行社的管理人员,会采取哪些方法来提振业绩?

【建议阅读文献】

[1] Hsu C H C, Cai L A, Li M. Expectation, motivation, and attitude: A tourist behavioral model[J]. Journal of travel research, 2010, 49(3): 282-296.

[2] Jacobsen J K S. Anti-tourist attitudes: Mediterranean charter tourism[J]. Annals of Tourism Research, 2000, 27(2): 284-300.

［3］乌铁红,张捷,等.旅游地属性与旅游者感知态度和购后行为的关系——以九寨沟风景区为例[J].旅游学刊,2009(5):36-42.

［4］罗芬,钟永德.武陵源世界自然遗产地生态旅游者细分研究——基于环境态度与环境行为视角[J].经济地理,2011(2):333-338.

［5］贺雯,梁宁建.态度内隐测量方法的发展与探索[J].心理科学,2010(02):384-386.

［6］洪慎忆.影响游客对生态旅游态度因子之探讨——以阳明山国家公园为例[J].户外游憩研究,1995,8(3):103-128.

［7］Louis L Thurstone. The Phi-Gamma Hypothesis［J］. Journal of Experimental Psychology, 1928(11): 293-305.

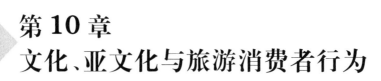

第10章
文化、亚文化与旅游消费者行为

【学习目标】

- 了解文化和亚文化的概念和特点,理解它们与旅游消费之间的关系;
- 能结合实例分析文化对旅游消费行为的影响;
- 理解中国文化对旅游消费行为的影响并能结合实例分析。

10.1 文化与旅游消费者行为

10.1.1 文化的含义与特点

1)文化的含义

文化(culture)是非常广泛和最具人文意味的概念,简单来说文化就是人们的生活要素形态的统称,即衣、冠、文、物、食、住、行等。给文化下一个准确或精确的定义,的确是一件非常困难的事情。对文化这个概念的解读,人类也一直众说不一,文化通常是指特定社会中存在的独特生活形态,即在思想、认知、情感、信仰、行为上,与其他社会代代相传的不同方式。

一般来说,文化有广义与狭义之分。广义的文化是指人类在社会历史发展的实践过程中所创造的物质财富和精神财富的总和。狭义文化是指人类精神活动所创造的成果。在消费者行为研究中,由于研究者主要关心文化对消费者行为的影响,所以将文化定义为一定社会经过学习获得的、用以指导消费者行为的信念、价值观和习俗的总和。

(1)信念

信念是指人们对自己的想法、观念及其意识行为倾向,强烈的坚定不移的确信与信任(林崇德,2003)。信念就心理过程进行分类可分为信念认知、信念体验与人格倾向。信念会使个体意识到或唤醒意志行为,意志行为从来源上讲它是对自我的本能本性(无条件反射与条件反射)的意识与唤醒的结果,是个体本能本性中可与其行为志向、志趣相统一的结果,或者说是个体意识到的有益于实现其行为志向、志趣的结果,没有信念也就没有个体的意志行为。比如个体在饥饿状态下随着饥饿程度的逐渐增加,求取食物的信念会越来越强,饥饿状态的唤醒对求取食物的行为有决定性的作用。信念对行为的唤醒除了意志行为,也会唤醒人们的潜意识行为,只是人们的潜意识行为动机表现得没有那么具体和强烈。信念具有稳定性和多样性的特征,即信念形成后难以改变,即使以后在认知层面上对信念产生疑惑,情感上强烈的认同也会在相当程度上支持既定的信念;而不同的人,由于社会环境、思想观念、阶级利益需要和个人具体经历的不同,会形成不同的乃至截然相反的信念。

(2)价值观

从广义上讲,价值观和信念都是心理意象,它使人们对事物产生具体的态度,这些态度进而又影响一个人在特定情景中可能做出反应的方式。从心理学的角度看,所谓的价值观是基于人的一定的思维感官之上而做出的认知、理解、判断或抉择,也就是人认定事物、辩定是非的一种思维或取向,从而体现出人、事、物一定的价值或作用,价值观对动机有导向的作用,同时反映人们的认知和需求状况。

若从社会学的角度解读,价值观是关于理想的最终状态和行为方式的持久信念。它代表着一个社会或群体对理想的最终状态和行为方式的某种共同看法。因此,价值观为社会成员提供了关于什么是重要的、什么是正确的,以及人们应追求一个什么样的最终状态的共同信念。它是人们用于指导其行为、态度和判断的标准,而人们对特定事物的态度一般也是反映和支持他的价值观的。一般说来,价值观具有稳定性和持久性、历史性与选择性,以及主观性的特点。

价值观对消费者行为的影响,近年开始得到营销学术界的关注。从营销学的角度看,价值观被认为与态度和消费者行为相关。因此,与消费者行为有关的价值观,大致可以分为他人导向的价值观、环境导向的价值观和自我导向的价值观等。

①他人导向的价值观。他人导向的价值观反映的是一个社会关于该社会中个体与群体、个体之间以及群体之间适当关系的看法。这些关系对营销实践有着重要影响。

a.在自己与他人关系上的价值观:人们在自己与他人之间的关系上,在相对强调个人利益和自我满足,还是相对强调社会利益和满足他人方面,会表现出不同的价值取向。

b.在个人与集体关系上的价值观:不同的社会文化在对待个人与集体关系上会有不同的价值取向。有的社会强调的是团队协作和集体行动,并且往往把成功的荣誉和奖励归于集体而不是个人;相反,有的社会强调的是个人成就和个人价值,荣誉和奖励常常被授予个人而不是集体。

c.在成人与孩子关系上的价值观:家庭活动在多大程度上是围绕孩子的需要而不是成人的需要,孩子在家庭决策中扮演什么角色,以及孩子在决策中扮演的角色哪些与自己有关,对这些问题的分析可以发现一个社会在成人与孩子关系上的价值取向。

d.在青年人、老年人关系上的价值观:不同的社会文化,在对待青年人与老年人的价值取向上也可能存在差异。有的社会,荣誉、地位、重要的社会职务都是属于老年人的;另一些社会,则可能是属于青年人的。

e.在男性和女性关系上的价值观:在具有不同文化的社会,男性与女性的社会地位可能存在很大差异。在我国,男女的社会地位是平等的,都有机会担任重要的社会职务;在重要的家庭购买中,通常是由夫妻共同作出决定。但在有些国家,今天可能仍然存在严重的性别歧视,妇女在社会和家庭中没有重要地位。

f.在竞争与协作关系上的价值观:不同的社会文化对于竞争与协作的态度会有所不同。在有的文化价值观中,人们崇尚竞争,信奉"优胜劣汰"的自然法则;在另一些文化价值观中,人们则倾向于通过协作而取得成功。这方面的价值观往往能从不同的文化对比较广告的反应中表现出来。例如,墨西哥和西班牙都禁止做比较广告,我国也是如此。但在美国,比较广告却是被容许的。

g.浪漫主义的价值观:在不同的社会文化背景下,人们可能会具有不同的浪漫主义性格。在许多文化中,浪漫爱情是文学作品中的普遍主题。然而,在另一些社会文化中,婚姻由父母包办,青年人没有恋爱、择偶的自由。

②环境导向的价值观。环境导向的价值观反映的是一个社会关于该社会与其经济、技术以及自然等环境之间关系的看法。这些价值观对于消费者行为也具有重要影响,并最终影响着企业营销策略的选择及其成败得失。

a.在个人成就与出身关系上的价值观:一个社会在强调个人成就或家庭出身方面的文化差异,将导致这个社会把经济、政治和社会机会平等或不平等地给予不同的个人或集团。在一个个人成就取向的社会里,机会、报酬和具有较高荣誉的社会职位会更多地提供给那些个人表现和成就突出的人。在这样的社会里,任何社会集团都不具有特权。另一方面,在一个重视家庭出身和家庭背景的社会里,个人的机会往往取决于他的家庭、家庭的社会地位及其所属的社会阶层。

b.在风险与安全关系上的价值观:有的社会文化具有很强的冒险精神,勇于冒险的人会受到社会的普遍尊敬;另一些文化则可能具有很强的逃避风险的倾向,把从事冒险事业的人看作十分愚蠢的。这方面的价值观对企业家的培养和社会经济的发展具有重要的影响。不崇尚冒险的社会是难以发展出足够的企业以推动社会的经济发展的。

c.在乐观与悲观关系上的价值观:当人们遇到困难和灾难时是有信心去克服,还是听天由命、采取宿命论的态度,会集中反映一个社会所具有的是乐观或悲观的价值观。在加勒比海地区,人们常会在遇到困难时说声"没有问题"或"没有关系"以宽慰自己。在他们的观念中,难题既然已经存在,所以担心也没用!墨西哥人则相反,他们大多是一些宿命论者。因此,当墨西哥人购买到不满意的商品或服务时,一般都不会提出正式的抱怨。

d.关于自然的价值观:不同文化背景下的人们在对待自然以及人与自然的关系上,可能会具有不同的观念和态度。一些人觉得他们受到了自然的奴役,另一些人认为他们与自然之间是和谐的,还有一些人认为他们能够征服和左右自然。中西文化的一个重要区别就是在对待人与自然关系的价值观念和态度上。

③自我导向的价值观。自我导向的价值观反映的是社会各成员的理想生活目标及其实现途径。这些价值观对企业的市场营销具有重要的影响。例如,在一个及时行乐的社会里,消费信贷有着巨大的市场;而在一个崇尚节俭的社会里,消费信贷的推行将是艰难和缓慢的。

a.在动与静上的价值观:不同的社会文化会导致人们对待各种活动的不同态度,并且形成不同的"好动"或"好静"倾向。一项关于比较美国妇女和法国妇女社会活动的调查发现，法国妇女一般认为"同朋友一起在炉边闲聊消磨夜晚是我喜欢的方式"。美国妇女则一般认为自己"喜欢有音乐和谈话的聚会"。这种活动上的差异会带来不同的产品或服务需求。由于人们的观念不同，广告的诉求主题也应有所不同。

b.物质与非物质主义的价值观：在不同的社会文化中，人们在对物质财富与精神财富的相对重视程度上会存在差异。尽管物质财富是一切社会存在和发展的基础和前提，但人们对待物质财富的态度却不是一样的。有的社会奉行极端的物质主义，认为"金钱万能"。有的社会更加强调非物质的内容，例如在某些国家，宗教地位是至高无上的，当物质利益与宗教信仰发生冲突时，人们会毫不犹豫地选择坚持他的宗教信仰。

c.在工作与休闲关系上的价值观：不同的社会文化在对待工作与休闲关系问题上会有不同的观念和态度。一般地，人们为了获取经济报酬而工作。但是，有的文化使人们较倾向于从工作中获得自我满足，有的文化则使人们在基本的经济需求满足后较倾向于更多地选择休闲。在企业营销中，如果忽视这方面的文化差异，可能付出的代价将是巨大的。

d.在现在与未来关系上的价值观：人们是为今天而活还是为明天而活，是更多地为今天着想还是更多地为明天打算，可以集中地体现一个社会在这方面的价值观。这类价值观对企业的促销和分销策略，鼓励消费者储蓄或使用消费信贷，都具有重要的意义。

e.在欲望与节制关系上的价值观：这一类价值观体现在人们的生活态度中是倾向于自我放纵、无节制，还是倾向于克制自己、节制欲望等方面。

f.在幽默与严肃关系上的价值观：社会文化的差异也体现在幽默在多大程度上被接受和欣赏，以及什么才算是幽默等方面。一个社会文化中被看作是幽默的东西，在另一个社会文化中可能不会给人以任何幽默感；男人认为是幽默的东西，女人不一定认为是幽默。成人与儿童在幽默感上也会存在差异。

（3）习俗

所谓习俗，从字义上理解就是习惯和风俗之意。习字最早见于商代甲骨文，字形作习，上部是鸟羽毛的象形，下部是声符。《礼记·乐记》等均有相关记载。东汉学者许慎将习字解释为"数飞也"，即练习或学习飞行的意思，这是习字的本义。习字随着人类社会文化的发展，在本义基础上又演变出多种重要含义，习惯、习性便是其中的一种。俗字最早见于西周金文（铜器铭文《卫鼎》等）。《说文解字》说："俗，习也。"这是用转注的方法来解释俗字的含义，表示俗与习在意义上具有同一性。综合上述解释和实际情况剖析可以认为，凡有一定流行范围，一定流行时间或流行区域的意识行为，无论是官方的、民间的，均可称为习俗，这亦是习俗的基本定义。

与信念和价值观相比较，习俗是外显的行为模式。这些行为模式在特定文化环境中被认可或被视为可接受。习俗构成了一定社会中人们的日常行为。例如，传统的饮食习俗中所云：南甜北咸，东酸西辣；又如，湖南、湖北人爱在菜肴中加辣椒；四川、重庆人爱在菜肴里添花椒、辣椒等麻辣香料；广东人和福建人则讲究饭前喝汤，并注重食物本身的鲜味。这些日常行为都是习俗。因此，如果说信念和价值观是人们行为的指南，习俗就是常见的和可接受的行为方式。

2) 文化的特点

可见,不同的时期,不同的地域和不同的人群,在文化信念、价值观和习俗上存在一定的差异。因此,根据以上对文化的定义和相应概念的阐述,我们就容易理解,对一定社会各种文化因素的了解将有助于营销人员预测消费者对其产品的接受情况。

一般而言,文化具有以下几个特点:

（1）文化的群体性

信念、价值观或习俗,必须被特定社会中大多数成员共享,才能成为该社会的文化特征。共同的语言,对符号和生活方式的共同理解,以及共同的沟通方式和信息传递方式,促进了同一文化中成员之间的相互了解、同一文化群体的内部和谐以及群体的相对独立性。每个民族、国家、城市、企业乃至每个部落都会形成不同的文化特质,从而构成各自特有的社会群体文化。所以,文化在特定社会的共享性实际上也确定了不同的群体之间的边界。

（2）文化的习得性

文化不同于生理特征,无法通过基因传承。但人们从幼年期起,就开始从社会环境中通过学习获得一系列信念、价值观和习俗。孩子通过模仿家庭成员的行为,或听从长辈教导,或在正式的教育环境中,在教师指导下,学会应该做什么、怎么做、为什么要这样做。

（3）文化的社会性

文化是人们通过大量的社会实践积累而成的。它告诉人们什么是对的、好的和重要的,以及在各种不同环境下应该做什么、不应该做什么。这些基本的行为准则和规范,为人们满足其生理、个人和社会需要提供了方向和指导。

（4）文化的无形性

文化是人们用来观察产品和服务的"透镜",它就像一只无形的手,影响和引导着人们的行为。这种影响是如此自然和潜移默化,以致人们几乎察觉不到文化在他们身上的作用。

（5）文化的动态性

文化不是静止不变的。尽管变化十分缓慢,但文化确实会随着社会前进的步伐而改变。新技术的诞生、人口流动、资源短缺、战争、外来文化的侵蚀等许多因素,都可能使人们的价值观念、行为方式、生活习惯、偏好和兴趣发生适应性改变,形成新的文化内容。

10.1.2　文化与旅游消费

社会文化观念普遍渗透于社会群体每个成员的意识之中,左右着他们对事物和活动的态度,从不同方面影响着人们的消费行为。由于旅游消费活动的本质是一种精神文化活动,文化对旅游消费行为的影响就更为明显,从根本上确立了旅游消费行为的方式和性质。人们对旅游的态度,对旅游活动内容的期望,对旅游服务人员的服务标准的期望,对旅游条件、旅游设施的要求等,都与人们的社会文化价值观念有着密切的联系。由于人们的旅游消费行为受特定文化和传统的支配,旅游者在消费活动中往往不知不觉地扮演了文化传送载体的角色。旅游者在感知和体验目的地文化的同时,有意无意地将自身的文化传播到目的地。

有人甚至认为,旅游消费行为在一定程度上造成了文化趋同的现象,地方特色在全球旅游消费中逐渐消失。

1) 文化对旅游消费行为的影响

作为特定社会中的一员,旅游消费者的心理与行为必然体现出所属文化的色彩。文化因素对旅游主体消费行为的影响主要表现在以下几个方面:

(1) 文化因素制约旅游消费者的某些心理欲求,禁止和限制旅游消费者表现出社会文化不赞同的旅游消费行为

不同文化背景的旅游消费者都有相对独特的文化追求与禁忌,引导、约束和限制旅游消费活动中的行为。例如,信奉伊斯兰教的旅游者在旅游目的地的选择上,往往把伊斯兰圣地麦加作为首选,在饮食上也严格遵守伊斯兰的饮食习惯及有关规定。再如,在传统的阿拉伯文化中,人们对男子外出或旅游采取赞许或较宽容的态度;但是,妇女要外出和旅游就会受到诸多限制和反对,妇女甚至无法参加群众性的社会活动。又如,一些虔诚的佛教信徒,尤其是持五戒的信徒是禁酒的,有的甚至是常年吃素,外出旅行也不例外。

(2) 不同的文化背景影响旅游消费者的旅游动机和需要,使旅游消费者的群体行为在表现出共性的同时,又具有突出的文化个性特点

例如,西方文化推崇冒险、创新的价值观。在旅游活动种类的选择方面,欧美游客往往倾向于参加探险性、刺激性的活动。一般来说,欧美游客到中国的主要目的是满足"求新求异"的心理需求。他们在选择旅游目的地时,除了基本的观光外,更多地选择那些与其生活环境差异较大,具有浓郁的中国特色和悠久历史的旅游目的地和旅游项目。东方文化讲求"中庸"。日本、韩国等访华游客更愿意选择具有宗教意义的旅游目的地,在旅游项目选择上更喜欢中等强度、动静结合或能修身养性的项目。

(3) 文化因素决定了旅游者在消费活动中的消费观念和行为标准

受文化观念的影响,有的人把工作看作生活的主要乐趣,非生产性的休闲会使他们产生负疚感。有的人认为,休闲是生命中的欢乐时光,他们很少会因为享受休闲的乐趣而感到不安。在不同的文化背景下,人们的旅游消费行为准则也是不同的。例如,日本文化主张尊卑有别,长幼有序。在日本旅游团队中,日本旅游者会按照民族文化的标准,如年龄、社会地位等排列次序,两个团友之间通常要交换工作单位、毕业学校、家庭情况等有关的个人背景资料,以确定双方的地位和相互关系,进而依据彼此的关系确定交谈的方式和内容。在美国文化里,等级和身份观念比较淡薄。美国旅游者在人际交往的态度上较少受到等级和身份的限制,他们更注重的是旅游服务的公平性,喜欢直率地表达自己的意愿和要求。

(4) 文化因素通过社会风气、参照群体影响旅游消费行为的发展方向

文化因素对一定时代和地域的社会风气的形成起着关键性的作用,而任何一个相关群体的旅游消费趋向和潮流都与当时的文化背景密切相关。譬如,人们对生态旅游的兴趣与可持续发展观念的普及有密切关系;乡村旅游最初在部分知识分子群体中兴起,他们作为参照群体对相关群体起到潜移默化的作用。

总的来说,文化因素对旅游消费行为的影响是相当普遍的,这些影响是动态的。社会经济、文化条件的改善,会引起人们观念的变化,进而转变个体对旅游活动的态度和对旅游产品的偏好。比如说,由最开始认为旅游浪费时间和金钱,转而认为旅游是有社会价值、象征意义和纪念意义的一项有趣味的社会活动,甚至把它作为奖励方式和馈赠品,用以代替物质的奖励和馈赠。

2)旅游消费行为对文化的影响

旅游消费与文化有着不可分割的关系。旅游消费不仅受旅游者原有文化的制约,而且会反过来影响文化的发展。

（1）旅游消费本身是一种文化

旅游是文化消费,同时也是文化创造的过程。旅游的本质,是满足旅游求知与审美需求的社会文化现象。随着人类文明的进步,人们对精神生活的追求越来越强烈。旅游消费者越来越不满足于浅层次的山水鉴赏,而追求从文化的高品位上,从自然、人文景观和文化的契合点上,去获得一种审美的愉悦,去探求和感悟一种文化的底蕴。

旅游消费者也有他们自己的文化。在大众旅游时代,许多旅游消费者表现出共同的爱好,遵循一套他们自己的跨文化交往的行为准则。无论是美国、日本、中国还是南非,不同民族、不同国家的旅游消费者在旅游活动中都会相对地抛开原先的文化身份,进入旅游者的角色。他们乘坐汽车、火车、轮船、飞机等交通工具到达旅游目的地,入住类似的旅店和宾馆,体验被旅游业"包装"了的异域文化或休闲活动。他们大量地使用照片、录像等工具,真实、直观地向人们展示他们的旅游生活和旅游吸引物的艺术特色。随着互联网的普及,越来越多的旅游消费者像记流水账式的,将自己的旅游生活以文本形式记录在博客,或一些旅游论坛上,并相互分享旅游心得,引领更多的旅游者参照他们的路线出游。现在,每年节假日出国旅游的群体规模都特别大,甚至令其他所有跨国流动的形式相形见绌。这些现象都表明旅游已经成为一种重要的社会文化活动,成为现代社会人类不可或缺的生活方式。

（2）旅游消费影响旅游目的地文化

旅游活动为来自不同地理区域、不同文化背景,具有不同经济状况的人们创造了相互接触的机会。因而,我们可以把旅游消费视为一种文化交流。旅游者不仅汲取旅游目的地的文化,同时也把客源地的文化带到旅游目的地。例如,从欧洲和北美洲经济发达地区到第三世界的旅游者在经济上有明显的优越感,他们大方和阔绰的消费行为和生活方式,给当地居民原有的价值观念和生活习惯都带来了复杂的影响。

根据瓦莱纳·施密斯对旅游者的分类,不同类型的旅游消费者对目的地的影响是不同的。越是大众化旅游,旅游者对目的地文化的适应程度就越差,影响也就越大（见表10.1）。在大众旅游蓬勃发展的今天,目的地居民长期与一批又一批的旅游者接触。旅游者所持有的货币作为一般等价物,具有重估一切价值观念的强大魔力。这使得旅游者自身的文化有可能反客为主,成为指引旅游目的地文化发展方向的一股主要力量。

表 10.1　各类欧美旅游者对发展中国家旅游目的地社会文化的适应与影响

旅游者类型	旅游者数量	对地方社会文化的适应情况	影响程度
探险者	极为有限	完全接受	无影响
精英分子	很少见	完全适应	基本无影响
不因循守旧者	并不普遍,但能见到	很适应	基本无影响
偶尔到访的散客	偶然可见	有时适应	影响较小
新出现的游客群体	形成批量	寻求西方模式	影响较大
大众旅游者	持续地批量到达	期待西方模式	影响非常大
包机旅游者	大量到达	要求西方模式	影响非常大

资料来源:李星明,赵良艺.旅游者对发展中国家的旅游地社会文化影响研究[J].华中师范大学学报(自然科学版),
　　2002,36(2):256.

　　大众旅游者通过消费活动嵌入旅游目的地的社会文化空间,将自己的意识、日常生活方式向旅游目的地延伸,使当地的社会秩序、市场化程度、人员流动规则等发生一系列变化,并引起许多旅游地居民思想和行为的变化,从而影响着旅游目的地文化的发展方向。这种影响主要体现在 3 个方面:

　　①对目的地居民思想和行为的影响。来自发达地区的旅游消费者的意识和消费方式往往会产生示范效应,吸引目的地居民模仿和学习,从而改变目的地居民的行为举止、穿着打扮、卫生习惯、经商意识,影响目的地居民的价值观念。这种示范效应,对年轻人的影响最为明显。一些目的地居民甚至为了追求旅游者的生活方式,寻求较高的生活质量而离开自己的居住地。我国学者刘赵平对河北野三坡的旅游社会影响研究(刘赵平,1998)以及王宪礼对长白山生物圈保护区的旅游社会影响研究(王宪礼,1999),均表明这种示范效应的客观存在。

　　②对旅游目的地社会生活的影响。随着大众旅游者的涌入,旅游者的消费偏好和行为甚至会改变当地的就业结构、基础设施条件和社会文化活动内容。比如,由于日本休闲旅游者是澳大利亚昆士兰黄金海岸的主要客源。为了迎合日本旅游者的口味,昆士兰地区出现了越来越多日式的基础设施、日式餐馆和符合日本游客居住习惯的宾馆。

　　③导致泛文化现象的出现。为了使旅游者能体验到当地文化,许多旅游区都推出了文化旅游产品。例如,在我国许多旅游景点有模拟的结婚典礼等。这些具有文化魅力的表演既有积极的效果也有消极的影响。一方面,它们成为保护当地传统的方式之一;另一方面,篡改传统和习俗来满足旅游者体验的"文化旅游产品",实际上造成了真正传统的失真甚至消失。许多传统节日以及风俗习惯经过人为的预先安排,以娱乐的形式介绍给旅游者,失去了其原有的意义。此外,大众旅游者对文化纪念品的需求,一方面增强了当地居民的自豪感,使一些民间工艺和艺术得以延续发展;另一方面也改变了旅游地工艺品的艺术风格和形式,使一些原来富有宗教和礼仪意义的工艺品变成了纯粹的商品。

综上所述,文化与旅游消费之间存在相互影响的关系。文化因素赋予旅游活动、旅游产品和服务特定的象征性意义,并通过文化传承、广告营销和时尚,将这些含义渗透在旅游者的意识和行为中。不同文化背景的旅游者在旅游动机、消费观念、行为标准等方面存在一定的差异。文化因素会具体影响到旅游者对旅游目的地、旅游产品和服务的选择,他们在旅游活动中的情感体验以及表现旅游体验的方式。尽管旅游者的消费行为会受到他们民族和文化的影响,但是仍有一些动机、需要和行为是普遍存在和一致的。例如,旅游消费者的怀旧思绪,对浪漫情怀的需要,对观赏美景的渴望,希望安全地享受旅游刺激的心态,等等。换言之,旅游消费者有他们自己的文化,有他们共享的价值观念和行为准则。此外,在大众旅游盛行的时代,旅游消费者携带的文化还可能对目的地的文化形成影响和冲击,导致地区间文化差别日益缩小。

10.2　亚文化与旅游消费者行为

10.2.1　亚文化概述

每一种文化,都包含着能为其成员提供更为具体的认同感较小的亚文化。亚文化群体成员除了拥有社会主流的信念、价值观和行为模式外,还具有与同一社会中其他成员不同的信念、价值观和生活习俗。因此,可以把亚文化理解为在某个较大的社会群体中的一个较小的群体所共享的独特的信念、价值观、爱好和行为习惯。

消费者可以同时属于几个亚文化群体。例如,一名16岁的少女可能同时属于藏族、佛教徒、青少年、四川人等群体。每一种不同的亚文化成员身份,都为她提供了一套独特的信念、价值观、态度和习惯。这些亚文化成员身份往往预示了一些消费变量,如接触媒介的种类、食物偏好、衣着、休闲活动,甚至尝试新产品的愿望。因此,营销人员可以根据各亚文化群体所具有的不同信念、价值观和习惯,判断该群体成员是否会成为具体营销策略的目标受众。

亚文化有许多不同的分类方法。通常将文化分为东方文化和西方文化,或者按国籍和民族来划分文化,如中国文化、法国文化、美国文化等。实际上,任何一个具有共同信念与习惯的群体都可归为一种亚文化。目前,比较有代表性的分类方法是按民族、种族、宗教、年龄、地理、性别划分亚文化类别。

10.2.2　亚文化对旅游消费者行为的影响

与文化对旅游消费行为的影响一样,亚文化对旅游消费者行为的影响也是多方面的。下面主要按亚文化的不同类型展开亚文化对旅游消费者行为的影响的阐述。

1) 族群亚文化及其对旅游消费者行为的影响

族群(ethnic group)是指:在较大的社会文化体系中,由于客观上具有共同的渊源和文化,因此主观上自我认同并被其他群体所区分的一群人。其中共同的渊源是指世系、血统、体质的相似;共同的文化指相似的语言、宗教、习俗等。这两方面都是客观的标准,族外人对他们的区分一般是通过这些标准来确定的。主观上的自我认同意识即是对我群和他群的认知,大多是集体无意识的,但有时也借助于某些客观标准加以强化和延续(孙九霞,1998)。

因此,族群亚文化是某一族群在长期共同生产、生活实践中产生和创造出来的能够体现本民族特点的物质和精神财富的总和。族群亚文化对旅游消费者行为的影响,可以从处于不同族群的旅游消费行为的差异来考察。例如,整体而言,日本出境旅游者由于受其偏好长时间工作的文化传统的影响,更加偏好短假期,在旅游目的地的停留时间也相对较短。而一些欧美发达国家的旅游者外出度假的时间则会更长一些。他们一般会在度假地待上一周,甚至更长的时间。

2)宗教亚文化及其对旅游消费者行为的影响

宗教是人类社会发展进程中的特殊文化现象,是人类传统文化的重要组成部分。它影响人们的思想意识、生活习惯等方面。广义上讲,宗教本身是一种以信仰为核心的文化,同时又是整个社会文化的组成部分。宗教文化对旅游消费者行为最为明显的影响体现在两个方面:动机和实地行为。在动机方面,受特定宗教文化的影响,宗教朝拜本身成为一种特殊的出行/出游动机。比如,福建晋江一带的佛教信徒,几乎每年都会到浙江的普陀山朝拜观音菩萨。这些虔诚的佛教信徒会在晋江机场搭上最早的航班直飞普陀山机场,一般在普陀山待上一两天,朝拜结束后再搭乘晚班机回晋江,几乎每年都如此。而在实地行为方面,宗教文化同样既影响信徒,也影响普通的宗教文化旅游者。例如,印度教禁止信徒食牛肉,信奉印度教的人们在出游过程中,自然也应该遵守这些戒律;而即便是普通的宗教文化旅游者在造访宗教场所时一般也会严格遵守相关的规定,尊重特定的宗教文化。

3)地理亚文化及其对旅游消费者行为的影响

与地理亚文化密切相关联的学科是文化地理学。文化地理学是研究人类文化空间组合的一门人文地理分支学科。它研究地表各种文化现象的分布、空间组合及发展演变规律,以及有关文化景观、文化的起源和传播、文化与生态环境的关系、环境的文化评价等方面的内容。

地理亚文化,实际上就是指在特定的地理空间、地域范围内的亚文化。也就是说,某种特定的文化会因为地理空间、地域的差异而出现差异。因此,地理亚文化与族群亚文化会在一定程度上有重叠。地理亚文化对旅游消费者行为的影响,与宗教亚文化对旅游消费者行为的影响类似,也显著地体现在动机和实地行为两个方面。实地行为最典型的例子就是美食文化。例如,中国的美食文化源远流长,但地域差异明显,在长期的历史演变中,形成了诸多菜系。不同地域的中国人在国内旅行时,总是难以摆脱各自地域饮食文化的影响。与此同时,中国的饮食文化,又很大程度上有别于其他的国家和地区。因此,中国游客在海外旅行时的饮食文化行为也深受他们的饮食文化以及整体文化价值的影响。

4) 年龄亚文化及其对旅游消费者行为的影响

即便是在同一个族群内部、在同一宗教亚文化和地理亚文化熏陶下,不同年龄段的群体也会表现出文化的差异,从而影响他们的旅游消费行为。在日常生活中,年龄亚文化最为直观的表现就是不同年龄的群体对音乐、电视剧、休闲娱乐活动的不同偏好。例如,年轻人喜欢摇滚乐、街舞和极限运动。年龄亚文化同样也会影响旅游消费者行为。例如,徐惠群等(2007)的研究发现,中国城市老年人出游的动机主要是:提升生活质量、逃离日常烦琐事务、社交、提升知识、自豪与爱国主义、奖励自我以及怀旧。当然,上述动机并非老年群体独有,但在中国特定的文化背景与历史渊源下,老年人"对自己国家的自豪感与爱国情怀""犒劳自己昔日的辛劳"以及"怀念往昔美好时光"的动机比年轻一代更加强烈和重要。

5) 性别亚文化及其对旅游消费者行为的影响

性别有生理性别和社会性别之分。生理或生物学意义上,生物中有许多物种可以划分为两个或两个以上的种类,称之为性别(对应英文"sex")。社会性别(对应英文"gender")是指个人或人性中所带有的阳刚气质(masculinity)或阴柔气质(femininity)。社会性别是相对于生物学意义中的生物性别而言的,更接近身份认同与气质,又称性别气质。因此,社会性别可以理解为社会中的一个人,其自身和其所处的环境对性别(生理上的)的期待。这些期待将在这个人的行为(以及环境中的群体的行为)中充分体现出来。与上述亚文化类似,性别亚文化也叫性别文化,是一种独特的文化因素。不同性别的群体,会表现出文化上的差异,进而也会影响旅游消费行为。例如,谢晖、保继刚(2006)以黄山市为样本收集地的研究发现:女性游客比男性游客搜集更多的信息类型,其中更倾向于搜集旅行费用、食宿状况、线路安排这3种旅游信息。其次,女性游客比男性游客更倾向于通过人际交流的方式获取旅游信息。再者,对于游览民居和购买旅游纪念品两种旅游活动,女性游客比男性游客具有更强的偏好。

10.3　文化差异与旅游消费者行为

在旅游活动过程中,旅游者同旅游地东道主之间在旅游景区景点、餐饮、住宿、交通、购物商店、娱乐场所等发生的一切联系,都不可避免地在同时进行着客主之间的交互活动与相互影响。这种交互活动既是经济的交流,同时又是不同文化之间的碰撞。旅游者文化是由旅游者在旅游时所呈现的文化,主要包括旅游者的本民族文化和本国文化。东道主文化则是与旅游者相接触的东道主国的文化。当旅游者和东道主相遇时,他们身上所带有的本国、本民族文化以及在旅游过程中所表现出的特有文化混合在一起,形成一种特殊的文化,即客主交互的文化。这种文化既不完全等同于客源国文化,也不完全等同于旅游地文化,而是混合了客源国文化、目的地文化以及旅游文化所形成的一种特殊文化形态。

　　文化差异是从文化起源那一刻起就出现的,是在人类对自然环境的应战和挑战中产生的。有什么样的环境,就会创造出什么样的独特文化。东西方在社会制度、文化教育体制、思想意识、宗教乃至饮食、民俗等方面都表现出极大的不同,从而形成不同文化的差异。环境在文化的形成和发展过程中起了很大的作用,但影响文化的因素纷繁复杂,而且人类的文化越发达,环境影响文化的程度越低。

10.3.1　人格的差异

　　西方的人格构成是以内在自我为核心的,是在内在自我的基础上生长出人际自我和社会自我,表现为人格上自律、个性上具有极强的独立性。与此相反,中国人是以人际自我为核心来铸造自己的人格的,从人际关系上考虑人和定义人的。

1)姓名

　　姓名是每一个社会成员的标志和符号,它的社会功能是人们借以相互区别的标志。人们在选择姓名时会考虑各种原因,所以它隐含着一个民族的语言、历史、地理、宗教和文化传统信息。由于各自历史发展和文化传统的差异,东西方之间形成了两种各自不同的姓名体系。首先,姓和名的顺序是不同的。西方人自己名字在前,族姓在后,通常是"重名轻姓""妇随夫姓";东方人则相反,"重姓轻名""男女各姓"。在姓氏来源上,东方人多以祖先的图腾为姓,以封地为姓(即所谓胙土赐姓),以居住地为姓,以官职为姓,以职业为姓,以颜色名称为姓等;而英语国家的姓氏主要以职业名称为姓,以居住地的地形、地貌为姓,以自然现象为姓,以动物名称为姓,以表示人的外貌和体形的词为姓。

2)地址

　　在西方文化区,地址号码首先是个人居住的门牌号码,然后才是街道、区、市、省份、国度,体现的是从小到大,从个体到群体;东方文化区却是刚好相反,先国家、省份、市、区、街道,然后才是个人具体居住地的信息。东西差异体现的是:东方人先国家后个人,强调大家;西方人先个人后国家,强调小家、个人。

3)记时

　　东方文化区的人们记时是按照年、月、日、时、分、秒,是由大到小;西方文化区的人们则相反,是按照从小到大的顺序。这表明,不同文化群体具有不同时间观。时间观念是文化深层结构的一部分,它影响着人们对外部世界的感知,左右着对事物的判断,进而控制人们的行为。

4)语言

　　语言符号是人们见到的最直接、最丰富的文化载体。按照工具论的观点,它是表情达意、创造文化产品的工具和手段,因而也是过去心智创造的文化载体。中西方语言形式差别很大:西方语言为形态语,它以形统意,用严密的形态变化来表现语法范畴和语义信息;而汉语为非形态语,它以意统形,通过语言环境和语言的内在相互关系来表现句子的词法、句法和语义信息。汉语组织以达意为主,追求语句中各意群、成分的内在关系的联结与对应,"不滞于形而以意统形"。

5) 思维方式和方法

西方人的一贯传统是注重理性思辨,认为只有思辨理性才是最真实、最完善、最美好的。因此,从古希腊时代起,自然科学家和哲学家都把抽象的逻辑思维方式作为认识和把握事物真理的最基本手段,并把"分析学"或"逻辑学"视为一切科学的工具。文艺复兴时期随着近代科学的兴起,这种实证和分析的思想方法更得以发展,逻辑思维和实证分析便成为西方人的思维方式和方法。"与讲究分析、注重普遍、偏于抽象的思维方式不同,中国思维更着重于从特殊、具体的直观领悟中去把握真理",中国人认识世界的方式是"体知"而不是"认知"。老子首创"体道"说,就是以心灵体验的方式去把握宇宙的根本之道。儒家强调的是以一种充溢伦理精神的道德体验来达到对客观外物的认同。孔子所说的"吾日三省吾身""见不贤而内自省也""见其过而内自论"的修身经验和孟子所提出的"反身而诚"等,是把认识的对象作为人类自我意识外化的伦理情感的整体来体验,并从中寻求对主体伦理、价值规范的印证,从而最终以"反求诸已"的内倾性和伦理反思获得对外在事物的把握。直观领悟的思维方式在对事物的研究方法上具有整体性的特点。

10.3.2 生活形态的差异

1) 饮食结构

从饮食结构来看,西方人以肉类、蛋白质为主,把谷类地位放在所有食品之上,既保证谷物和其他食物能够发生营养的互补,也保证饭和菜的比例适合。东方人以谷类和淀粉为主,且口味稍咸。营养是人类生存的基本条件,更是反映一个国家经济水平和人民生活质量的主要指标。中华饮食文化渊源是东方古老的阴阳学说,这是一种带有浓厚浪漫色彩的哲学,至今仍在影响人们的饮食生活。中国饮食追求的是"美味享受,饮食养生"和"食疗同源",把饮食的味觉感受摆在首要位置上,注意饮食审美的艺术享受。西方人则把饮食当作一门科学,以现实主义态度注重饮食功能。近代科学文明对西方饮食习俗影响极大。西方人通过分析食物的成分含量,掌握具体的营养要求;对待饮食,讲究有什么营养、能产生多少能量,味道则其次,如加热烹调会造成营养损失,那就少加热甚至干脆生吃。

2) 服饰

从服饰方面来看,东方服饰讲究修饰、注重内省;注重装饰与和谐;重视线条感,宽大、线条流畅;样式不固定,具有飘逸的风格。在注重内省方面,中国服装文化属于一元文化范畴,具有整体性和大同观念。对服装穿着以"自尊""自爱"为主,心理定向是"内省型"。对服装的穿着行为不求标新立异而注重"自我调节",在调节新旧观念的冲突与外界观感的反省中寻求新的和谐。在装饰方面,传统中国服装在造型上体现出和谐、对称、统一的表现手法,服装倾向于端庄、平衡,不太追求倾斜感和非对称性。西方的服饰更加崇尚显露(尤其是欧洲文艺复兴运动之后),注重表演,注重造型的立体感、挺拔感。西方有崇尚人体的传统,要求服装穿着者能更好地表现和反映人体美。他们对服饰追求的价值观念是"个人本位",以自我为中心;对服装穿着的动机是看重"自我表现";心理定向是"外倾型"的,敢于标新立异、我行我素,讲究穿着个性的表露;在服装造型上,常以抽象形式美追求服装外在造型的视觉舒适性,表现出非对称性、不协调性的造型方式。

3) 建筑

从建筑来看,东方建筑体现的是天人合一,人与自然和谐。如中国的传统建筑除对称这一特点之外,更以其独特的形制和风格,体现了稳重、平和、和谐的民族传统文化特征。中国的传统建筑主要为木构架砖木结构,其主体结构为柱、梁、枋、檩等组成的木构架。由于木构件采用榫卯结合,十分牢固,所以木构架十分坚固,抗震性能好,故有"墙倒屋不塌"之说,具有很强的稳定性。与中国的传统建筑相比,西方诸多的传统建筑往往体现的是人类征服自然,清楚地表现出多样性、富于变化和个性化鲜明的风格和特点。西方传统的对称式建筑,之所以没有中国传统建筑的平稳、稳重的感觉,一个重要的原因就在于建筑的轮廓和线条不是平直、柔和的,而为几何形(三角形、锥形等)线条、大弧度曲线等,起伏错落多变,给人以动感,打破了对称的稳定性,这也是个性化的表现。西方的传统建筑在形制和风格上也具有异彩纷呈、风格多样、富于变化的特点。

10.3.3　社会文化的差异

1) 交往习俗

从社会习俗来看,东方习俗是:人与人之间互相依赖依存,讲究亲情友情。"人情"是东方习俗中很重要的元素,如常讲的"有朋自远方来,不亦乐乎"。而西方习俗是:人与人之间要保持适当距离,讲究隐私、个性、独立。东西方交际礼仪不同。西方人见面时不一定握手,只要笑一笑打个招呼就行了,即使是第一次见面也是这样;而中国人则视握手为基本礼节。西方人见面时喜欢直呼其名,这是亲切友好的表示。西方人很少用正式头衔称呼别人,如不用局长、经理、校长等头衔来称呼别人,正式头衔只用于法官、高级政府官员、军官、医生、教授和高级宗教人士。在与人交谈时西方人忌讳谈及个人隐私,如年龄、婚姻、收入、信仰等;而中国人对个人隐私的界限远没有这么多,并不反感别人对自己生活作一般了解。

2) 社会伦理道德

从社会伦理道德来看,西方伦理是:人与人之间建立的一种约束机制,是法律法规约束,希望对社会实行"事后被动制约",用法律和组织措施来解决问题,是以理智为基础的。从英国的经验主义到美国的实用主义,从路德的宗教改革到韦伯的新教资本主义理论,再到穆勒的利己主义,都浸透着一种理智精神。而中华传统文化以家庭血缘关系为本位,家庭伦理处于社会关系的核心,家庭是人们最初和最重要的社会组织方式,家庭成员间具有强烈的责任和义务约束。中国的伦理是家族伦理,"孝"是家族伦理的核心,法律和道德一起来制约社会。西方强调个体本位,而中国人提倡群体本位。中西方道德本位的不同,使中西方的伦理体系和道德规范具有不同的特点:西方重契约,中国重人伦;西方重理智,中国重人情;西方伦理重于竞争,中国则偏重于中庸、和谐;西方的伦理道德以人性恶为出发点,强调个体的道德教育,中国儒家从人性善的观点出发,强调个体的道德修养。

10.4　中国文化特点与旅游消费者行为

10.4.1　中国文化的特点

1) 安土乐天的文化心态

由于地理、气候环境等条件的影响,中国传统的社会生产形态是农业经济。在浓厚的农业经济氛围中,人们习惯于通过农业生产从土地里获取主要的生活来源。这种生活模式经过长期的演变,变成了人们对土地的高度心理依赖。这种依赖逐步发展成为一种价值判断标准,把获取并保有土地视为一种最根本的财富价值观。这种价值观再加上农业生产本身的连续性、周期性和相对稳定性的特点,使人们热衷于追求安居乐业的生活方式。人们生活在一个固定的熟人社会,日出而作,日落而息。此外,传统农业社会受制于交通不便、信息不通等因素的影响,多数中国人视离家外出为危途,轻易不离开故土。简而言之,传统农业社会安土重迁的生产和生活方式,使中华民族形成了重实际轻幻想的务实精神和自给自足的观念。

2) 重视家庭,享受天伦之乐

中国传统文化特别重视家庭。在人际交往中,中国人最重视以家庭、血缘为中心的人际交往原则,以血亲为基础确定人们的亲疏远近关系。在农业经济狭小的生活圈子中,这种人际交往原则使人们更强调家庭的和睦与团结,追求家庭的幸福与快乐。在许多中国人心目中,最大的幸福与快乐莫过于能享受天伦之乐,子孙绕膝,团圆平安。当然,随着时代的发展,社会的进步,尤其是中国改革开放以来,都市化进程的加快,传统的乡土社会受到了极大的冲击,中国传统文化不可避免地也受到很大的影响。但是,这种重视家庭和享受天伦之乐的观念,在老一代中国人心中依然存在。

3) 重整体,倡协和,尚中庸

中国文化具有重视整体、提倡协和,通过协和达到和谐的文化特点。中国文化的整体观念把天、地、人视为统一的整体,以"人与天地万物为一体""天人合一"为最高境界。在政治领域,表现为"大一统"的观念;在社会领域,表现为个人、家庭、宗族和国家不可分割的情感;

在文化领域,表现为兼收并蓄,求同存异的宽容精神;在伦理领域,表现为顾全大局,必要时不惜牺牲个人或局部利益以维护整体利益的价值取向,等等。这些观念构成了中华民族集体至上的思维趋向和共同心理。

在重视整体的同时,中国文化也强调群体及其成员的和谐与统一。中西文化的一个重要差异,就是中国文化重和谐,西方文化重分别和对抗。在中国文化中,和谐是最理想的状态。通过人与自然、人与人之间的和谐关系,构建从个人到家庭、宗族,再到国家,逐级扩大的理想社会。个人并不因为是集体的部分,而丧失个体的自我。这正是儒家文化在处理个体与群体关系上的思想精髓所在。

协和与中庸是联系在一起的。在儒家看来,中庸是实现和谐与统一的根本途径。"中"既指事物的"度"(即不偏不倚),也指对待事物的态度。"贵和尚中"观念在中华民族和中国文化的发展过程中发挥着十分重要的作用,它促进和推动了社会的稳定和发展。做事不走极端,着力维护集体利益,求大同,存小异,保持人际关系的和谐,是中国人普遍的行为准则。

4) 求是务实,讲求勤俭

面向现实,求是务实是许多中国人的信条。中国文化历来反对不切实际的清谈玄想。务实的人生态度和价值取向对中国人的行为有重要的影响,如强调做事脚踏实地,生活中讲求勤俭、朴实、实用,轻视华而不实的东西。

此外,长期自给自足的小农经济也使中国人普遍有一种节制欲望的心态。节欲思想再加上农业经济低水平的生产力,使中华民族形成艰苦朴素的生活方式,甚至把节俭作为立国的重要前提。因此,在价值评判方面,传统的中国人不赞成高消费,也不认同流行时尚。即使受到西方消费主义和享乐主义的影响,当代中国人在购买产品和服务时,往往更注重实际效用和价值,反对盲目攀比和铺张浪费。

5) 多样性与异质性并存

中国是一个多民族国家,幅员辽阔,各地的自然条件和地理环境差异很大。不同民族、不同地理区域的人们形成了不同的生活方式、思想观念和风俗习惯。文化的多样性和异质性不仅表现在不同民族之间,也表现在农业区与周围地区之间、不同农业区之间以及同一农业区的内部。

首先,众多各具特色的民族亚文化共存发展。虽然汉族占总人口的90%以上,但是各民族也都还继承和保留着自己传统的宗教信仰、消费习俗、审美意识与生活方式。

其次,显著的地域特点更加突出了文化的多样性和异质性。例如,中原农业民族对土地的依赖发展成为重农轻商、安土乐天的观念。北方游牧民族由于生存条件比农业民族恶劣而只能以迁徙和战斗来对付异族的压力,因此尽管他们很早就接触到汉族文化,但并没有全盘加以接受。一水相隔的湖北人和湖南人,虽有不少文化的共同之处,但也存在许多差异。湖北人被认为有商业头脑,很精明。湖南人则被认为具有革命精神,有以天下为己任的豪情和务实作风。

10.4.2　中国文化对旅游消费行为的影响

一国的文化特征在很大程度上决定了它的民族性格、思维模式、行为习惯和生活方式。价值观念、规范、习俗、物质文化等文化因素对消费者行为,进而对企业营销的影响是广泛而深远的。其中,最具根本性的影响因素是价值观念。从总体上讲,中国传统文化的价值取向是内倾型的。内倾型文化的民族性格喜静不喜动,不事张扬,在消费观念方面往往趋于保守、低调。但随着西方文化的东渐,中国人的价值取向和消费观念正在一点一点地发生变化。中国文化对旅游消费行为的影响主要体现在以下几个方面:

1) 旅游动机

虽然中国古代有"读万卷书,行万里路"的说法,文人士大夫们还把山水之游作为修身养性的对象和工具,但是,安土乐天、不尚远行的文化特征也具有抵制旅游和反对旅游的倾向。人们缺乏冒险精神,求稳怕变,甚至把旅游看作不务正业。所谓"在家千日好,出门半日难""金窝银窝不如自己的草窝""父母在,不远游,游必有方""孝子不登高,不临危"等,就是这种心态的反映。

此外,重视家庭、提倡节俭的价值取向决定了中国人会多方位地考虑子女的抚养、教育、就业、婚姻以及自身的养老等问题,节制当前消费,储蓄资金。在消费内容上,中国人更热衷于饮食消费、购买生活用品、家电、住房等,以满足家庭生活的需要,享受天伦之乐,而不会优先考虑旅游消费。即使在满足基本生活消费的情况之下,中国人仍然会习惯性地节制消费,增加储蓄,以备不时之需。

迄今为止,许多中国人仍把旅游视为奢侈的消费行为。在安土乐天和勤俭节约观念的影响下,他们或多或少地抑制自己的旅游需要,尽量不考虑参加这种"花钱买罪受"的活动。有些人宁可在假期中无所事事地待在家中,靠打扑克、搓麻将打发日子,也不轻易外出旅游。这种心态对旅游动机的激发无疑是起阻碍作用的。

但是,随着我国社会生产力水平的提高和西方文化的传播,人们的社会生活发生了翻天覆地的变化。在现代人的文化价值观念中,旅游成为人们回归自然、提高生活质量的重要途径,抵制旅游的观念在逐渐瓦解。进入 21 世纪以来,我国民众观光游玩和消费的热情达到了前所未有的高度。花钱买愉快、买服务的旅游消费观念正逐渐为人们所接受。

2) 旅游活动的选择

随着近年来我国旅游业的日趋成熟,人们的出游选择逐渐丰富,但现代中国人的游娱观念、出游目的地的选择、休闲游历活动的形式等,仍在不同程度地受到传统文化和民俗习惯的影响。

大多数中国旅游者都恪守"游必有方"的信条,每次出游都有一个较为固定的目标和日程。在旅游目标的选择上,中国旅游者往往不自觉地继承了中国传统的审美观念,延续着以儒家学说为中心的旅游观。人们偏好以观赏为主的园林游览和风景审美活动,喜欢优美和谐的自然景观、社会知名的历史文化古迹以及发展较成熟的景区,尤其喜好文化和自然风景互相渗透所孕育出来的包含人文精神和自然态势的旅游目的地。此外,中国人对中华民族始祖的发源地及故乡也比较热衷,这主要缘于寻根访祖的文化情结。在旅游活动项目的选择上,中国旅游者偏爱的活动较为舒缓,缺少刺激性和对抗性的项目,注重精神内涵和亲情交融,在安闲自在中享受旅游之乐。

与中国旅游者相比,西方旅游者较喜欢独特、新奇、不同寻常的旅游目的地。他们在对景观的选择上,更偏好原始古朴的自然景观或保持原始风貌的历史文化景观。他们喜欢参加充分展示自身智力和体力的活动项目,乐于接触他们不熟悉的异质文化和民族,并期待在旅游中有所收获和发现,在经受旅游考验后享受成功的喜悦。在中西文化相互交流、融合的当今社会,中国人的旅游偏好也会发生一些变化,出现新的内容。但总体来说,中国旅游者仍会保持本民族的一些习惯特征。受"以静养身""不登高,不临危"等传统观念的影响和制约,现代中国旅游者仍遵循适度旅游的原则,强调"求稳""求静",反对过于张扬和冒险。

3) 购买决策方式和出游方式

中国旅游者受儒家文化的影响,在思想意识、思维模式上追求群体取向。这种群体意识,表现在行动上就是倾向于集体行动,强调相互依赖、相互合作,每个团体成员都为不被排除在"圈外"而努力。相应地,在远程或出国旅游中,中国旅游者多选择组团的形式;在短程或假日旅游中,则往往选择全家出游或亲友同游的方式,较少个人单独出游。因此,中国的旅游市场以家庭为单位的消费者居多。人们往往以集体为单位作出旅游决策。例如,家庭成员的大部分收入都集中由一名"当家人"统筹安排。在具体旅游购买决策中,特别是单笔支出较大的购买决策中,还需要家庭成员集体讨论。个人的旅游行为与整个家庭紧密联系在一起。一个人不仅要考虑自己的旅游需要,还要考虑整个家庭的需要。在旅游产品和品牌选择上,中国旅游者较少标新立异。他们重视亲友的意见,尽量与他人保持一致,减少购买风险。

4) 旅游消费水平与消费结构

据国家旅游局在其官网发布的消息,2017 年全年,国内旅游人数 50.01 亿人次,比上年同期增长 12.8%。其中,城镇居民 36.77 亿人次,增长 15.1%;农村居民 13.24 亿人次,增长 6.8%。国内旅游收入 4.57 万亿元,比上年同期增长 15.9%。其中,城镇居民花费 3.77 万亿元,增长 16.8%;农村居民花费 0.80 万亿元,增长 11.8%。

目前,我国旅游者的消费水平呈现出明显的两极分化现象。一方面,从国内旅游来看,中国仍是一个旅游低消费国家。农村外出旅游人数在旅游市场的比重偏小,消费水平也很有限。从旅游消费结构看,国内游旅游者讲求经济实惠,重视物质产品和饮食消费,在交通和住宿的选择上偏重经济性。我国居民的旅游消费主要还停留在大众产品上,对非物质形态的劳务性消费的重视程度相对较低。

另一方面,自 1997 年中国正式开放出境旅游以来,中国公民出境旅游的高消费行为就引起了世人的关注。进入 21 世纪后,中国公民的出境旅游消费开支更是一路攀升,成为世界上出境旅游消费最高的国家之一。目前,中国公民境外旅游消费水平不仅远远高于国内消费支出水平、全国城镇居民消费支出水平,而且超过了人均年收入达 1 万多美元的发达国家出境游客的消费水平。《2015 年中国旅游业统计公报》显示,我国公民出境旅游人数达到 1.17 亿人次,比上年同期增长 9.0%。经旅行社组织出境旅游的总人数为 4 643.5 万人次,增长 18.6%,其中:组织出国游 3 231.48 万人次,增长 30.5%。出境旅游花费 1 045 亿美元,比上年增长 16.6%。

有研究显示,中国出境游游客主静不主动,不愿在参与性更高、冒险性更强的旅游项目上花费。除交通、住宿、餐饮等必需消费项目外,购物是中国旅游者在境外自主消费的大项。这体现了中国传统文化对旅游消费行为的影响。以家庭为中心的思想决定了中国人非常注重通过旅游购物与家人分享快乐。一般来看,旅游者在境外的旅游行为并不仅仅是个人行为,出境旅游者往往是家庭甚至是家族的代表,其购物特点表现为密集式、积累式、家庭式。除了以家庭为中心的消费行为外,人情消费也促进了中国游客在旅游过程中的购物行为。中国人有强烈的集体主义导向,并重视人与人之间的联系,旅游后馈赠礼品是中国人拉近人与人之间距离,加强社会联系的一个重要途径。因此,出境游游客旅游消费开支的相当一部分是购置礼品,用于人情消费。

5) 主客互动

在从国内旅游向国外旅游发展的过程中,文化反差是促使中国游客旅游的重要动因之一。但是,在旅游观念上,中国游客大多注重自我交流和心领神会,与旅游目的地居民的交往意愿不强。中国传统文化在对待不同民族和文化方面,历来承认其他民族和文化的价值,主张在主导思想的规范下,不同民族或群体之间思想文化兼容并蓄。因而,出门在外的中国游客常常给人以谨慎、保守和内敛的印象,既尊重目的地文化,又在穿着、举止、生活方式等方面坚持自己的价值标准,在出境游中尤其如此。现阶段的中国游客对西方文化主要持探寻和观察的态度,不轻易融入异乡社会。中国公民与目的地居民之间的接触和文化互动非常有限。虽然个别中国游客在公共场合随地吐痰、乱扔东西、大声喧哗、不谦让等陋习让目的地居民颇有微词,但总体而言,中国游客对当地居民友好和尊重的态度得到了人们的认可。文化冲突现象在目前的出境旅游活动中,没有成为旅游的障碍。

本章概要

- 本章介绍了文化和亚文化的概念和特点,它们与旅游消费的关系、中西方文化差异的表现、中国文化的主要特点及对旅游消费行为的影响。

- 文化的含义:一般来说,文化有广义与狭义之分。广义的文化是指人类在社会历史发展的实践过程中所创造的物质财富和精神财富的总和。狭义文化是指人类精神活动所创造的成果。在消费者行为研究中,由于研究者主要关心文化对消费者行为的影响,所以我们将文化定义为一定社会经过学习获得的、用以指导消费者行为的信念、价值观和习俗的总和。而与消费者行为有关的价值观,大致可以分为:他人导向的价值观、环境导向的价值观和自我导向的价值观等。

- 与旅游消费者行为有关的文化特点是:①文化的群体性,②文化的习得性,③文化的社会性,④文化的无形性,⑤文化的动态性。
- 亚文化对旅游消费者行为的影响主要表现在:①族群亚文化对旅游消费者行为的影响,②宗教亚文化及其对旅游消费者行为的影响,③地理亚文化及其对旅游消费者行为的影响,④年龄亚文化及其对旅游消费者行为的影响,⑤性别亚文化及其对旅游消费者行为的影响。
- 文化制约了旅游者的某些心理欲求、影响旅游者的旅游动机和需要、决定了旅游者的消费观念和行为标准、影响旅游消费行为的发展方向。
- 中西方文化的差异主要表现在:人格的差异、生活形态的差异、社会文化的差异等方面。
- 中国文化对旅游消费行为的影响主要体现在以下几个方面:旅游动机、旅游活动的选择、购买决策方式和出游方式、旅游消费水平与消费结构、主客互动。

课后习题

1.何谓文化? 请分别从广义和狭义的角度阐述文化的定义及其特点。

2.请分组讨论不同文化价值观对旅游消费者行为的影响,并举例说明。

3.文化会对旅游消费行为产生什么样的影响? 文化与旅游消费行为是怎样相互影响的?

4.请根据你以前所学的知识,分析一下中西方宗教的区别与差异,并举例说明亚文化对旅游消费行为的影响。

5.有关中国文化的主要特征,除了书本上列出的几点外,你个人认为还有哪些主要特征? 请举例说明。

6.请用案例分析中国文化的主要特征对旅游消费者行为的影响。

【案例分析】

小庄村的民俗旅游

　　青海互助土族自治县隶属青海省海东地区,是全国唯一的土族自治县。土族作为青藏高原上最古老的民族之一,其民族文化极具特色,在歌舞、饮食、服饰、建筑、婚嫁、礼节等方面均具有较高的观赏性、参与性、知识性。通过几年的发展,互助县已初步形成了"一心、两牌、四大区"的旅游发展格局。即以威远镇为中心,重点突出土族民俗风情和北山生态旅游两个品牌,挖掘土族民俗、自然生态、宗教人文、青稞酒文化四大区。2002年全县共接待国内游客26.7万人次,创收663万元,占全县国内生产总值的5.1%。(互助县旅游局的统计数据)

　　互助县的土族民俗旅游接待点主要分布在小庄村。小庄村位于县城威远镇的西南,距县城1公里,省城3公里,是西宁至县城的必经之路。小庄村隶属古城行政村,是以土族为主的自然村,含3个社、132户、530人。据县旅游局的统计资料,互助县现有注册的土族民俗旅游接待点16家,12家在小庄村。小庄村成为互助县宣传土族民族风情的金字招牌。

　　小庄村的民俗旅游接待始于20世纪80年代,最初是免费的行政接待,后逐步发展起十几家村民自主经营的民俗接待点。2000年互助土族故土园被国家旅游局评为AAAA级旅游景区。2005年全县旅游人数达到40万人次,旅游综合收入达到1 651万元,其中民俗旅游30万人次,民俗旅游收入达1 230万元,占旅游总收入的75%。发展旅游业以来,村民的生活水平明显改善,95%的村民盖起新房,80%的村民家中安装了电话。同时,增加了不同民族之间的来往,让更多的民族了解土族,促进了当地与外界的交流,促进了村内年轻人对本民族文化的了解和热爱。发展旅游业后,农民的道德文化修养和个人素质有所提高,更加注重文明礼貌和接待礼节。

　　但是,随着旅游业的发展,小庄村的贫富差距拉大,尤其是从事旅游接待和不从事旅游接待的人家之间差距很大。由于竞争关系,邻里关系也大不如以前。一些老人反映,现在的年轻人没有以前那么尊敬老人,见面也不怎么打招呼。刺绣品在品种和数量增加的同时,质量有所下降,土族特有的刺绣工艺——盘绣面临失传的危机。部分村民对外来投资者有抵触情绪。村民对位于村口的西部土民俗文化村意见很大,认为其表演者和接待者并非土族,不了解土族的文化和传统习俗,以小庄村的名义招徕客源,却未让村民参与。

　　(资料来源:刘晖.旅游民族学[M].北京:民族出版社,2006:345.)

　　问题:

　　1.请结合本章的知识点分析小庄村对旅游者的吸引力来自何处。

　　2.旅游业大发展后给小庄村带来了哪些影响?应该如何减少旅游影响的消极方面?

【建议阅读文献】

[1] 林崇德,等.心理学大辞典[M].上海:上海教育出版社,2003.

[2] Mok C, DeFranco A L. Chinese cultural values: Their implications for travel and tourism

marketing[J]. Journal of Travel & Tourism Marketing, 2000, 8(2): 99-114.

[3] LI J J, SU C. How Face Influences Consumption: A Comparative Study of American and Chinese Consumers[J]. International Journal of Market Research, 2007, 49(2): 237-256.

[4] Hoare R J, Butcher K, O'Brien D. Understanding Chinese diners in an overseas context: A cultural perspective [J]. Journal of Hospitality & Tourism Research, 2011, 35(3): 358-380.

[5] 彭兆荣."东道主"与"游客":一种现代性悖论的危险——旅游人类学的一种诠释[J].思想战线,2002,28(6):40-42.

[6] 刘丹萍.旅游凝视:从福柯到厄里[J].旅游学刊,2007,22(6):91-95.

[7] 卢松,张捷,苏勤.旅游地居民对旅游影响感知与态度的历时性分析——以世界文化遗产西递景区为例[J].地理研究,2009 (2):536-548.

[8] 刘赵平.再论旅游对接待地的社会文化影响——野三坡旅游发展跟踪调查[J].旅游学刊,1998,13(1):49-53.

[9] 王宪礼,等.长白山生物圈保护区旅游的环境影响研究[J].生态学杂志,1999(3):46-53.

[10] 佟德富.中西宗教观之比较[J].中央民族大学学报(哲学社会科学版),2005,32(1):39-48.

[11] 李勤.中西宗教精神的差异[J].云南师范大学学报(哲学社会科学版),1994,26(2):22-27.

第11章
社会群体与旅游消费者行为

【学习目标】

- 理解社会群体的概念,掌握与旅游消费者密切相关的社会群体;
- 理解参照群体的概念,能结合实例分析他们对旅游消费行为的影响;
- 理解阶层的概念,能结合实例分析不同社会阶层的旅游消费行为特征;
- 掌握家庭生命周期对旅游消费行为的影响。

11.1 社会群体概述

11.1.1 社会群体的概念

1)社会群体的定义

社会群体是指通过一定的社会关系结合起来,成员间相互依赖、彼此间存在互动的集合体。从社会心理学的角度来看,简单的统计集合体、围在路边看热闹的人群、喜欢看电视新闻的观众等不能归为群体之列。因为,这些集合体的成员之间不存在依附关系,不发生互动,在多数情况下彼此间毫无影响。而篮球队、家庭、同班同学等,则可称为群体,因为其成员是为了共同目标而组合在一起的,彼此间不但有面对面的接触,而且有频繁的互动。

2)构成社会群体的必要条件

一般看来,要构成一个社会群体必须具备以下条件(阿诺德 等,2007):①成员间具有共同的目标和利益,成员之间相互依赖、彼此协作配合;②成员之间分享一些共同的价值观念;③成员在心理上有群体意识,就是说有"我们感";④成员之间有生活、学习和工作上的交往,信息、思想、情感上的交流。

密切结合在一起的家庭是一个群体,有时由于特殊原因短暂结合在一起的几个陌生人也可以构成一个群体。例如,几个人外出旅游同乘一辆缆车,由于意外事故,车被困在半山腰,在这突如其来的情况下,本来素不相识的人组成暂时性的群体,有人出主意,有人向外呼喊求救。这些本无任何关联的人,为了共同目的,彼此互动起来。他们平安脱险后,互动即告结束,在十分短暂的时间内,几位陌生人形成了一个临时群体。群体可以有不同的持续时间,可以像家庭那样数代延续下去,也可以在数天或数小时内解体。

3) 研究社会群体的重要性

从消费者行为的角度研究群体影响至关重要。首先,群体成员在接触和互动过程中,通过心理和行为的相互影响与学习,会产生一些共同的信念、态度和规范,它们对消费者的行为将产生潜移默化的影响。其次,群体规范和压力会促使消费者自觉或不自觉地与群体的期待保持一致。即使是那些个人主义色彩很重、独立性很强的人,也无法摆脱群体的影响。最后,很多产品的购买和消费是与群体的存在和发展密不可分的。比如,加入某一境外高端旅游团的游客,不仅要参加该团体的活动,还要购买与该团体的形象相一致的产品。

11.1.2　社会群体的分类

社会群体的类型较多,可以按照不同标准进行分类。

1) 根据群体规模分类

根据群体规模分为大群体和小群体,规模是群体的一个主要方面。社会学家根据群体的规模把群体分为小群体和大群体,夫妻两人组成的家庭是最小规模的群体,数百人、数千人甚至更多的人集合在一起形成大群体。当然划分的规模没有明确的标准。大群体里的成员不可能熟知每一个成员,不可能发生充分的互动,也很难产生群体归属感,而小群体则与之相反。消费者行为学所关心的是规模不大的能产生互动作用的小群体。

2) 根据群体成员接触方式分类

根据群体成员之间的接触方式,分为主要群体与次要群体。主要群体是指群体成员之间经常进行面对面的直接互动的群体,如家庭、邻居、工作同事、朋友圈子、兴趣小组等;次要群体是指成员之间偶尔或没有面对面直接互动的群体。次要群体规模一般比较大,人数比较多,群体成员不能完全接触或接触比较少。

主要群体对于市场营销人员来说非常重要,因为成员之间的日常对话,很多都同消费行为有关。对于许多消费者来说,家庭是最为重要的主要群体,很多消费行为是由家庭成员共同引起的。朋友圈子也是一种相当重要的主要群体,不少饮料广告,就是试图以亲密朋友相聚的场面来博得消费者的认同。工作同事也构成一个主要群体,在广告中也经常可以看到同事之间分享美味的快速食品或在下班后一起放松或庆贺某项成就的情景。其他一些需要成员经常会面的群体,诸如俱乐部、协会、兴趣小组等,也构成主要群体。

次要群体通常规模较大,群体对成员的影响大都通过大众传媒、公共关系或消息发布等方式来实现。这类群体是由那些同消费者有着一段距离但又为他们所敬重的、希望仿效的人组成,其中的典型代表是消费者心目中的重要人物。像一些显赫的名人,把许多人所崇尚和向往的特质给符号化了。

3) 根据人们在社会活动中发挥的作用分类

人的社会活动主要通过两个途径进行,一个是正式的,一个是非正式的。正式的社会活动是指人们在群体中按照计划完成公开的、特定的、有目标的活动。非正式的活动主要指人与人之间自发的思想感情交流活动。与此相对应,群体按照自身在社会活动中发挥的作用,也可以划分为正式和非正式两种。

正式群体是指有明确的组织目标、正式的组织结构,成员有着具体的角色规定的群体。例如,学校的班级、企业的新产品开发小组等均属于正式群体。非正式群体是指人们在交往的过程中,由于共同的兴趣、爱好和看法而自发形成的群体。例如,集邮爱好者协会、绘画小组、球迷协会等属于非正式群体。人们加入正式群体的意图是多种多样的。有的为了追求特定的利益,有的为了从事某种事业,有的为了扩展视野,有的为了能够会见有利于自己职业生涯的重要人物,有的可能只是为了觅得新友获得归属感而已。但是,一旦进入正式群体,就要遵从群体的准则和期望。

非正式群体可以是在正式群体之内,也可以是在正式群体之外,或是跨几个群体,其成员的联系和交往比较松散、自由。人们除了完成工作和学习任务外,还有交友、娱乐、消遣等各种各样的期望与需要,非正式群体往往借助同乡会、同学会、球迷协会等形式,帮助其成员获得各种需要。非正式群体往往以共同的利益、观点为基础,以感情为纽带,有较强的内聚力和高度的行为一致性。所以,从市场营销的角度来看,非正式群体也是非常重要的,尤其是非正式群体结构松散,为成员交流有关消费信息和相互影响,提供了一种极富诱导性的环境。

4) 根据群体所属关系分类

根据群体所属关系分为会员群体与象征群体。会员群体是指个体已经享有会员资格的群体,如保龄球俱乐部等属于会员群体。象征群体是那些愿意接受向往组织的价值、态度及行为,并热切地希望加入,但是实际上无法跻身其中,或者没有得到认同的群体。无论是会员群体还是象征群体,都对个体的消费行为产生着积极的影响。在日常生活中,许多人热衷于模仿他们所倾慕的群体。因此,诉诸消费者的象征动机,是广告宣传中常用的技巧之一。

11.1.3　与旅游消费者密切相关的社会群体

为了深入理解具体的社会群体对旅游消费者的影响,以下简要介绍与旅游消费者密切相关的社会群体:

1) 家庭

家庭有广义和狭义之分,狭义的家庭是指一夫一妻制构成的社会单元,广义的则泛指人类进化的不同阶段上的各种家庭利益集团,即家族。从社会设置来说,家庭是最基本的社会设置之一,是人类最基本最重要的制度和群体形式。从关系来说,家庭是由具有婚姻、血缘和收养关系的人们长期居住的共同群体。

家庭成员之间的频繁互动使其对个体行为产生广泛而深远的影响,消费者的价值观、信念、态度和言谈举止无不打上家庭影响的烙印。此外,家庭还是一个购买决策单位。一方面,家庭生命周期、家庭规模和结构、家庭购买决策的模式影响和制约家庭成员的旅游消费行为;另一方面,家庭成员又对家庭购买决策施加影响。本章第四节将讨论家庭及其对旅游消费行为的影响。

2) 朋友

朋友构成的群体是一种非正式群体,它对旅游消费者的影响仅次于家庭。追求和维持与朋友的友谊,对大多数人来说是非常重要的。个体可以从朋友那里获得友谊、安全感,还可以与朋友互诉衷肠,与朋友讨论那些不愿对家人倾诉的问题。不仅如此,结交朋友还是一种独立、成熟的标志,因为与朋友交往意味着个体与外部建立联系,同时也标志着个体开始摆脱家庭的单一影响。例如,在我国,"在家千日好,出门半日难"的观念深入民心,一些不走寻常路的背包客,为了避免家人担心,往往不向家人吐露自己的真实的行程,但他们会与朋友商讨"旅行攻略",将旅途中的风险降到最低。朋友的意见和建议,对旅游消费者目的地的选择、入住哪家旅店、购买何种产品和品牌、怎样评价所购买的旅游产品均有重要影响。这种影响随个体与朋友的相似程度、亲密程度的增加而增强。

3) 工作群体

人们有许多旅游消费行为与工作群体分不开。例如,商务游客代表企业参加展销会、公司为销售人员提供奖励旅游、单位在三八节组织女职工旅游、教师与同事在寒暑假结伴旅游等。

影响旅游者消费行为的工作群体可以分为两种类型:一种是正式的工作群体,即由一个工作小组里的成员组成的群体,比如,同一个办公室里的同事,同一条生产线上的装配工人等。一般情况下,正式工作群体对与公事相关的旅游消费活动的影响较大。另一种是非正式工作群体,即由在同一个单位但不一定在同一个工作小组工作且形成了较密切关系的一些朋友组成。由于在休息时间或下班时间成员之间有较多的接触,所以非正式工作群体与正式工作群体一样,都会对所属成员的消费行为产生重要影响。

4) 正式的社会群体

个体参加的业余摄影爱好者协会、校友会、高尔夫球俱乐部等组织,均属于正式的社会群体。虽然正式群体内各成员不像家庭成员和朋友那么亲密,但彼此之间也有讨论和交流的机会。在这些社会群体中,个体有机会结识新朋友、获取新知识、开阔视野。由于这些社会群体往往有着共同的兴趣和爱好,群体内那些受尊敬和仰慕的成员的旅游消费行为,可能会被其他成员谈论或模仿。例如,高尔夫球俱乐部中的某些"高手"推荐的高尔夫球场地可能使其他成员蜂拥而至。在购买球鞋、球棒及其他高尔夫球用品时,成员之间也会相互影响。如果这些社会群体中的重要人物以某种方式进行了旅游消费,就可能引发其他人的跟风效应,促使其他成员一起参与类似的旅游消费活动。

5)消费者行动群体

在西方消费者保护运动中,涌现出一种特别的社会群体,即消费者行动群体(consumer-action groups)。它可大致分为两种类型:一种是为纠正某个具体的有损消费者利益的行为或事件而成立的临时性团体,比如,因某次飞机航班延误而受损的乘客组成的索赔团体;另一种是针对某些广泛的消费者问题而成立的相对持久的消费者组织,比如,针对旅行社服务而成立的反欺诈组织,针对旅游开发污染而成立的环保旅游组织。大多数旅游消费者行动群体的目标是唤醒社会对有关消费者问题的关注,对有关企业施加压力和促使它们采取措施纠正那些损害旅游消费者利益的行为。

11.2　参照群体与旅游消费者行为

11.2.1　参照群体的定义

参照群体是一个社会群体的类型,但有必要与一般的社会群体区别开来。参照群体实际上是个体在形成其购买或消费时,用以作为参照、比较的个人或群体。所以,参照群体又叫寄托群体。参照群体有 3 种外延:①在进行对比时作参照点的群体,②行动者希望在其中获得或保持承认的群体,③其观点为行动者接受的群体。

参照群体的含义也在随着时代的变化而变化。参照群体这一概念是美国社会学家海曼(Hyman,1942)最先使用的。海曼所指的参照群体是指用以表示在确定自己的地位时与之进行对比的人类群体。他的定义强调了能为与他人比较、能为解决问题而使用的参照点。后来,凯利把参照群体划分为自我评价而利用比较标准的群体和以个体的价值与规范及态度源泉来使用的群体,提出了参照群体的规范性影响的特点(Kelly,1996)。谢里夫把参照群体划分为个体之间有实际所属关系的群体和在心理上期望有所属关系的群体,并且也把这些实际上没有所属关系但是期望所属的群体称为参照群体(Sherif,1953)。以社会距离角度分析参照群体的一些研究表明,个体越感知到有社会距离的参照群体成员及群体活动,就越受到此参照群体的影响(Cocanougher & Bruce,1971)。

因此,参照群体不仅包括具有直接互动的群体,而且涵盖了与个体没有直接面对面接触,但对个体行为产生影响的个人和群体。

11.2.2　参照群体的类型

参照群体实际上是个体在形成购买或消费时,用以作为参照、比较的个人或群体。参照群体的含义随着时代的变化而变化。参照群体最初是指家庭、朋友等个体与之具有直接互动的群体,但现在它不仅包括了这些具有互动基础的群体,而且涵盖了与个体没有直接面对面接触但对个体行为产生影响的个人和群体。像电影明星、体育明星、政治领袖和其他公众人物的言行举止,均可作为消费者的参考和指南。细化而言,参照群体可以从成员身份、参与意愿、正式性程度及影响内容进行类别划分(图 11.1)。

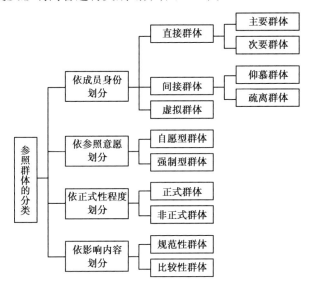

图 11.1　参照群体分类示意图

资料来源:林建煌.消费者行为学[M].北京:北京大学出版社,2011:248.

1)按成员身份划分的参照群体

按成员身份来划分参照群体,主要包含如下 3 类:

①直接群体。直接群体又可称为成员群体,与受影响的消费者具有同样的身份,如互相是家人、同学等。直接群体又可分为主要群体与次要群体,其中主要群体是与消费者互动较为密切的成员群体,包括家人、亲友、邻居与同事等;次要群体是与消费者互动不那么密切的成员群体,其影响力不如主要群体,如社团的成员等。

②间接群体。又被称为象征群体,与受影响的消费者不具有同样的身份,但也会影响到消费者。间接群体还可以分为仰慕群体与疏离群体。仰慕群体是指消费者想要加入的群体,如歌星与歌迷之间的关系;疏离群体则是消费者试着去保持与群体的距离,但群体的行为仍会影响消费者。

③虚拟群体。因网络兴起而产生的参照群体,也可称为虚拟社区。

2)按照参与意愿划分的参照群体

按照参与意愿可以将参照群体划分为两类:

①自愿型群体指消费者基于本身的自由意志来参与的群体;

②强制型群体指消费者本身无法选择或是不能选择参与的群体,如家庭等。

3)按照正式性程度划分参照群体

①正式群体,指具有正式组织的群体,包含规划完整的结构及清楚的角色分工,并有固定的聚会时间,如军队、非营利组织等;

②非正式群体,指没有正式组织的群体。

4)按照影响内容划分参照群体

①规范性群体指建立一定的行为标准并使个体遵从这一标准,如父母对子女的影响,子女如何选择食品的营养标准、如何穿衣打扮、如何待人接物等;

②比较性群体指个体把参照群体作为评价自己或别人的比较标准和出发点,如个体在布置、装修自己的房间或住宅时,可以以邻居或仰慕的某位熟人的家居布置作为参照和仿效对象。

11.2.3 参照群体的影响方式

参照群体如何影响消费者行为呢? 早在 20 世纪 50 年代德斯和吉拉尔就把参照群体的影响方式分为两种,即信息性的社会影响与规范性的社会影响(Deustsch & Gerard,1955)。麦斯卡汉斯和席格柏进一步将其扩大为 3 种方式,即信息性影响、规范性影响和价值表现性影响(Mascarenhas & Higby,1993)。图 11.2 列示了一系列消费者情境和在这些情境下参照群体对个体的影响及其类型。

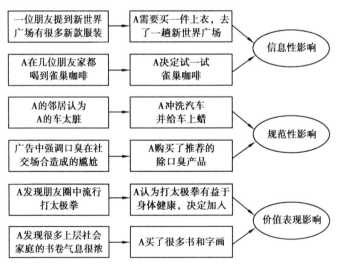

图 11.2　不同消费情境下参照群体的影响

资料来源:符国群.消费者行为学[M].北京:高等教育出版社,2001:327.

1)信息性影响

消费者购买时的一个重要决定因素,就是有关产品及其供应商的信息或知识,而群体的作用之一,正是可以给成员提供大量的这种信息。虽然群体的影响随着产品种类和品牌而变化,但把群体作为一个信息来源在所有的产品和品牌上都是一样的。而且更重要的是,群体成员容易相信参照群体提供的信息。一些研究表明,对于具有象征性的产品,如服装等,主要的信息来源便是人际沟通。如果某种产品的功能主要是社会性的,则消费者在产生购买欲望之后,更有可能到参照群体的其他成员那里去搜寻信息,而不是去找客观的或大众的信息来源。群体在这一方面对个体的影响,取决于被影响者与群体成员的相似性,以及施加影响的群体成员的专长性。例如,某人发现周末假期时,好几位朋友都会选择城市附近的一个乡村旅游度假地,于是他也决定去体验一次,因为周围这么多朋友都去,意味着该乡村旅游度假地一定有其优点和特色。

2) 规范性影响

参照群体对消费者行为的规范性影响是指,群体规范或期待的作用会对消费者的行为产生的影响。群体内的期望或规范可能不为局外人所觉察,但置身于其中的成员却能明显地体验到这些规范的存在,并对他们的购买行为产生影响。规范是指在一定的社会背景下,群体对其所属成员行为合适性的期待,它是群体为其成员确定的行为标准。无论何时,只要有群体存在,不需要经过任何语言沟通和直接思考,规范就会立即发挥作用。规范性影响之所以发生和起作用,是因为奖励和惩罚的存在。为了获得赞赏和避免惩罚,成员会按群体的期待行事。所以,广告商声称,如果使用某种商品,就能得到社会的接受和赞许,利用的就是群体对个体的规范性影响。同样,宣称不使用某种产品就得不到群体的认可,也是在运用规范性影响消费者行为的方式。

3) 价值表现性影响

消费者为了维持与特定群体的同一性,会经常对照其他成员的偏好和购买行为,这样,群体影响消费者行为的一个途径就是促进价值表现,即通过左右成员的购买来表现自己的价值趋向。就是说,消费者自觉遵循或内化参照群体所具有的信念和价值观,从而在行为上与其保持一致。例如,某位消费者发觉外出登山旅游时,大家都会穿着某一国外品牌的户外运动服饰,并佩戴一定的标志,于是他也购买了同一品牌的户外运动服饰,并佩戴了登山团队标志,以反映他所理解的那种户外登山专业人员的形象。此时,该消费者就是在价值表现上受到参照群体的影响。个体之所以无须在外在奖惩的情况下自觉依群体的规范和信念行事,主要是基于两方面力量的驱动。一方面,个体可能利用参照群体来表现自我,提升自我形象;另一方面,个体可能特别喜欢该参照群体或对该群体非常忠诚,并希望与之建立和保持长期的关系,从而视该群体的价值观为自身的价值观。

11.2.4 参照群体在旅游营销中的应用

大多数旅游消费活动属于可见度较高的非必需消费,因而,旅游消费者在购买旅游产品和服务时受参照群体的影响较大。一个可信的、有吸引力的或有权威的参照群体,能够导致旅游消费者态度和行为的改变。所以,许多旅游营销活动通过社会名流、权威人士、专家或满意的游客对旅游产品的推荐来突出旅游产品所能提供给消费者的切实的和与众不同的利益。

1) 名人效应

如果一个人羡慕某个人或某个群体,他就会效仿其行为,并以此作为自己消费偏好的指导。影视明星、歌星、体育明星等名人或公众人物对大众消费者,尤其是对崇拜他们的人具有巨大的影响力和感召力。对很多人而言,名人的生活方式代表了一种理想。

例如,作为中国首位获得诺贝尔文学奖的本土作家,莫言在将中国的文学作品推向世界的同时,也带火了自己的家乡高密。无数游人前往他的老家故居,探访诺贝尔奖得主的出生成长之地。在 2012 年莫言获奖之后,莫言和红高粱已经成为高密的文学地标和旅游开发的重点。当地的旅游单位也在整理莫言旧居,欲建立莫言文化体验区,发掘莫言作品中的"东北乡"等艺术场景,借此弘扬红高粱文化,推动高密旅游文化产业发展。

很多时候,社会名流的宣传代言迎合了消费者模仿名人、追求名人效应的心理需要。但旅游企业在应用名人效应时,首先应考虑产品或服务形象与名人形象的一致性,并不是任何名人都适合为旅游地或旅游产品做宣传。其次,要考虑名人在受众中的公信力。公信力主要是由两方面的因素所决定,一是名人的专长性,二是名人的可信度。前者是指名人对所宣传的旅游企业、旅游产品和服务是否熟悉,是否有使用体验。后者指名人所做的宣传、推荐是否属实、是否值得信赖。如果旅游消费者认为名人对旅游企业的推荐明显是受金钱驱动,他的可信度就会打折扣。

2) 专家效应

专家,是指在某一领域受过专门训练,具有专门知识、经验和特长的人。专家所具有的丰富知识和经验,使其在介绍、推荐产品与服务时较一般人更具权威性,从而产生专家所特有的公信力和影响力。

例如,2008 年,江苏省面对文化差异巨大的欧美市场如何开展营销攻势的难题,聘请在全球业界享有盛誉的旅游服务与营销专家、英籍教授,彼路旅游信息咨询(上海)有限公司的首席执行官,阿拉斯泰尔·M.莫里森博士(Alastair M. Morrison)担当"江苏国际旅游推广大使"。在 2010 年的"游中国"买卖双方预约洽谈活动中,莫里森教授以"To Taste Jiangsu Is To Know China(品味江苏、读懂中国)"为主题,并结合自己的亲身经历和体验,从一个外国学者的角度,用生动的语言、直观互动的推介方式为中外旅游批发商详细介绍了江苏的旅游产品,来自全球 35 个国家的 160 余名旅游批发商被这种极具感染力、亲和力的推介方式吸引,现场达成意向性协议超过 200 份。

3) "普通人"效应

运用满意顾客的证言来宣传旅游企业和旅游产品,是旅游营销常用的方法之一。人们经常和与自己相似的人作比较,也常常被与自己相似的生活方式所打动。满意的顾客来自广大旅游消费者,他们的亲身经历更能增加营销活动的可信度。旅游消费者的口碑宣传,会使潜在旅游者感到亲切,引起他们的共鸣。一些旅游企业在电视广告、微信公众号等渠道中展示普通消费者如何从旅游活动中获得乐趣,如何通过旅游企业解决其在旅途中遇到的各类问题。由于这类广告贴近旅游消费者,反映了旅游消费者的现实生活,因此,更容易获得认可。

11.3　社会阶层与旅游消费者行为

11.3.1　社会阶层概述

1)社会阶层定义

所谓的社会阶层,是指"全体社会成员按照一定等级标准划分为彼此地位相互区别的社会集团。同一社会集团成员之间态度、行为、模式和价值观等方面具有相似性,不同集团成员存在差异性。社会阶层是根据各种不平等现象把人们划分为若干个社会等级。社会上所有的人都占有一定的资源,但其占有多少不同。用占有资源多少的不同来区分人们处于什么样的阶层"。(王长征,2003)属于同一阶层的人,由于共同特点的存在,会形成共同的价值观和需求,从而形成带有阶层特征的消费需求和消费方式。

由于社会阶层带有明显的社会权力和资源权力特征,在消费中也会充分体现这种权力,形成一种普遍的"啄食顺序"(Pecking order)。所谓"啄食顺序"是一种支配——服从等级制度。这种制度是按照等级原则的顺序获取自己的利益。许多种群中的动物多是靠武断和强悍的个性对别的个体进行控制,它们首先挑选食物、住所甚至配偶,形成一个社会等级链。例如,鸡群就有这样一种等级制度。每一个母鸡都有一个相应的位置,它要服从于所有位置在它之上的其他母鸡,同时可以支配所有位置在它之下的其他母鸡,因而就有了"啄食顺序"。

人类也是这样,他们根据相对的社会地位划分等级形成了一个啄食顺序,这个地位使他们获得了诸如教育、住房、消费等资源的机会,并且尽可能将自己在社会的顺序向前提来提高自己的层次。对于同一种商品而言,由于"啄食顺序"也会形成该商品消费上的层级下延,形成商品消费的啄食顺序。比如,最好的旅游资源最初只是少数精英阶层消费,随着人们生活水平的提高,大众才有能力消费价格较昂贵的旅游资源,而此时,精英阶层已经开始消费更好的旅游资源了。

2)社会阶层划分

国外学者通常采用综合指标对社会阶层进行划分,其指标包括职业声望、收入、家庭背景、教育学历、居住状况、政治地位等。各项指标按其重要性进行加权,根据其分数进行划分。通常都是按照职业+收入+教育学历+住房状况来划分。最具影响且最早尝试描绘美国社会阶层结构的是罗伊德·沃纳(W. L. Warner),他于1941年提出将社会阶层分为6类:上上阶层、次上阶层、上中阶层、次中阶层、上下阶层、次下阶层。在美国社会,上层(包括上上层、次上层和上中层)约占人口的 15%,中层约占 70%,下层约占 15%。

2002 年中国社会科学院发布了一个研究报告——《现阶段中国社会各阶层研究报告》,第一次明确提出了社会分层标准和社会阶层问题,并由此引发了广泛讨论。研究报告将我国现阶段社会分为 10 个阶层:

(1)国家与社会管理者阶层

国家与社会管理者阶层指在党政、事业和社会团体机关单位中行使实际的行政管理职权的领导干部,这一阶层目前在整个社会阶层结构中所占比例约为 2.1%。

(2)经理人员阶层

经理人员阶层指国有、集体、私营和中外合资、外商独资大中型企业中非业主身份的高中层管理人员,这一阶层目前在整个社会阶层结构中所占比例约为 1.5%。

(3)私营企业主阶层

私营企业主阶层指拥有一定数量的私人资本或固定资产并进行投资以获取利润的人,按照现行政策规定,即包括所有雇工在 8 人以上的私营企业的业主。这一阶层目前在整个社会阶层结构中所占比例约为 0.6%。

(4)专业技术人员阶层

专业技术人员阶层指在各种经济成分的机构(包括国家机关、党群组织、全民企事业单位、集体企事业单位和各类非公有制经济企业)中专门从事各种专业性工作和科学技术工作的人员,这一阶层目前在整个社会阶层结构中所占比例约为 5.1%。

(5)办事人员阶层

办事人员阶层指协助部门负责人处理日常行政事务的专职办公人员,主要由党政机关中的中低层公务员、各种所有制企事业单位中的基层管理人员和非专业性办事人员等组成,这一阶层目前在整个社会阶层结构中所占比例约为 4.8%。

(6)个体工商户阶层

个体工商户阶层指拥有较少量私人资本(包括不动产)并投入生产、流通、服务业等经营活动或金融债券市场,而且以此为生的人。包括小股民、小股东、出租少量房屋者,在整个社会阶层结构中所占比例约为 4.2%。

(7)商业、服务业员工阶层

商业、服务业员工阶层指在商业和服务行业中从事非专业性、非体力的和体力的工作人员,这一阶层目前在整个社会阶层结构中所占比例约为 12%。

(8)产业工人阶层

产业工人阶层指在第二产业中从事体力、半体力劳动的生产工人、建筑业工人及相关人员,这一阶层目前在整个社会阶层结构中所占比例约为 22.6%。

(9)农业劳动者阶层

农业劳动者阶层是目前中国规模最大的一个阶层,指承包集体所有的耕地,以农、林、牧、渔为唯一或主要的职业,并以农(林、牧、渔)业为唯一收入来源或主要收入来源的农民,这一阶层目前占中国整个劳动人口的44%。

(10)城乡无业、失业、半失业者阶层

城乡无业、失业、半失业者阶层指无固定职业的劳动年龄人群(排除在校学生),这一阶层目前在整个社会阶层结构中所占比例约为3.1%。

11.3.2 社会阶层对旅游消费行为的影响

1)社会阶层对支出模式的影响

消费者在选择和使用产品时,尤其是在住宅、服装和家具等能显示地位与身份的商品的购买上,不同阶层消费者的差别非常明显。例如,许多人将拥有某类商品作为身份和地位的象征。此外,下层消费者的支出行为在某种意义上带有"补偿"性质。一方面,由于缺乏自信和对未来并不乐观,他们十分看重眼前的消费;另一方面,教育水平普遍较低使他们容易产生冲动性购买。而且,基于向上攀升的"高攀心理",一些低级阶层者宁可省吃俭用,也要购买象征高阶层的商品,以此获得"我是有钱人"的暂时的满足感。

2)社会阶层对休闲活动的影响

一个人所接受或偏爱的休闲活动通常是同一阶层或临近阶层的其他个体从事的某类活动,他进行新的休闲活动往往也是受到同一阶层或较高阶层成员的影响。例如,基于希望被同一阶层成员接受的"认同心理",一些自认为是"上等阶层"的人,不管是否真心喜欢,都倾向于打高尔夫球、钓鱼、打桥牌等休闲活动,以配合其上层身份。虽然在不同阶层之间,用于休闲的开支占家庭总支出的比重相差不大,但休闲活动的类型却差别很大。

3)社会阶层对信息接收和处理的影响

随着社会阶层的上升,消费者获得信息的渠道会随之增多。低层的消费者在购买过程中可能更多地依赖单一信息源,中层消费者则比较多地从各种媒体上获取信息。不仅如此,特定媒体和信息对不同阶层消费者的吸引力和影响力也有很大的不同。电视媒体对越高层的消费者影响越小,印刷媒体则正好相反。

4)社会阶层对消费方式的影响

研究表明,消费者所处的社会阶层与某商店的社会阶层定位相差越远,他光顾该商店的可能性就越小。高社会阶层的消费者喜欢到高档的购物场所消费购物,从而得到心理上的满足。例如,基于避免向下降的"自保心理",一位自认为是精英阶层的成功人士,可能会认为踏着滚滚人潮游览大众景区不符合自己的身份和地位。而低社会阶层的消费者在高星级酒店消费则可能会产生自卑、不自在的感觉。

当然,尽管同一阶层的消费者,在价值观念、生活方式以及消费习惯等方面都表现出基本的相似性,但因各个消费者在经济收入、兴趣偏好和文化程度上存在具体差别,所以在消费活动中也会表现出一定程度的差异。就企业而言,区分同一阶层消费者的差异,可以使企业的市场细分更加细致有效,从而使营销策略有针对性。

11.3.3　不同社会阶层的旅游消费行为特征

由于社会阶层是指全体社会成员按照一定的等级标准划分为在地位上彼此相互区别的社会集团。因此,不同的社会阶层必然在职业、收入、教育水平、权利和声望等方面存在差异。毫无疑问,这些标准也是影响旅游消费者行为的重要因素。因此,不同社会阶层者的旅游消费行为有着不同的特征,具体如下:

1)上等阶层、上中等阶层群体的旅游消费行为特征

高阶层(上等阶层、上中等阶层)者是社会上最富有、最有权力、最具声望的阶层。因而,他们的旅游消费结构中,享受服务占有很大的比例。摆阔气性的挥霍是其明显的消费特点。购买旅游产品和服务时追求高品位,维持高标准。他们注重成熟感和成就感,强调生活潇洒、文雅,言辞考究,举止大方,喜欢个别交谈或同行交谈,对著名的人物和知名的地方十分感兴趣。

2)中等阶层群体的旅游消费行为特征

中等阶层是各自事业上的成功者。他们的旅游消费活动指向是社会接受性。对自己的形象倍加关注,对旅游产品和服务的要求是不仅注意其质量,还追求其情趣和格调。他们在对旅游活动的选择和实际的活动中常常表现出自信、开朗、体面。在消费的形式上,他们看重的是"经历"和"体验",关注的是能够增进自我形象又能"留下典型记忆"的美好过程。

3)低阶层群体的旅游消费行为特征

低阶层(中下阶层、下等阶层)是普通劳动者。他们虽然在经济上并不富有,但是大部分的人热爱生活。他们一旦外出旅游,常常表现出一种立即获得和立即满足。他们对安全和保险异常重视,对去有折扣的商店和大众商店购物有兴趣。例如,近年来日渐受到关注的农民旅游,就体现出较低阶层民众旅游消费的上述特点。

11.4　家庭与旅游消费者行为

家庭是构成人类社会的最基本的单位,也是最基本的首属群体。在旅游消费决策中,家庭因素包括家庭的环境条件、成员的文化背景、经济条件、教育方式等,都在影响着人们的行为观念与行为方式,对家庭成员的行为有着潜移默化的作用。当今,家庭度假旅游是一种重要的消费方式,家庭是最主要的旅游客源市场之一,因此,探索研究家庭因素对旅游消费行为的影响是很有必要的。

11.4.1　家庭形态与旅游消费决策

在现代社会中,典型的家庭形态有 3 类:核心式家庭、延续式家庭以及逐渐兴起的"丁克"式家庭。同时,社会上还存在各种非典型式的家庭形态,如单亲、未婚独身、离异无子女的家庭等。不同形态的家庭,对旅游的需求及在旅游方式的选择上,存在很大差别。家庭形态对旅游决策的影响主要取决于家庭成员在旅游购买中所扮演的角色、在家庭中所处的地位和所发挥的作用。

1) 核心式家庭

在现代核心式家庭中,家庭成员在实际的旅游购买决策中所扮演的角色主要有 5 种:

①发起者:即第一个想到或提议去购买旅游产品或服务的人,他能促使家庭其他成员对旅游产品或服务发生兴趣。②影响者:即影响最后作出购买旅游决策的人,他所提供的信息或购买建议对决策者有一定的影响力。③决策者:即最后决定购买旅游产品或服务意向的人。④购买者:即实际购买旅游产品或服务的人。⑤使用者:即实际享用旅游产品或服务的人。

当然,上述这 5 种角色并不一定是截然分开的。在一个核心式家庭中,有时一个人要同时扮演几个角色。从现实的角度看,核心式家庭主要包括丈夫、妻子和未婚的子女,其旅游消费主要考虑夫妇及孩子的需求,决策可以由夫妇双方商量作出,也可以是夫妇中的一方作出,但一般都会从孩子的角度出发。另据有关专家研究,在家庭旅游决策中,的确存在一些共同的、带有普遍性的情形。詹金斯(R. L. Jenkins)通过对美国家庭的调查研究认为:在旅游地点和住宿条件的选择上,往往是丈夫起着主导作用;在是否度假、旅游度假花费多少钱的决策中,往往是双方共同商量、共同决定;在是否带孩子一起旅游、度假时间的长短、度假日期、活动内容及度假交通工具的选择等方面,往往也是双方共同商量。

2) 延续式家庭

所谓延续式家庭是指包括丈夫、妻子、子女及其祖父母或外祖父母所组成的家庭形式。其旅游消费决策不仅要考虑孩子的需要,还要考虑到老人的各种需要。因此,延续式家庭的旅游消费决策较难作出。在旅游产品购买决策中,最后由谁拍板决定还要看这个家庭的具体情况。

3) 其他形态的家庭

其他形态的家庭包括"丁克"(DINK, Double Income No Kids)家庭以及单亲、未婚独身、离异无子女的家庭等。随着社会的发展及受教育程度的提高,人们婚育年龄向后延长,"丁克"家庭以及未婚独身的家庭随之增多,这两种家庭成员较少,因此比较容易作出消费决策。但是这种家庭的旅游行为可能较为随意,缺乏计划性,容易受外界促销的影响。旅游企业应对此类潜在的旅游消费者多做宣传促销活动,并开展相应的服务,多组织带有交际性质的旅游活动。

家庭形态对旅游消费决策的影响,主要取决于家庭成员在消费中扮演的角色,以及在家庭中所处的地位和所发挥的作用。

11.4.2 家庭生命周期与旅游消费行为

家庭生命周期是指一个家庭由形成到消亡所经历的不同阶段,是由婚姻状况、家庭成员年龄、家庭结构等变量因素结合而成的复合变量。家庭生命周期关系到家庭成员的态度和行为,并随着时间的推移而变化,是影响旅游消费决策的重要因素。消费者的家庭状况,可根据年龄、婚姻状况、子女状况划分为不同的生命周期。在生命周期的不同阶段,消费者的行为呈现出不同的主流特性。

本书采纳家庭生命周期5阶段划分法,即未婚期、新婚期、满巢期、空巢期、鳏寡期,每个阶段都有其独特的旅游消费行为。

1)未婚期——年轻单身家庭

未婚期的家庭成员经济上自立、无负担,身体处于一生的最佳状态,他们自身的学习、娱乐、交友、健身、求新、求奇等需求心理较为突出。而旅游活动恰好有助于满足其以上几种需要,故可将此类"家庭"或者说单身年轻人视为旅游活动的生力军。尤其是旅游活动发展至今,一些新型的旅游项目如探险、攀岩、蹦极和自助游等旅游方式更具有时尚特征,最能满足年轻人的需要。另一方面也应看到,受我国传统的影响,年轻人一般不离开父母单独"成家"。他们虽然有了经济收入,但对消费行为包括旅游行为并没有充分的自由支配权。但总体来看,年轻单身家庭以及由年轻单身者组成的群体是最具有旅游潜力的群体。

2)新婚期——年轻夫妇无子女家庭

在国外许多发达国家,旅游与年轻人结婚几乎是相伴而行的,许多人同时把旅游纳入结婚计划之中,称为"蜜月旅行"。在中国,"蜜月旅行"已被经济较发达地区的许多年轻人视为时尚。而对于经济不够宽裕的年轻人,新婚期是比任何时期都更有可能去旅游的时期。因为经济不够宽裕的人习惯于把旅游看作"奢侈消费",而新婚期正是"奢侈一把"的好时机。年轻无子女夫妇消费欲望强、节俭意识差,他们此时舍得大把大把地花钱。相形之下,旅游对他们显得既有精力又有能力。由于现在的年轻人并不是一结婚就准备要孩子,新婚期的时间越来越长,因此可将这类家庭视作潜力巨大的旅游者群体。随着社会的发展以及人们婚育观念的改变,这一阶段时间会延长,因为无子女,所以这一阶段夫妻外出旅游的可能性很大,也是家庭外出旅游消费的最理想时期。

3)满巢期(Ⅰ)——年轻夫妇有一个6岁以下孩子的家庭

处于这一阶段的旅游消费者往往需要购买住房和大量的生活必需品,常常感到购买力不足,对新产品感兴趣并且倾向于购买有广告的产品。而且这一阶段夫妻二人的大部分时间被照料子女所占用,加上孩子幼小不便外出,外出旅游的可能性不大,此时家庭旅游消费跌至最低谷。他们不大可能考虑远途旅游,只在家庭附近的公园、动物园进行休闲娱乐,且频率较高。这一期间,举家出游的情况不多,但排除夫妇一方尤其是男主人因商务活动等工作原因而外出旅游的可能性。

4）满巢期(Ⅱ)——年轻夫妇有一个 6 岁以上孩子的家庭

处于这一阶段的家庭,孩子刚刚进入学龄期,教育成了家庭的主题。旅游也成了对孩子进行教育、让孩子扩大视野的一个重要方面。家长会有意识地趁节假日期间带孩子外出旅游,这时家庭对旅游目的地的选择非常慎重,多以博物馆、纪念地、历史文化名城等人文景观为选择对象,使旅游活动为教育子女服务,旅游方式多为一家三口同时出游。

5）满巢期(Ⅲ)——年龄较大夫妇与孩子已自立的家庭

处于满巢期(Ⅲ)的家庭,他们的孩子已自立,并且父母也多有固定的收入,可被看作消费水平最高、购买能力最强的家庭,这种家庭成员外出旅游的潜力很大。但是否都会外出旅游还很难说,因为还有一个观念问题:中国传统上先攒钱后花费、父母应帮孩子"成家立业"的观念在大部分人心中还普遍存在。所以这种结构的家庭,由于父母考虑到孩子的"成家"问题,储蓄意识非常强烈,即使有钱也舍不得用于旅游。满巢期(Ⅲ)的家庭具有旅游成员搭配比较灵活的特点,三口集体出游、年轻人单独出游、父母双双出游、父母之一与孩子一起出游等各种方式都很常见,而家庭集体出游的机会也会多一些。

6）空巢期(Ⅰ)——子女已经成年并且独立生活,但是家长还在工作的家庭

处于这一阶段的旅游消费者,子女已参加社会工作,经济上也有了收入,他们会选择和同学、朋友结伴外出旅游。而中年夫妻此时事业有成,经济上比较宽裕,在身体、时间允许的情况下,外出旅游的可能性也极大,这一阶段是家庭旅游消费的黄金时段。

7）空巢期(Ⅱ)——夫妇到了退休年龄,可自由支配的时间更多了,但对未来经济收入的预期却随之下降

从消费需求水平和结构来看,空巢期的家庭需求较为单调,多以日常生活必需品和医疗保健品为主要内容,加之我国老年人一向崇尚节俭,故老年人的消费支出较少。对于城市离退休人员而言,普遍存在工资"花不完"的现象。在家庭旅游消费上,虽然这一阶段的旅游者在旅途中逗留的天数和游览的目的地都有所增加,但多数人在住宿、餐饮方面的花费却比较节俭,对价格的敏感程度有所提高。在旅游活动的选择上,他们更倾向于选择活动量不大且悠闲的旅游项目。

8）鳏寡期——单身老人家庭

这一时期在消费特点上除与空巢期有多方面相似之外,还有两个方面的特点:一方的去世必然会影响另一方的出行积极性。这样看来,鳏寡期的老人会比空巢期的老人出游的积极性低。另一特点是,中国具有尊老爱幼的传统美德,如果家里只剩父亲或母亲一人,晚辈就会加倍予以关照。与父母不在一个城市的子女会主动邀请父母到自己所在地旅游以及生活居住,与父母同在一地的子女也会主动陪伴父母外出旅游。从这个角度看,鳏寡期的老人

出游的可能性反而更大。

11.4.3　家庭旅游消费行为的影响因素

学者们研究发现,家庭旅游决策中的角色分配和决策模式的形成主要受以下几种因素的影响:孩子、家庭收入、个人资源贡献、家庭生命周期、旅游产品以及服务的种类、决策的不同阶段、家庭结构、旅游经验、旅游满意度、出游的空间距离以及旅游产品的价格等。下面就其中较为重要的因素展开论述。

1)孩子

在家庭生命周期的特定阶段,孩子的影响非常重要,他们通过生理上以及偏好上的限制,影响家庭旅游决策和行为。研究者通过实证研究发现,孩子是家庭出游的催化剂,父母非常看重孩子的满意度,孩子不愿意去的地方容易被排除在备选目的地之外(Ryan,1992;Seaton & Tag,1995)。另外孩子也会影响夫妻间的角色分配,在有孩子的家庭由于妻子承担照顾孩子的责任,多由丈夫主导决策,在没孩子的家庭多为夫妻共同决策。但是当孩子参与到家庭旅游活动中的时候,更多的则是母亲主导决策。在涉及孩子的娱乐服务活动中,母亲主导信息收集和最终决策的制定;而且在家庭决策中,有孩子参与的时候,妻子往往会单独作出决策。另外,孩子的年龄对其参与家庭旅游决策的程度存在一定影响,随着年龄的增长,对决策的影响逐渐变大(Swinyard & Sim,1987)。

2)家庭收入

旅游需求是有收入弹性的,家庭收入能够影响家庭旅游决策,这首先体现在夫妻间的角色差别方面。低收入家庭多由妻子主导决策,中等收入的家庭多为共同决策,而在高收入家庭则多由丈夫主导决策制订。其次表现在孩子参与家庭旅游决策方面。研究发现,双收入家庭的父母拥有更多可自由支配的收入,并且往往感觉"很忙,对孩子感到愧疚",因此,对孩子的要求更温和。双收入家庭的孩子在问题识别和最终决策阶段的影响要大于单收入家庭的孩子,而且二者在购买决策三个阶段的影响作用均有很大区别。

3)个人资源贡献

近年来,有学者将资源理论运用到夫妻在家庭旅游决策中影响的研究中,以解释个人诸如收入、职业及教育等资源的贡献与其在家庭旅游决策中影响作用的关系(Soo & Cathy,2005)。根据此理论,家庭旅游决策中起主导作用的一方对家庭的资源贡献要大于另一方,有工作的女性比没有工作的女性参与家庭度假决策制定的可能性大得多。如果在一个家庭中,妻子的职业就是照顾孩子,由丈夫主导经济,那么在面对一些昂贵的决策时,丈夫起主导作用。学历与妻子参与决策的程度呈正相关,教育能帮助女性获取有效参与决策的某些潜质。另外,妻子工作时间越长,在金钱方面就更具自主权,有更多参与决策的机会。根据资源理论,妻子在家庭旅游决策中的作用将逐渐提高,同时夫妻共同决策的现象将更为普遍,而作为零收入群体的未成年人,对家庭旅游中高价产品的决策影响微乎其微,尤以出国旅游以及一些高档度假旅游产品为甚。

4) 家庭生命周期

家庭生命周期不同阶段的家庭成员在决策中扮演的角色不同,随着年龄的增长,夫妻双方或家庭成员之间熟知彼此的喜好,作决定的时候常为对方考虑,这种熟悉效益促使决策人作出双方都满意的选择,在决策制订过程中合作大于冲突,同时每个人扮演的角色更加专业化,而且倾向于参与更细的决策。

除了上述几个方面以外,还有一些因素也影响着家庭旅游的决策制订和角色分配,主要有:

①满意度。积极参与旅游决策的一方通常对购买的结果不会太挑剔,且易于产生满意的心理;反过来同样成立,即对游程满意的人,更倾向于积极参与决策,特别是发生在目的地的单项决策。

②家庭结构。首先,家庭成员的数量会影响角色的分配;其次,在当前出现的一些新型家庭结构中,决策模式和角色分配与传统的情况有所差别,其中表现最明显的是在越来越多的单亲家庭中,孩子的决策影响比双亲家庭大。

③旅游经验。先前积累的旅游经验是此次旅游决策的基础,家庭成员中因公或因私出游机会多的人更常在家庭出游决策中成为主导者,他们的意见常被采纳。

④出行距离与产品价格。距离越远、产品价格越高,计划就越复杂,参与准备的重要性越大,所以对于远程和高价旅游通常由夫妻双方共同作出决策以确保考虑周全,孩子的决策影响较小。

本章概要

- 本章介绍了社会群体、参照群体、社会阶层、家庭的相关概念,以及它们对旅游消费行为的影响。
- 社会群体是指通过一定的社会关系结合起来,成员间相互依赖、彼此间存在互动的集合体。与旅游消费者密切相关的群体主要有家庭、朋友、工作群体、正式的社会群体、消费者行动群体。
- 参照群体主要对旅游消费行为产生信息性影响、规范性影响和价值表现性影响,在旅游营销中可以应用参照群体的名人效应、专家效应和普通人效应。
- 社会阶层是指全体社会成员按照一定的等级标准划分为在地位上彼此相互区别的社会集团。不同的社会阶层在旅游消费行为上存在着显著差异。
- 家庭是构成人类社会的最基本的单位,是最主要的旅游客源市场之一。家庭形态、家庭生命周期、个人资源贡献等因素都会对家庭旅游消费行为产生影响。

课后习题

1. 请给社会群体一个定义；社会群体的类型较多，可以按照哪几个标准对社会群体进行分类？请分组讨论除了书本列出的与旅游消费者密切相关的那些社会群体外，还有哪些？

2. 何谓参照群体？参照群体可分为哪几种类型？如何理解参照群体对旅游消费行为的影响？请举例说明生活中哪些参照群体会影响旅游购买决策。

3. 何谓社会阶层，请给社会阶层下个定义；根据 2002 年中国社会科学院发布的《现阶段中国社会各阶层研究报告》，现阶段我国社会可以分成几个阶层？请结合身边实例谈谈不同社会阶层的旅游消费行为特征。

4. 在现代社会中，典型的家庭形态有哪几类？一般情况下，家庭的生命周期可分为几个阶段？以你的家庭为例，谈谈家庭生命周期不同阶段的旅游消费行为特征。

【案例分析】

中国富裕中产阶级旅行新趋势

随着经济的持续增长和城市化的不断推进，加之国内市场强劲的发展势头，中国富裕中产阶级的群体正在迅速壮大。作为全球最大的机场贵宾室服务独立提供商 Priority Pass 和全球顶尖忠诚度营销机构 ICLP 的母公司，Collinson Group 所做的一项最新国际性研究揭示了这个新富阶层对旅行的独特观点和态度，研究结果超越了传统的人口和地域界限。由此我们看到中国富裕的中产阶级已然跻身环球旅行者中出行最为频繁的一群人，他们平均每年出行至少 9 次，比世界平均水平高出两倍之多。

中国大众富裕阶层非常注重"飞行常客奖励计划"以及所能获得的相关权益。其中，29%的人都曾通过兑换飞行里程来升级舱位，在全球范围内，这一比例仅为 18%；并且，中国大众富裕阶层在旅行时还具有独特风格。商务旅行中，69%的人会选择四星或五星级酒店，38%的人则会入住超五星级酒店，远远高出世界平均水平。与此同时，他们也很看重旅行品质的升级，54%的人认为机场贵宾室是不错的选择，而超过五分之一（21%）的人则认为机场贵宾室是必要之选。尽管有 53%的人会在休闲旅行中搭乘经济舱，该研究却发现中国消费者正在越来越多地通过使用机场贵宾室、快速通道以及礼宾服务等来提升旅行体验。

◆ **专注于家庭和体验**

到 2020 年，中国大众富裕阶层消费者的资产总量将是美国同类人群的两倍，而摆在他们面前的三大要务则是：花时间陪伴家人、供养家庭以及享受更多的度假时光。中国人十分愿意且非常舍得为儿孙和伴侣花钱,也热衷于购买国际知名品牌,这种品牌热忱度几乎是世界平均水平的三倍。

休闲旅行时,中国大众富裕阶层消费者寻求的是新奇且独一无二的体验,而非在熟悉的环境里享受奢华。对该群体来说,旅行最重要的四大要素为——体验不同的文化、维系情感、自我充实并享受,以及可持续旅游。

Collinson Group 董事克里斯多夫·埃文斯(Christopher Evans)表示:"在时下的中国,对生活品质的追求正受到越来越多富裕中产阶级的追捧。我们的研究发现,相较于简单地接触新事物,这个阶层的消费者更重视自己与家人共同分享的生活经历。关于这一点,从他们对蕴含了丰富人生体验的产品及品牌的偏爱中就可窥一二。对那些想要吸引这个日益壮大且颇具影响力群体的企业来说,这是非常重要的行业洞察。"

Collinson Group 开展的这项研究涵盖了 4 400 多名消费者,他们均属于全球收入前10%到15%的富裕阶层,分别来自巴西、中国、印度、意大利、新加坡、阿联酋、英国和美国。根据他们所具备的跨越年龄、种族与国界的共同特点,该项国际性研究将这些消费者划分为 4 个"部落"或群体。

消费型时尚旅行者对生活中美好的事物充满渴望,体验至上者则将花钱买不来的体验放在首要位置,这两大群体在中国最为普遍。精打细算的规划者主要为家人考虑,且乐于帮助他人。最后是中年现代主义者,他们的特点是对科技充满热情。

克里斯多夫·埃文斯指出,"对许多品牌来说,这个富裕的中产阶级是最有价值的客户群体,尤其是在金融和旅游领域。因为他们不仅拥有高额的可支配收入,还会影响其他消费者的消费期望、购买习惯及行为"。

"传统定义倾向于通过收入、开销或购买的产品来界定中产阶级,"埃文斯还指出,"但我们的研究则采用了'部落'这一概念,试图打破地域限制来表现行为和看法的共性。如果能深入了解这些内在动机,并据此提供定制化的用户体验、奖励计划与沟通方式,将是赢得富裕中产阶级青睐,从而让他们钱包大开的关键。"

◆四大"部落"旅行的看法

对富裕的中产阶级来说,旅行是一个常见的激励因素,并且他们都期望能在旅途中获得体验的升级,比如机场贵宾室服务、快速通道安检、银行或信用卡提供的升级服务等。不过,不同的"部落"人群对此有着不同的期待。

消费型时尚旅行者热衷于奢华游,在他们看来,机场候机室贵宾服务、礼宾服务、机场代客泊车服务以及豪华轿车接送服务都是"必需的"。除此之外,那些能够"彰显"其社会地位的最为豪华的旅游目的地也很重要——该群体在中国非常普遍。因此,我们看到诸如文华东方酒店和达美航空公司(旗下的"Delta 360"俱乐部只有受邀者才可加入,提供的也是非常专属的优惠奖励活动)为吸引这一群体的关注,并没有做铺开式的市场宣传。

体验至上者在中国也很普遍,若想吸引这类人群,品牌就应该考虑在奖励计划中提升奖励力度,扩大权益范围,融入更多国际化的内容与元素来触发他们的内在动机。例如,若是使用某种信用卡,旅客就可获得全球最佳餐厅的优先享用权或是体验当地特色文化活动的宝贵机会。

精打细算的规划者和中年现代主义者则占到了全球富裕中产阶级的69%。对这两个群体来说，更加灵活的奖励优惠项目最具吸引力，比如可以将积分转让给家庭成员、提供机场贵宾室服务或是为家人提供座位优先选择权等。

◆ 四大"部落"特征速写

精打细算的规划者是规模最大的"部落"，在全部样本中占比高达41%。该群体出行的内在动机主要是家人和利他目的，在美国和英国最为普遍。其中，有四分之三(76%)的人将花时间陪伴家人看作最大的休闲乐趣，他们对参与慈善(31%)和保护环境(30%)的热情也高于平均水平。作为富裕中产阶级中体量最大的群体(41%)，他们无疑是独具价值的客户，只是他们缺乏对物质产品的热情，而且在智能手机和各类应用这些新技术上花费的时间也相对较少。相较于另外3个"部落"，精打细算的规划者的旅行次数相对较少，但平均每年仍会有6次商务旅行和休闲旅行。因此，航空公司的旅客忠诚计划深受该群体的欢迎，尤其是那种能将持卡人的权益延伸至家人的计划。显然，若想抓住这个群体，企业就得在思想和行动上有所改变。

与之形成鲜明对比的是，消费型时尚旅行者总在积极寻求生活中美好的事物。该"部落"在中国和阿联酋最为普遍，而且相较于其他富裕的中产阶级消费者，他们对一线品牌(76%比22%)和豪华轿车(70%比25%)的消费欲望要高出4倍。这个群体在旅行上的投入是最多的，并且会从旅行过程的方方面面来打造独具风格的时髦旅行。消费型时尚旅行者虽然规模较小，但影响力巨大，其中有超过一半在34岁以下(55%)，且年收入超过190 000美元的人占到了32%。尽管他们有着强劲的消费力，但该群体却对他们所信任的品牌极为忠诚，平均而言，他们会参加5个客户忠诚计划，并对多达8个品牌十分忠诚。

中年现代主义者最大的特点是对技术充满热情，其中有61%的人将各种小工具当作他们最大的娱乐消遣，90%的人每周会在智能手机上花费5个小时以上，还有45%的人每周会通过电脑上网至少20个小时。中年现代主义者在印度和新加坡最为普遍。数字体验对该群体有着重要影响，处于该领域的企业可以在这个群体中打造强有力的品牌支持者。该"部落"十分乐于通过社交媒体来支持和推广他们所信任的品牌，其中四分之三的人都愿意向家人和朋友进行推荐；此外，还有74%的人更倾向于对其所信任的品牌产品进行重复购买，且有67%的人表示，他们是品牌客户忠诚计划的参与成员。

最后，对体验至上者来说，相较于标准化的产品和服务，独特性、金钱买不来的体验以及专属性更能打动他们。该群体在中国、阿联酋和英国均非常普遍，他们最有可能以体验不同的文化(76%)为乐，并将旅行视作跟家人和朋友维系情感的方式(67%)。除此之外，他们也喜欢度假(81%)、外出用餐并享用奢华美食(64%)。若想吸引这些客户，就需要设立灵活的奖励优惠计划，包括可兑现的旅游补偿计划以及可以丰富生活方式的独特项目。

(资料来源：王晓易.网易旅游,2015-05-25.)

问题：

1.结合案例，谈谈你是怎样理解社会阶层与旅游消费行为之间的关系的。

2.案例中新兴富裕阶层的旅游消费行为有何显著特点？对未来旅游行业的发展有何启示？

【建议阅读文献】

［1］Swinyard W R, Peng Sim C. Perception of children's influence on family decision processes［J］. Journal of Consumer Marketing, 1987, 4(1)：25-38.

［2］Fodness D. The impact of family life cycle on the vacation decision-making process［J］. Journal of Travel Research, 1992, 31(2)：8-13.

［3］Wang K C, Hsieh A T, Yeh Y C, et al. Who is the decision-maker：the parents or the child in group package tours?［J］. Tourism management, 2004, 25(2)：183-194.

［4］董培海,蔡红燕,李庆雷.迪恩·麦肯奈尔旅游社会学思想解读——兼评《旅游者：休闲阶层新论》［J］.旅游学刊,2014(11)：115-124.

［5］吴清津.旅游消费者行为学［M］.北京:旅游教育出版社,2006:222-246.

［6］阿诺德.消费者行为学(中国版)［M］.北京:电子工业出版社,2007.

［7］陈家瑶,刘克,宋亦平.参照群体对消费者感知价值和购买意愿的影响［J］.上海管理科学,2006(3)：25-30.

［8］所罗门,卢泰宏.消费者行为学［M］.6版.北京:电子工业出版社,2006.

［9］王长征.消费者行为学［M］.武汉:武汉大学出版社,2003.

第 12 章
旅游目的地形象与情境的影响

【学习目标】

- 了解旅游目的地形象和旅游情境的概念,理解它们与旅游消费者行为之间的关系;
- 掌握旅游目的地形象的形成过程及维度构成;
- 能结合实例分析旅游情境对旅游消费者行为的影响,以及旅游目的地形象对旅游购买决策和旅游者购后行为的影响。

12.1 旅游目的地形象概述

12.1.1 旅游目的地形象概念

1)不同学科领域对"image"的定义

20 世纪 50 年代中期,博尔丁(Boulding,1956)首先提出"形象"的概念,并对其在人类经济活动与其他领域所扮演的角色进行了探讨。他表示人的行为除了是由知识和信息引导外,更是个人所知觉到的形象产物。

"image"一词,在不同学科领域中,有不同的解释。在心理学上称为"心象、表象"。张春兴(1992)认为,"心象是指记忆中以往感觉经验的重现"。地理学则用印象、知觉,意指人们心中对某地区的意象或心理图像,如认知地图。在环境规划领域,称为意象。营销学领域则称为"形象、印象",产品形象多半指消费者从许多资源中所接受的整体印象,是消费者在众多印象中选择某些印象为基础所发展而来的心理建构。可见,产品形象明显受到外在信息的影响,形象并不等于产品属性,而是对产品属性的知觉。由此可以认为,在消费行为学领域,image 是指人受到外界信息的刺激,以个人特质对环境属性产生知觉而形成的整体或刻板印象。

2)国内外旅游研究领域对"image"的定义

在国外旅游研究领域的文献中,关于"image"存在多重的名称与说法,如 tourism image

（Gartner，1989），tourism destination image（Chon，1991），destination image（Echtner & Ritchie，1993）。而国内则有人将其翻译成旅游意象、旅游印象、旅游目的地意象、旅游目的地印象或旅游目的地形象。但从现有文献可以看出，一般情况下，当提及旅游形象时，如无特别说明，该属性的指向一般是指旅游目的地。因此，这里所说的旅游形象，它是指旅游消费者对于目的地的整体认知与信念，或是一组整体的印象（Hunt，1975；Crompton，1979）。国外学者亨特提到，旅游目的地形象是人们对非居住地持有的一种印象，也是个人对某一目的地所持有的想法、信念与印象的总和，或是旅游消费者在心理上对旅游目的地所形成的一种印象。也有学者认为，旅游目的地形象是个人通过长期加工各类信息，所形成的对旅游目的地所有的认知（Assael，1984），也可以说是旅游消费者对该旅游地的态度，这种态度来源于旅游消费者的感觉，而非知识（Moutinho，1987）。另有学者以为，旅游目的地形象具有类似品牌的功能，它结合了旅游者与旅游业者对旅游地区内的旅游活动或旅游景点的各种属性知觉（Gartner，1989），它同时代表着旅游者对旅游地的印象，并给予旅游者一种事前的感觉（Fakeye & Crompton，1991）。旅游目的地形象是个人对某一特定地点的整体印象或态度，这种整体印象是由旅游者对旅游地质量的相关认知组成的。

需要说明的是，旅游目的地形象是旅游消费者作为个体对旅游目的地各类信息进行心理功能化加工的结果，不是一成不变的，这个结果会随着旅游活动的发展而发生相应的变化。有学者以美国得克萨斯州的 Lower Rio Grande valley 为研究对象，比较未到访者、第一次到访者和重游者在 5 个形象因素上的关系，结果发现这 3 组受访者在"社交机会与吸引力""设施、食物、友善居民""自然及文化设施""住宿及交通""酒吧和夜生活"各个测量项目上均存在明显差异（Fakeye & Crompton，1991）。另外，还有学者的实证研究也证明了旅游目的地形象会随着旅游阶段及活动时序的变化而发生变化（Chon，1990；Baloglu & Mc-Cleary，1999）。

3）本书的定义

可见，国内外学者有关旅游目的地形象的界定不是很统一，各有各的见解。有一些学者是从静态的视角来界定旅游目的地形象，而有些学者则从动态的角度来给旅游目的地形象下定义。综上所述我们认为，所谓旅游目的地形象，是指潜在或现实的旅游消费者对某一旅游目的地所持有的一种印象，这种印象是个体的社会知觉对旅游目的地相关信息加工的结果，它会随着个体旅游经验、价值观及外界信息刺激等因素而发生阶段性的变化（白凯，2009）。

12.1.2　旅游目的地形象的形成过程

旅游消费者对旅游目的地形象的形成并非一朝一夕，而是一个渐变过程。旅游目的地形象的形成可分为两个阶段：原始形象与诱导形象（Gunn，1988）。首先，旅游消费者通过接触一般的电视节目、报纸、杂志报道或专文介绍，以及其他非旅游业主导的信息来源（如口头传播），会形成对某旅游地的原始形象，尽管此人并未真正到过该地点。如果旅游者对该目的地产生兴趣，会刻意收集与该地点旅游直接相关的信息，如旅行社广告、旅游局宣传册等，原始形象会进一步发展成诱导形象。

根据上述分析,旅游目的地形象也可以被划分为3个形成阶段(Fakeye & Crompton, 1991):原始形象、诱导形象及复合形象。原始形象是针对未抵达旅游地的潜在旅游者而言, 通过他人转述或报纸杂志、电视广播等相关媒体报道所获得的最初形象;诱导形象是通过原始形象产生旅游动机后,受到旅游地直接相关信息影响而产生的形象;复合形象则是指旅游消费者在通过实际前往该旅游地体验后,在先前原始形象及诱导形象混合基础上,获得的一个比较综合的形象,也是旅游后所产生的一种新的形象(图12.1)。

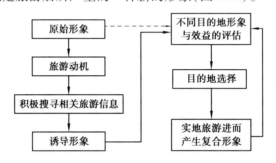

图 12.1　旅游目的地形象形成的过程模式

针对旅游目的地营销而言,旅游目的地形象形成阶段的差异,其营销手段与方式也有一定的区别(Fakeye & Crompton,1991)。在原始形象阶段使用口碑及广告的方式宣传最为有效,即告知性推广。其主要提供潜在旅游消费者关于旅游地的各种知识与信息,以让他们在选择旅游地时能想起该地点。诱导形象阶段主要应说服旅游者选择该目的地,使旅游者主动搜寻其自身所需的信息,以对旅游目的地更为了解,即说服性推广。复合形象阶段是针对已经去过该地的旅游消费者,目的在于提醒他们别忘了再次到访,旅游消费者也会通过回忆为该地建立良好的口碑,即提醒性推广(表12.1)。

表 12.1　旅游目的地形象阶段与旅游推广策略

形象阶段	信息来源形态	旅游推广策略	旅游者形态
原始阶段	口碑及广告	告知性推广	潜在旅游者(从未到访者)
诱导阶段	刻意搜集的资讯	说服性推广	初访旅游者(初访旅游目的地)
复合阶段	回忆	提醒性推广	重游者

旅游活动的本质是一种人类自我完善和发展的自觉活动或经历(马耀峰 等,2007)。虽然多数学者认为其目的是追求身心愉悦,但从深层次看,旅游活动是人类自发地通过旅游来认识自然和社会,求解自然和社会发展及运行规律的过程。因此,旅游目的地形象形成过程也可被细化,如图12.2所示。

该模型中旅游目的地形象形成过程的重点在于信息的影响。20世纪60年代西方兴起的认知心理学理论,是用信息加工的观点看待人的心理活动,认为人的心理过程是一个主动搜寻信息、接收信息并在一定的心理结构中进行加工的过程(方俊明,1990)。当旅游动机产生后,虽然人们没有到访过旅游目的地,但通过内省经验,旅游目的地仍然能在他们头脑中产生出一个形象,通过对该形象进行处理和加工,这样就形成了旅游目的地的原始形象。在进一步的信息搜索及分类加工后,个体会决定是继续搜索信息还是放弃旅游计划。放弃即表明旅游活动未成行,个体对旅游目的地形成的是一个模糊的形象。当个体继续进行目的地信息搜寻并决定出行后会形成旅游目的地的诱发形象。通过旅游目的地的各类体验活动,旅游者会不断修正自己的目的地形象。在旅游活动结束前,旅游者将形成最终的旅游目的地复合形象。因为形象是通过一连串信息传播及认知的过程形成的(Reynolds,1965),所以旅游目的地形象的形成过程就是旅游者对其相关信息的选择及扩大过程,也就是说,旅游者在旅游目的地活动过程中可能会选择性地接收目的地信息(或者仅接收特定的目的地信息),然后,旅游者会对这些信息加以判断,进而扩大组合形成旅游目的地的整体形象。

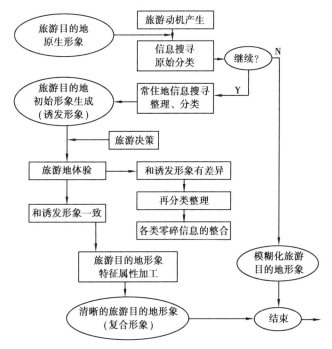

图 12.2 旅游目的地形象形成中的信息加工及阶段模式

资料来源:白凯.旅游目的地意象定位研究述评[J].旅游科学,2009,23(2):9-14.

12.1.3 旅游目的地形象的构成维度

从心理层面来看形象,较为抽象。因此,旅游形象研究自亨特从 1971 年开始至今,学术界对形象的构成仍然没有一个统一的看法。巴洛格鲁和麦卡利(Balogulu & McCleary,1999)所提出的旅游目的地形象构成包含了 3 个基本维度:认知形象和情感形象及其共同构成的旅游目的地整体形象(图 12.3)。埃特纳和里奇(Echtner & Ritchie,1993)提出的旅游目的地形象概念构架中包括了 3 个连续性维度:整体和个别属性、功能和心理属性、普遍和独特属性。虽然埃特纳和里奇提出的 3 个连续维度得到学者的广泛认同,但大部分都是在概念上的引用,完全应用于实证研究的还比较少见。波利和马丁(Beerli & Martin,2004)从实证层面对其进行了延伸研究,研究揭示了旅游目的地形象的成因主要受个人因素和信息源的影响(图12.4),该实证研究说明了旅游者会因为信息来源的不同(如旅游业相关人员、宣传、导游手册、亲朋的口碑效应等)产生不同的认知形象,而动机会影响情绪性的评估,旅游者的社会人口学特征(性别、年龄、社会、阶层)也会影响旅游目的地形象。

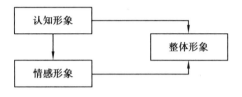

图 12.3　旅游目的地形象的构成

资料来源:Balogulu S, McCleary K W. A model of destination image formation[J].
Annals of Tourism Research,1999,26(4):868-897.

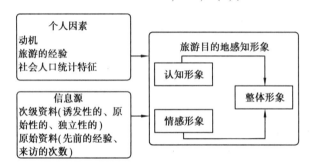

图 12.4　旅游目的地形象形成的路径模式

资料来源:Beerli A, Martin J D. Factors influencing destination image[J].
Annals of Tourism Research,2004,31(3):657-681.

从知觉理论看,人们对环境信息的感知,实际上是一种知觉、认知和评价相互结合而共同构成的连续过程(Rapoport,1977)。认知是人们对某一地区的态度或信念的总和,个人所接受的外部刺激将有助于形成认知形象(Gartner,1993)。认知在个体目的地形象生成中起到了重要的作用,它由个体对旅游目的地某种事物的看法和知识构成,也可以说是个体对目的地某事物属性的特定信念或理解。个体认知在指导个体行为中处于主导地位,它是个体理性知觉对外界环境的评价。因此,认知形象在旅游目的地形象的构成中占据了主导地位。

情感评估可以被看作个体对某一产品的态度,当把旅游目的地看作一种产品时,在产品与情感的相互作用下就会产生目的地形象的情感成分。高德纳将目的地形象中的情感形象定义为:不同利益个体根据自身旅游需求对目的地的评价(Gartner,1993)。巴洛格罗和麦卡利(Balogulu & Mc-Cleary,1999)则认为情感形象是个体对目的地某种事物的感觉及依附感,或是对目的地某种事物的知识情感。由此产生的旅游者对目的地情感层面的联想是旅游者对目的地所产生的特殊情感联结,当旅游者对此目的地具有正向的情感联想时,则可能考虑前往,反之,则放弃到访该地(Woodside & Steven,1989)。情感形象是在认知形象的基础上形成的,当旅游者面对一系列有意义的外界信息认知评估后,情感形象继而产生。在情感形象的实证测度上,巴洛格罗和麦卡利的研究将情感从认知中独立出来,并将其划分为 8 个空间维度：愉悦、不愉悦、无精打采、激励人心、放松、沮丧、振奋和烦恼（Balogulu & Mc-Cleary，1999）。总之，不论特定对象是单独经由认知或情感评估，或是相关知觉（旅游经验）内化后的情感唤醒，各类旅游目的地形象要素将最终整合，并生成对旅游目的地的整体形象。

12.2 情境概述

12.2.1 不同学科对情境的理解

情境是一个日常生活中普遍使用的概念，也是一个在诸多学科中广为运用的学术概念。这一概念在美学、教育学、心理学、人类学及社会学等不同学科中有着不同的内涵和理解。

1）美学中的情境

中国美学中的情境指艺术作品中所描绘的环境、景物与表现的情感融合一致所形成的艺术境界。这里的情境更多的是在描述从物理空间转向心理空间中使用，并且倾向于人的主观感受。在西方美学中，狄德罗和黑格尔最早使用了情境这一概念，指戏剧或艺术中所展示的人物活动的环境。狄德罗从关系出发，指出情境是由家庭关系、职业关系和敌友关系等方面形成的，情境的价值在于与人物性格发生冲突，让人物的利益互相冲突。黑格尔在"冲突"说中拓展了这一思想，认为情境是"一般世界情况"具体化的，推动人物行动的客观环境，也就是人物行动的外因，这种外因引发了与个体的矛盾冲突，激起并推动人物性格的发展（冯契，2001）。可以看出，东西方美学中的情境都是源于生活，并且超越现实生活。从中西方美学有关情境概念的界定可以看出，其区别在于中国美学中的情境强调的是主体与"境"的统一，并指向主体的体验和感受，即主体与客体在活动中被联结在一起；而西方美学中的情境是主体感知的客观对象，即审美客体（朱光潜，1979）。

2）教育学中的情境

杜威首先在教育学意义上提出"情境"概念，并在衡量经验的教育意义及论述反省思维上使用了这一概念。所谓教学情境是指教师在教学过程中创设的情感氛围。"境"是教学环境，它既包括学生所处的物理环境，如学校的各种硬件设施，也包括学校的各种软件设施，如教室的陈设与布置，学校的卫生、绿化以及教师的技能技巧和责任心等。教学情境也是指具有一定情感氛围的教学活动。孔子说："不愤不启，不悱不发，举一隅不以三隅反，则不复也。"孔子的这段话，在肯定启发作用的情况下，尤其强调了启发前学生进入学习情境的重要性，所以良好的教学情境能充分调动学生学习的主动性和积极性，启发学生思维、开发学生智力。

3) 社会学中的情境

社会学中的情境研究是在社会学走向经验研究的发展过程中产生的,最早由美国社会学家托马斯和兹纳尼茨基在合著的《波兰农民在欧洲和美国》(1918—1920 年)一书中提出"情境"的概念。社会学中的情境研究偏重于社会结构及社会互动的分析,认为情境是人类行为与文化相结合的可供观察的共同体。根据卡尔的意见,一个社会情境包含 6 种因素:行为主体的人,含有各种特殊意义的文化特质,特殊意义与人之间的关系,个人及群体的社会互动过程,特殊的时间,特殊场合和地点。社会情境一般说来,可以分为真实情境、想象情境、暗含情境 3 类。真实情境指人们周围存在的他人或群体,个体与他人或群体处于直接面对的相互影响之中;想象情境是指在个体意识中的他人或群体,双方通过传播工具间接地发生相互作用;暗含情境是指他人或群体所包含的一种象征性的意义,个体与具有一定身份、职业、性别、年龄等特征的他人或群体发生相互作用,也是一种影响个体行为的情境。

4) 人类学中的情境

人类学家在对有关学习的概念反思的基础上引入"情境"概念,提出了情境学习理论,以莱夫和温格为代表。他们把重点放在对"完整人"的研究上,将知识视为个人和社会或物理情境之间联系及互动的产物。他们认为,没有一种活动不是情境性的,并提出"学习是实践共同体中的合法的边缘性参与"的著名论断。人类学家所指的学习不仅指学校内的学习,更多指学校以外的真实情境中的学习。不言而喻,情境学习中的情境便是一种真实的、自然的情境。正如莱夫所言,情境并不意味着某种具体的和特定的东西,或者不能加以概括的东西,也不是想象的东西。它意味着,在特殊性和普遍性的诸多层面上,一个特定的社会实践与活动系统中社会过程的其他方面具有多重的交互联系(Lave,1991)。可见,人类学家把个体与情境作为学习生态系统中的要素,强调个体与情境的相互建构,进而把学习的关注点从环境中的个人转向人和环境的相互作用,凸显了学习发生的真实性与交互性。

5) 心理学中的情境

心理学对情境的研究经历了一个从客观刺激、背景到知识的认识过程。行为主义学习理论中的情境指引起行为活动的客观刺激,它一般与反应者的行为直接关联,如巴甫洛夫的"条件刺激信号"、斯金纳的"强化物"等。认知学习理论关注主体性、整体性,重视个体对客观情境的认知和体验,如考夫卡的"心理物理场"理论、勒温的"生活空间"理论、奥苏贝尔的"先行组织者"理论等(戴维,2002)。认知心理学强调情境作为学习的背景,并关注意义的内在表征。情境认知理论关注情境的真实性、社会性及文化性,把学习的关注点从环境中的个人转向人和环境。情境认知理论者罗格夫认为,情境既是问题的物理结构与概念结构,也是活动的意向与问题嵌入其中的社会环境。按照情境认知的观点,情境不但是学习发生的背景,而且是学习的内容。

12.2.2　情境的主要特性

一个情境可能有很多特性。认识情境的特性,对于把握、优化及改变情境具有重要意义。艾弗登以游戏作为一种社会情境模型,得出情境具有目的(怎么赢)、行动程序(步骤)、规则、参与者人数、参与者角色、结果或赌注、必备的能力或技巧、互动模式、物质环境及必要配备共 10 个特性(Avedon,1971)。阿盖尔等在其著作《社会情境》中对情境的主要特性进行了重新归纳和总结。他们认为情境的主要特性包括目标与目标结构、规则、角色、要素戏码、行为序列、概念、环境背景、语言与说话、困难与技能(Argyle et a1.,1981)。本书沿用阿盖尔等的观点,具体阐述为以下几个方面。

1)目标与目标结构

大部分的社会行为都是有目标的,因此,除非知道目标,否则不可能理解情境。这些目标可能是有先后顺序的,在到达最终目标之前,会有一些次级目标。情境目标和个人动机的模式有关,这些动机可能是交朋友之类的亲密动机,也可能是带有敌意甚至破坏性的动机。情境提供了达成目标的场合,情境很可能正是为此存在。人们之所以进入一个情境,是因为他们预见可以在此达到某些目标。这些目标可以被视为情境的特性之一,而情境所能达成的目标是可以评估的。不过,一个人的动机可能不止一个目标,而这些目标之间可能是彼此促进、互相抵触或者毫不相干的。同样的关系也可见于不同人所持的目标之间。人们可以把目标之间的交互关系称作目标结构。

2)规则

规则是共有的信念,规定哪些行为是允许的,哪些是不允许的,以及哪些是必要的。黑瑞和斯克德非常强调社会规则对社会行为的重要性。他们认为,在行动者使用规则来监控自己的表现时,规则便产生了行动(Harre & Secord,1972)。在此我们采取一个较为宽泛的定义:当大多数人注意到一个规则,并且不赞同违反这一规则的行为,就可以说这个规则是存在的。规则同时也是现实的社会建构之一,有了规则,才可能产生复杂的游戏与许多惯例做法。

3)角色

几乎所有的情境都会有一些特定的角色,如网球比赛中必须有人担任运动员、裁判员、司线员、球童和观众。角色可以在情境中改变,人们也可以同时担任多种角色(父亲、医生、儿子)。各种角色之间是互相依赖的,同时涉及对角色扮演者的行动、信念、感觉、态度与价值的许多期待。情境产生了一些角色系统,以便促进情境目标的完成。这些角色系统包括一个领导层级的形成,以及分工架构。

4)要素戏码

所有的游戏都有一定的表演戏码,包括一些被允许、被认为具有意义的步骤。某些情境,如拍卖会,也有严格的戏码。情境中的要素提供了达到目标所需的步骤。情境不同,戏码不同。情境中的戏码是功能性的,这些戏码中包含了完成情境目标所需的必要步骤。如何找出特定情境中的戏码对找出一些社会行为中普遍存在的戏码具有非常重要的意义。

5) 行为序列

情境中的行为要素会形成特定的行为序列。有些序列可能出现在许多情境之中,对很多情境都是适用的,尽管其内容可能会因情境不同而有所差异。同样的现象也可见于情境的情节结构。主要的任务往往可以细分成几个次级任务,然后以特定顺序一一完成。不同情境的行为序列会有很大差异,有的是由一个主导(如采访),有的是漫谈,也有的是严肃的讨论或协商。而那些仪式和正式情境中的事件序列则具有严格的先后顺序。

6) 概念

为了处理许多情境,人们会构建出一些具有普适性的概念。这些概念对完成预期任务与达成情境目标来说是十分必要的。对于个人而言,概念的建构有一部分是普遍的,有一部分则是取决于情境。概念的内涵和解释是依情境而异的,这种概念的架构有时非常精密,如游戏、医疗或宗教方面的相关概念,必须先掌握概念架构,才能理解这类情境。

7) 环境背景

在情境的诸多特性中,被研究得最多的就是环境背景。可以通过边界、道具、调节物和空间 4 个概念来进一步了解环境背景。

①边界是社会互动进行的范围。我们所关注的是当下的、可以察觉的行动边界,亦即行为发生的地方,而不是建筑物、郊区或市镇之类的大区域。

②所有的边界内部都有一些道具,它们是边界内的必需品——一间酒吧里必须有柜台、椅子、餐桌、酒类等,一间教室里必须有椅子、书桌、黑板等。每项道具都有用途,并通常附带了某种特定的社会意义和符号内涵。

③调节物则是环境中的物理层面,如颜色、声音、光线、气味和湿度,这些都会影响行为的情绪意味。当这些因素处于极端值,它们在情境中就会更有影响力,虽然极端值的标准更多的是取决于情境本身(如图书馆中的噪声极端值和操场上的不同)。

④空间指的是人和东西之间的距离,对于空间行为的研究则必须探究隐私、私人空间、领土与拥挤等现象。

8) 语言与沟通

就如同每一种科学、每一种运动、每一种工作都有术语和行话,同样的,每一个情境都有其相关的语言特色。语言与沟通的很多层面,如用词、修辞、语调等部分取决于情境。也就是说,有些语言特性是依情境而定的,有些则是应用于所有或很多情境。有些情境中的语言使用限定得比较严格,有些情境则只要求修正一种语言特性。

9) 困难与技能

有些情境会令身处其中的人倍感压力。工作等社会情境往往要求人们具备特定的技能才得以胜任。社会情境中的困难确实直接取决于社会技能——一个人越是具备处理情境的相关技能,他所遇到的困难就越少。不过,有些情境还要求一些额外的技能,如运动的技能、记忆的技能或语言的技能。因此,就如同求职者必须具备某些条件,要进入情境也必须具备相应条件。此外,探讨人们在社会情境中普遍遇到的问题,往往可以使我们对这些情境的基本过程有深刻的认识,从而在无形中也会使我们进一步明确如何应对这些情境中可能遇到的困难,从而具备相应的技能。

12.3　目的地形象对旅游消费者行为的影响

在第一节中阐述了不同学科领域有关"image—形象"的定义界定和国内外有关旅游目的地形象的概念,旅游目的地形象的形成过程,以及旅游目的地形象的构成维度。那么,目的地形象对旅游消费者行为有何影响? 尤其是对旅游者的旅游购买决策和购后行为会产生多大影响呢?

12.3.1　对旅游购买决策的影响

旅游者对旅游产品的购买决策相对一般产品来说更需要的是对产品的主观判断,而不是对其客观的衡量,因为旅游者在购买前一般不能试用旅游产品。潜在旅游者对未曾去过的旅游目的地的了解是很有限的,潜在旅游者很难获取关于衡量这些目的地重要属性的客观措施。因此,旅游目的地形象在旅游者的旅游产品购买决策中起到至关重要的作用。旅游目的地形象对旅游购买决策的影响,主要表现在旅游者对旅游目的地形象的感知。旅游者根据目的地选择之初搜集的各种资料和信息,获取关于目的地旅游环境的总体印象,这便是所谓的感知环境。与真实存在的客观旅游环境不同,感知环境是让人脑对搜集的目的地信息进行加工后形成的关于旅游目的地环境和形象的混合产物(形成原始形象)。旅游者对旅游目的地的形象感知越好,就越有可能选择该旅游地,反之亦然。因而,旅游目的地能否吸引旅游者,不光依靠优秀的旅游资源,还在于客源市场对这些资源的认识。换言之,感知环境强烈的地方,更易引起旅游购买决策。相反,没有被旅游者摄入脑中,感知环境薄弱的旅游地,即便有较高的旅游价值,往往也提不起旅游者的兴趣,在旅游决策中容易被淘汰。

当然,旅游目的地形象感知受到多因素的影响,这些因素主要包括旅游目的地知名度、旅游目的地信息传递有效性、感知距离等。

旅游目的地形象感知是引导旅游动机向旅游行为转化的首要因素。旅游者通过各种直接或间接的渠道获得关于不同旅游地的初步感知,旅游目的地的形象信息通过各种媒介作用于旅游者。旅游者对这些来自外界的信息进行加工处理,产生一定的认知,最终形成一定的印象,这一印象即旅游者对旅游目的地形象的感知(诱导形象)。如一提到福建,就容易想到鼓浪屿、武夷山和土楼,这些地方某种程度上成了福建的旅游形象代表,想要体验世界自然和文化遗产的游客会想到来福建旅游,而一个想要去购物的游客可能会首先想到香港、广州或上海,这就是旅游形象产生的效应。旅游者根据自己头脑中对旅游目的地的认知形象进行评价比较,这一过程实际上是旅游者目的地决策行为中十分重要的环节。

在旅游者的购买决策过程和旅游行为中,旅游目的地形象感知都会产生重要影响,这种感知在一定程度上会强化旅游消费者在旅游地的旅游体验,从而影响客源市场对旅游地的评价。因此,旅游目的地有关部门与组织在旅游形象塑造过程中,应注意参与旅游消费者动态感知的过程,与旅游者感知形成良性互动,从而打造良好的旅游目的地形象。

12.3.2　对旅游者满意度的影响

如上所述,旅游目的地形象可以被划分为 3 个形成阶段(Fakeye & Crompton,1991):原始形象、诱导形象及复合形象。原始形象是针对未抵达旅游地的潜在旅游者而言,通过他人转述或报纸杂志、电视广播等相关媒体报道所获得的最初形象;诱导形象是通过原始形象产生旅游动机后,受到旅游地直接相关信息影响而产生的形象;复合形象则是指旅游消费者在通过实际前往该旅游地体验后,在先前原始形象及诱导形象混合基础上,获得的一个比较综合的形象,也是旅游后所产生的一种新的形象。

那么,目的地形象是否会对旅游者的旅游满意度产生影响呢? 答案是肯定的。相关研究已验证了这一点,旅游者满意度与其自我形象、目的地形象和谐性之间有某种相关关系。尤其是旅游者自我形象与目的地形象越一致,旅游者越会感到满意。当然,也可以从学者们关于旅游者满意度的定义中得到解释。匹赞姆(Pizam,1978)等认为游客满意度是游客对旅游地的期望和实地旅游体验相比较的结果,若实地旅游体验高于事先的期望值,则游客是满意的。波德(Beard,1980)等也强调游客满意度是建立在游客将期望和实际体验进行比较的正效应基础上的。崔博和施纳斯(Tribe & Snaith,1998)等进一步指出,满意度是指在游客旅行过程中,旅游体验满足其期望和需求的程度。从以上文献可以看出,游客满意度是游客期望同实地旅游感知相比较的结果。而旅游者(或者叫游客)的期望是建立在出发前通过搜集旅游目的地的信息,并对信息进行加工后所形成的旅游目的地原始形象和诱导形象的基础之上的。也就是说,旅游者出发前对旅游目的地形成的印象与其实地旅游体验相比较的结果决定其是否满意。从某种角度上讲,目的地旅游形象决定旅游者的感知质量与满意度。

12.3.3　对旅游者购后行为的影响

随着研究的深入,学者们开始关注旅游地形象与游后行为意向的关系。米尔曼和匹赞姆(Milman & Pizam,1995)指出,当旅游消费者对旅游过的目的地有正向形象时,会驱使游客重游该地。科特勒等(Kolter & Bowen,1996)则是更进一步思考,形象是否会影响旅游者对质量的感知与满意度,而且,形象是否会透过对质量与满意的影响,进而影响旅游者的相关购后行为。考特和勒普顿(Court & Lupton,1997)在新墨西哥的形象研究中发现,旅游地形象对旅游者的重新到访意愿有正向影响。比涅等(Bigne & Sanchez,2001)对旅游目的地形象是否对旧地重游造成影响进行深入探讨,其研究结果指出形象除了对旅游者旧地重游形成直接影响外,也会透过旅游者对质量的认知结果与满意度,间接地影响是否旧地重游。所以,旅游目的地良好的综合形象,尤其是高满意度的服务必将为旅游者决策提供有力的判别依据。

因此,有学者认为,旅游目的地形象是目的地经营者应予特别关注的目的地发展的关键要素(卞显红,2005)。旅游目的地形象是旅游者感知质量、满意度与购后行为的一种直接因源,也是影响旅游者目的地选择的一个关键因素。旅游目的地管理者应着力提高或改善旅游目的地的形象。虽然旅游目的地管理者不能控制影响旅游目的地形象形成的所有因素,但应能操纵它们中的一部分,如旅游目的地的广告、公共关系、旅游经营者、促销渠道与促销工具及旅游信息咨询与投诉等,来改善或提升旅游目的地形象。旅游目的地管理者应特别关注其努力要树立的形象及其所提供的服务与产品的质量,因为这些都会对旅游消费者的满意度与购后行为意向产生深刻的影响。

12.4　情境因素对旅游消费者行为的影响

当旅游者离开自己的日常生活环境,踏入旅途,他们就开始进入了旅游世界。无论目的地是层峦叠嶂的名山大川,还是纯朴简洁的乡村小院,旅游者的言行举止都开始处于特定的旅游情境之中。在旅游情境下,就算普通的一日三餐,坐车睡觉,可能都会具有不同的感觉和意义。旅游是一个从客源地到目的地,最终又回到客源地的复杂过程,涉及食、住、行、游、购、娱等诸多要素和环节。旅游者旅游过程中的诸多经历都伴随着特殊的情境及不同情境之间的转换。鉴于旅游行为与普通消费行为的差异,本书主要阐述旅游情境、旅游体验情境和旅游互动情境方面的内容。

12.4.1　旅游情境

旅游情境对旅游者的产品及路线选择具有重要的影响,而影响旅游者的情境因素有很多种,但对旅游者的影响并不一样。某个情境因素可能是抑制作用,而另一个可能是促进作用。一种情境因素在这一时刻影响旅游者,而在另外时刻,却可能并不发挥作用。因此,确定哪种情境影响旅游者是制约因素还是促进因素等是旅游者行为过程研究中非常重要的问题,对于优化、完善目的地旅游营销也具有重要指导意义(表 12.2)。

表 12.2　旅游情境及具体内容

情境因素	主要内容
外界实体情境	旅游产品信息(价格、类型、广告等)、交通方便程度、天气状况、旅行社推荐
社会情境	亲朋好友影响、临时突发事件、景区社会氛围、旅游时尚、出游组织方式
时间情境	出游时间安排、出游季节或月份
出游前状态	经济实力、身体状况、心情状态

1)外界实体情境

外界实体情境主要包括旅游产品信息(价格、类型、广告等)、交通方便程度、天气状况、旅行社推荐等内容。比如,高速铁路的开通,就为拉动沿线省(市)的旅游业发展提供了强大的动力。在高铁的带动和影响下,沿线居民在出游交通方式上有了更多的选择,从而克服了原先旅途中花费时间过多,甚至很多地方因交通不便而无法抵达之类的限制。高速铁路的开通,不仅会极大地方便沿线群众的出行,还会带动沿线旅游资源的开发和文化产业的发展,会对以旅游为支柱产业的区域产业经济产生重要影响。这种外界实体情境的改变,会对旅游者的出游方式产生很大影响,还会影响相关目的地旅游产业的发展。

2)社会情境

社会情境主要包括亲朋好友的影响、景区社会氛围、旅游时尚、出游组织方式及临时突发事件等。比如,小张本来打算自驾去西藏旅游,但是亲朋好友都劝他不要去,西藏风景虽好,但是自驾前往不安全,有很多不确定因素。于是,小张改变了原先的出游方案。这种选择上的改变就是社会情境因素所致。上述社会情境因素会对潜在旅游者的旅游活动产生影响,这种影响可能微不足道,不能影响旅游者的原先计划,也可能改变全局,彻底改变旅游者原先的旅游计划,甚至还有可能推翻原来的整个旅游计划和决策。

3)时间情境

时间情境主要包括旅游者出游时间的安排及出游的季节或月份等。不同的旅游资源和景点可能在不同的季节具有不同的吸引力,如4月份的洛阳牡丹花会、冬季的哈尔滨冰雪大世界等。加之每个人每个家庭闲暇时间的多少也不一样,如教师就可以充分利用寒暑假出行,而多数人的出游时间往往集中在周末和小长假。

4)出游前状态

出游前状态主要包括经济实力、身体状况、心情状态等方面。出游前状态也是旅游情境的重要组成部分。比如,出游前身体状况不佳,可能会导致整个旅途中都提不起劲来。

12.4.2　旅游体验情境

旅游者从出行那一刻开始,就不断地经历着"场"的变化。随着物理场的迁移和变更,旅游者的心理场也在变化。而每一个使旅游者的心理场与外在的物理场相交融的时空框架,都构成了旅游场的物理寄托,而旅游场的灵魂,是此时此地的心理场,它统辖着旅游者旅游体验的地理环境和行为环境,并最终构成旅游体验情境。

构成旅游体验情境的因素非常复杂。首先是来自外界的地理环境刺激因素。这些因素会作用于旅游者心理,先是引起旅游者心理与这种地理环境之间的相互浸染,也许是通过知觉或移情,逐步使地理环境的心理意义呈现,而旅游场便在这个基础上形成了。所以,旅游场是旅游者心、物的统一,是作为远因而存在的地理环境和作为近因而存在的行为环境相互作用的产物。这种心物结合而产生的旅游场,表达了旅游需要和旅游景观之间互为因果、互为存在的特性。它也说明,当旅游者的行为环境在受到地理环境调节时,以自我为中心的心理场也在活动着,由此形成的是一个由自我——行为环境——地理环境等进行动力交互作用的心物场。

在旅游过程中,构成旅游体验情境的条件既有物理环境(地理环境),也有行为环境,对此所作的完整描述是构建旅游场描述的确切意义的前提。旅游体验情境的功能在于对旅游者心理构成周围型刺激。旅途过程中,这种刺激会呈现出不同的强烈程度,因此具有不同的描述价值。

总体而言,旅游体验情境可以分为两种类型:旅游氛围情境和旅游行为情境。旅游氛围情境是一种概念性情境,它对旅游者的心理影响主要以弥漫性地渗透为主,像是空气里的味道、海水里的盐分一样,包裹着旅游者的外部心理感觉世界。旅游行为情境是一种具体的操作性情境。它常常有一些动力成分,它对行为的影响也就更有方向感和力度感。旅游者在旅游体验过程中的行为表现的直接情境因素就是旅游行为情境。比如,旅游者看到同行的游客争相购买当地免税店的折扣产品,于是也随大流购买了很多。此时,旅游者产生购买行为的主要影响因素便为旅游行为情境。

12.4.3　旅游互动情境

互动是旅游过程中的主要内容和行为之一。这种互动不仅体现在旅游者的很多活动要依赖于他人提供的以有形物质和无形服务存在的旅游产品,而且体现在旅游过程中旅游者之间、旅游者与目的地原住民之间、旅游者与旅游业从业者之间的沟通、支持和帮助。在同行的旅游者之间,他们是共同目标的追求者,因此常常需要沟通和交流;旅游者与旅游企业的经营者之间会由于经济利益而产生联系;旅游者与目的地原住民之间会产生多种方式的信息、文化传播。旅游者、旅游业从业者以及目的地居民之间这种或正向或负向、或积极或消极的接触、沟通与交流,共同构成了旅游者的旅游互动情境。

旅游互动情境模型中包含了旅游互动参与者和互动作用两方面内容。从图 12.5 可以看出,旅游者的主要互动对象有 3 类:一类是旅游者,一类是目的地原住民,还有一类是旅游业从业者。

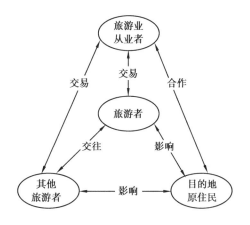

图 12.5　旅游互动情境模型

①第一类是旅游目的地原住民。旅游者与目的地原住民的互动是通过旅游者对旅游目的地的到访实现的,其性质多属于邂逅,内容涉及经济、社会、文化、生活等诸多方面。旅游

者与目的地原住民之间的互动氛围、时间及空间等都会影响双方的互动意愿和过程。一般而言,如果旅游业发展的世俗化和商业化不高,双方互动的意愿相对会更强烈些,互动的机会也更多。不过旅游过程中的互动往往受到时间限制,旅游者往往由于游程时间的限制而不能有更多时间进行互动,因而这种互动很有可能终止于较早阶段。从时机方面看,旅游者与当地居民的互动主要发生在旅游者购买物品和服务时。此时,双方互动往往带有经济目的与心理地位的不平等,并不是互动的良好时机。而从地点看,旅游者往往把更多时间花费在游览区内,他们往往更多地碰到具有服务性质的居民,难以形成更多的互动。

②第二类是旅游业从业者。这里涉及目的地的旅游企业和客源地的旅游企业。一般而言,旅游者与这些人的互动在性质上是一种交易关系,一般通过金钱、商品和服务的交换而得以建立,因此这种互动在目的上总是体现为一方想卖出而另一方想买进商品和服务。旅游者与旅游业从业者之间的关系通常是建立在经济利益基础上的,因此,也常常由于双方经济利益的不平等、不公平而引发种种冲突和不满,从而影响旅游者的整个行程。

③第三类是其他旅游者。旅游者之间的互动如果发生在同行的团队伙伴之间,那么这种互动关系就属于"游伴"性质,双方互相沟通与帮助,共同完成旅游过程;如果互动发生在两个素昧平生的旅游者之间,那么这种互动则属于"邂逅"的性质。某个旅游者与其他陌生旅游者的互动可能并不常见,但也有可能因志趣相投而建立长久的朋友关系。

本章概要

- 12.1 节着重介绍了不同学科领域有关旅游目的地形象的概念界定,旅游目的地形象的形成过程及其构成维度。
- 本书所界定的旅游目的地形象是潜在或现实旅游者对某一旅游目的地所持有的一种印象,此印象是个体的社会知觉对旅游目的地相关信息加工的结果,它会随着个体旅游经验、价值观及外界信息刺激等因素而发生阶段性的变化。
- 旅游目的地形象可以划分为 3 个形成阶段:原始形象、诱导形象及复合形象。针对不同的目的地形象形成阶段,其营销手段与方式也有一定的区别。
- 12.2 节着重阐述了不同学科领域对情境的理解及情境的主要特征。
- 12.3 节讨论了目的地形象对旅游消费行为的影响,尤其是对旅游购买决策的影响、对旅游者满意度的影响,以及对旅游者购后行为的影响。
- 12.4 节则阐述旅游情境、旅游体验情境和旅游交互情境对旅游消费者行为所产生的影响。

课后习题

1. 何谓"image"？不同学科对"image"的界定有何差异？本书有关旅游目的地形象的定义是什么？

2. 请分组讨论旅游目的地形象的形成过程；你赞成书上提及的学者有关旅游目的地形象的构成维度吗？如果不是，那么你认为其构成维度应该有哪些？

3. 谈谈你对不同学科关于情境概念界定的理解，一般情况下，情境有哪些主要特性？

4. 试举例说明情境因素对旅游消费者行为的影响，以及旅游目的地形象对旅游购买决策及旅游者购后行为的影响。

【案例分析】

青岛天价大虾事件毁了山东几个亿？

　　来自南京的朱先生和来自四川广元的肖先生并不相识。国庆出游青岛，他们选在乐陵路 92 号"善德海鲜烧烤家常菜"大排档吃饭，都点了大虾且被宰，成了两家人人生轨迹中一个并不愉快的交点。

　　据《华西都市报》报道，10 月 4 日，肖先生携妻女来青岛旅游，在"善德海鲜烧烤家常菜"大排档吃饭。正赶上店里的朱先生一桌与老板发生争执，原来 38 元/份的蒜蓉大虾在结账时变成 38 元/只。肖先生点餐时已问过两位店员大虾是按份卖，对方明目张胆的欺诈惊得他把嘴里的虾都吐出来了。按这个算法，朱肖两家人分别消费 2 175 元和 1 338 元。不服气的两家人选择报警。民警来了之后说这属于价格纠纷，110 管不了，建议找物价局。物价局值班人员又说太晚了，还是放假期间，建议找 110 协调。两家人作势欲走，老板恶狠狠地拿出大棍子威胁"不给钱别想走人"，还打电话叫人称"有人吃霸王餐想跑"。二次报警后，双方被带到派出所。派出所协调，让朱先生和肖先生先把钱给商家。最后，当着警察的面，肖先生"屈辱地掏出了 800 元给了店老板，只想尽快脱身"。朱先生也支付了 2 000 元。

　　肖先生 21 岁的女儿用微博曝光了此事，38 元/只的青岛大虾立刻火了。各大门户网站纷纷报道，网友们的跟帖也已刷爆。

　　经媒体报道，青岛物价局立即上班，"过完节才能解决"的事儿也立马解决了。青岛市物价局立刻责成市北区物价局根据有关法律法规予以立案处理。10 月 6 日下午，青岛市北区物价局作出行政处罚事先告知书，根据《中华人民共和国行政处罚法》第 31 条的规定，拟对市北区"善德海鲜烧烤家常菜"大排档作出 9 万元罚款行政处罚，并责令其立即改正价格违法行为。据微信公号"济南热点"报道，事件的最新进展是，38 元/只青岛大虾曝光后，整条街生意惨淡，但是前来参观的人络绎不绝。

　　据微信公号"济南热点"报道，近几年，山东着力打造"好客山东"品牌，"好客山东欢迎您"的广告宣传频现央视《朝闻天下》、凤凰卫视以及山东各地旅游景区。

（资料来源：青岛天价大虾事件毁了山东几个亿？搜狐旅游，2015-10-08.）

问题：

1.结合本章的知识点分析为何青岛大虾事件会产生如此大的社会影响？

2.青岛大虾事件对旅游目的地的经营管理者有何启示？

【建议阅读文献】

［1］Kenneth Ewart Boulding. The Image：Knowledge in Life and Society［M］. Ann Arbor：University of Michigan Press，1956.

［2］Chen H J, Chen P J, Okumus F. The relationship between travel constraints and destination image：A case study of Brunei［J］. Tourism Management, 2013(35)：198-208.

［3］Frias D M, Rodriguez M A, Castañeda J A. Internet vs. travel agencies on pre-visit destination image formation：An information processing view［J］. Tourism management, 2008, 29(1)：163-179.

［4］Bigne J E, Sanchez M I, Sanchez J. Tourism image, evaluation variables and after purchase behaviour：inter-relationship［J］. Tourism management, 2001, 22(6)：607-616.

［5］潘莉,吕兴洋,李惠璠.旅游情境中的形象一致性理论评述［J］.人文地理,2016(03):9-18.

［6］苗学玲."旅游地形象策划"的10年：中国期刊全文数据库1994—2003年旅游地形象研究述评［J］.旅游科学,2005,19(4)：64-70.

［7］臧德霞,黄洁.国外旅游目的地形象研究综述——基于 Tourism Management 和 Annals of Tourism Research 近10年文献［J］.旅游科学,2007,21(6)：12-19.

［8］Pizam A. Tourism's impacts：The social costs to the destination community as perceived by its residents［J］. Journal of Travel Research, 1978(Spring)：8-12.

［9］Beard J B, Ragheb M G. Measuring leisure satisfaction［J］. Journal of Leisure Research, 1980(12)：20-33.

［10］Tribe J, Snaith T. From SERVQUAL to HOLSAT：Holiday satisfaction in Varadero, Cuba［J］. Tourism Management, 1998, 19(1)：25-34.

［11］Enrique B, Isabel Sanchez, Javier Sanchez. Tourist image, evaluation variables and after purchase behavior：inter-relationship［J］. Tourism Management, 2001, 22(3)：607-616.

［12］Gartner W C. Image Formation Process［J］. Journal of Travel and Tourism Marketing, 1993(3)：197-212.

［13］David Bowen. Antecedents of Tourist Consumer Satisfaction and Dissatisfaction (CS/D) on longhaul inclusive tours：a reality check on theoretical Considerations［J］. Tourism Management, 2001, 22 (1)：49-61.

［14］卞显红.旅游目的地形象、质量、满意度及其购后行为相互关系研究［J］.华东经济管理,2005,19(1)：84-88.

参考文献

［1］孙九霞,陈钢华.旅游消费者行为学［M］.大连:东北财经大学出版社,2015.

［2］郭国庆.服务营销管理［M］.北京:中国人民大学出版社,2012.

［3］张树夫.旅游消费行为［M］.北京:中国林业出版社,2011.

［4］吕勤,郝春东.旅游心理学［M］.广州:广东旅游出版社,2000.

［5］沈祖祥.旅游心理学［M］.福州:福建人民出版社,2009.

［6］王柯平.旅游美学新编［M］.北京:旅游教育出版社,2000.

［7］胡林.旅游心理学［M］.广州:华南理工大学出版社,2005.

［8］吴津清.旅游消费者行为学［M］.北京:旅游教育出版社,2006.

［9］张卫.旅游消费行为分析［M］.北京:中国旅游出版社,1993.

［10］斯沃布鲁克,霍纳.旅游消费者行为学［M］.俞慧君,等,译.北京:中国水利水电出版社,2004.

［11］匹赞姆.旅游消费者行为研究［M］.舒伯阳,冯玮,译.大连:东北财经大学出版社,2005.

［12］刘菲.旅游消费心理与行为［M］.北京:经济管理出版社,2007.

［13］杜炜.旅游消费行为学［M］.天津:南开大学出版社,2009.

［14］白凯.旅游者行为学［M］.北京:科学出版社,2013.

［15］郭国庆.市场营销学通论［M］.北京:中国人民大学出版社,2014.

［16］谢彦君.旅游体验研究:走向实证科学［M］.北京:中国旅游出版社,2010.

［17］派恩,吉尔摩.体验经济［M］.毕崇毅,译.北京:机械工业出版社,2012 .

［18］林南枝,陶汉军.旅游经济学［M］.天津:南开大学出版社,1994.

［19］罗贝尔·郎加尔.国际旅游［M］.陈淑仁,马小卫,译.北京:商务印书馆,1995.

［20］罗明义.旅游经济学［M］.北京:高等教育出版社,1998.

［21］田里,牟红.旅游经济学［M］.北京:清华大学出版社,2007.

［22］宁士敏.中国旅游消费研究［M］.北京:北京大学出版社,2003.

［23］吴清津.旅游消费者行为学［M］.北京:旅游教育出版社,2006.

［24］邹树梅.现代旅游经济学［M］.青岛:青岛出版社,2001.

［25］谢彦君.基础旅游学［M］.北京:中国旅游出版社,2004.

[26] 曹诗图,孙静.旅游文化学概论[M].北京:中国林业出版社,2008.

[27] 谷明.我国旅游者消费模式与行为特征分析[J].桂林旅游高等专科学校学报,2000(4):21-25.

[28] 厉新建.旅游体验研究:进展与思考[J].旅游学刊,2008(6):90-95.

[29] 戴斌,李仲广,唐晓云,等.游客满意度测评体系的构建及实证研究[J].旅游学刊,2012(7):74-80.

[30] 范秀成,杜建刚.服务质量五维度对服务满意及服务忠诚的影响[J].管理世界,2006(6):111-119.

[31] 尹清非.近20年来消费函数理论的新发展[J].湘潭大学学报(哲学社会科学版),2004,28(1):123-128.

[32] 刘力,陈浩.自我一致性对旅游者决策行为的影响——理论基础与研究模型[J].旅游学刊,2015,30(6):57-71.

[33] 周永博,程德年,等.生活方式型旅游目的地品牌个性建构——基于苏州古城案例的混合方法研究[J].旅游学刊,2016(07):85-95.

[34] 黄颖华,黄福才.旅游者感知价值模型、测度与实证研究[J].旅游学刊,2007(8):42-47.

[35] 白凯,马耀峰,游旭群.基于旅游者行为研究的旅游感知和旅游认知概念[J].旅游科学,2008,22(1):22-28.

[36] 徐克帅.红色旅游和社会记忆[J].旅游学刊,2016(3):35-42.

[37] 黄竹兰,王晓昕.传承与记忆、创新与开发——论作为特色本土文化的贵州苗族旅游产品研究[J].贵州民族研究,2011(6):72-75.

[38] 乌铁红,张捷,张宏磊,等.旅游地属性与旅游者感知态度和购后行为的关系——以九寨沟风景区为例[J].旅游学刊,2009(5):36-42.

[39] 罗芬,钟永德.武陵源世界自然遗产地生态旅游者细分研究——基于环境态度与环境行为视角[J].经济地理,2011(2):333-338.

[40] 贺雯,梁宁建.态度内隐测量方法的发展与探索[J].心理科学,2010(2):384-386.

[41] 彭兆荣."东道主"与"游客":一种现代性悖论的危险——旅游人类学的一种诠释[J].思想战线,2002,28(6):40-42.

[42] 刘丹萍.旅游凝视:从福柯到厄里[J].旅游学刊,2007,22(6):91-95.

[43] 卢松,张捷,苏勤.旅游地居民对旅游影响感知与态度的历时性分析——以世界文化遗产西递景区为例[J].地理研究,2009(2):536-548.

[44] 董培海,蔡红燕,李庆雷.迪恩·麦肯奈尔旅游社会学思想解读——兼评《旅游者:休闲阶层新论》[J].旅游学刊,2014(11):115-124.

[45] 潘莉,吕兴洋,李惠璠.旅游情境中的形象一致性理论评述[J].人文地理,2016(3):9-18.

[46] 苗学玲.旅游地形象策划的10年:中国期刊全文数据库1994—2003年旅游地形象研究述评[J].旅游科学,2005,19(4):64-70.

［47］臧德霞,黄洁.国外旅游目的地形象研究综述——基于 Tourism Management 和 Annals of Tourism Research 近 10 年文献[J].旅游科学,2007,21(6):12-19.

［48］张宏梅,陆林.近 10 年国外旅游动机研究综述[J].地域研究与开发,2005(2):60-64.

［49］张凌云.旅游者消费行为和旅游消费地区差异的经济分析[J].旅游学刊,1999(4):6.

［50］Milman A, A Pizam. Social Impacts of Tourism on Central Florida [J]. Annals of Tourism Research, 1988, 15 (2): 191-204.

［51］Firat A F, Venkatesh A. Marketing in a postmodern world [J]. European Journal of Marketing,1995, 29 (1): 45.

［50］Shaughnessy. A Return to reason in consumer behavior: a hermeneutical approach [J]. Advances in Consumer Research, 1985(12): 308.

［53］Firat A F, Fragmentations in the postmodern [J]. Advances in Consumer Research, 1992, 19: 204-208.

［54］Elliott Richard. Symbolic meaning and postmodern consumer culture in rethinking marketing [J]. Marketing Accountings,1998, 13(2): 234-245.

［55］Thompson Craig J, Maura Troester. Consumer value systems in the age of postmodern fragmentation: the case of the natural microculture [J]. Journal of Consumer Research 2002, 28(3): 1228-1229.

［56］Park S, Nicolau J L. Asymmetric effects of online consumer reviews [J]. Annals of Tourism Research, 2015, 50: 67-83.

［57］Yoo J J E, Chon K. Factors affecting convention participation decision-making: Developing a measurement scale [J]. Journal of Travel Research, 2008, 47(1): 113-122.

［58］Alexander Z, Bakir A, Wickens E. An investigation into the impact of vacation travel on the tourist [J]. International Journal of Tourism Research, 2010, 12(5): 574-590.

［59］Chen C C, Petrick J F. Health and wellness benefits of travel experiences: A literature review [J]. Journal of Travel Research, 2013, 52(6): 709-719.

［60］Lehto X Y, Choi S, Lin Y C, et al. Vacation and family functioning[J]. Annals of Tourism Research, 2009, 36(3): 459-479.

［61］Song H, van der Veen R, Li G, et al. The Hong Kong tourist satisfaction index [J]. Annals of Tourism Research, 2012, 39(1): 459-479.

［62］Sun X, Chi C G Q, Xu H. Developing destination loyalty: The case of Hainan Island [J]. Annals of Tourism Research, 2013, 43: 547-577.

［63］Gursoy D. Prior product knowledge and its influence on the traveler's information search behavior [J]. Journal of Hospitality & Leisure Marketing, 2003, 10(3-4): 113-131.

［64］Park C W, Mothersbaugh D L, Feick L. Consumer knowledge assessment[J]. Journal of Consumer Research, 1994, 21(1): 71-82.

［65］Tsaur S H, Yen C H, Chen C L. Independent tourist knowledge and skills [J]. Annals of

Tourism Research, 2010, 37(4): 1035-1054.

[66] Pearce P L. Tourist behaviour: Themes and conceptual schemes [M]. Bristol: Channel View Publications, 2005:86-103.

[67] Cohen S A, Prayag G, Moital M. Consumer behaviour in tourism: Concepts, influences and opportunities [J]. Current Issues in Tourism, 2014, 17(10): 872-909.

[68] Braun-LaTour K A, Grinley M J, Loftus E F. Tourist memory distortion [J]. Journal of Travel Research, 2006, 44(4): 360-367.

[69] Craig-Smith S J, French C. Learning to live with tourism [M]. Melbourne: Pitman Publishing Pty Limited, 1994.

[70] Hsu C H C, Cai L A, Li M. Expectation, motivation, and attitude: A tourist behavioral model [J]. Journal of travel research, 2010, 49(3): 282-296.

[71] Jacobsen J K S. Anti-tourist attitudes: Mediterranean charter tourism [J]. Annals of Tourism Research, 2000, 27(2): 284-300.

[72] Mok C, DeFranco A L. Chinese cultural values: Their implications for travel and tourism marketing [J]. Journal of Travel & Tourism Marketing, 2000, 8(2): 99-114.

[73] LI J J, SU C. How Face Influences Consumption: A Comparative Study of American and Chinese Consumers [J]. International Journal of Market Research, 2007, 49(2): 237-256.

[74] Hoare R J, Butcher K, O'Brien D. Understanding Chinese diners in an overseas context: A cultural perspective [J]. Journal of Hospitality & Tourism Research, 2011, 35(3): 358-380.

[75] Swinyard W R, Peng Sim C. Perception of children's influence on family decision processes [J]. Journal of Consumer Marketing, 1987, 4(1): 25-38.

[76] Fodness D. The impact of family life cycle on the vacation decision-making process [J]. Journal of Travel Research, 1992, 31(2): 8-13.

[77] Wang K C, Hsieh A T, Yeh Y C, et al. Who is the decision-maker: the parents or the child in group package tours? [J]. Tourism management, 2004, 25(2): 183-194.

[78] Chen H J, Chen P J, Okumus F. The relationship between travel constraints and destination image: A case study of Brunei [J]. Tourism Management, 2013, 35: 198-208.

[79] Frias D M, Rodriguez M A, Castañeda J A. Internet vs. travel agencies on pre-visit destination image formation: An information processing view [J]. Tourism management, 2008, 29(1): 163-179.

[80] Bigne J E, Sanchez M I, Sanchez J. Tourism image, evaluation variables and after purchase behaviour: inter-relationship [J]. Tourism management, 2001, 22(6): 607-616.

[81] Pizam A. Tourism's impacts: The social costs to the destination community as perceived by its residents [J]. Journal of Travel Research, 1978(Spring):8-12.

[82] Beard J B, Ragheb M G. Measuring leisure satisfaction [J]. Journal of Leisure Research,

1980，12：20-33.

［83］Tribe J，Snaith T. From SERVQUAL to HOLSAT：Holiday satisfaction in Varadero，Cuba ［J］. Tourism Management，1998，19（1）：25-34.

［84］Enrique B，Isabel Sanchez，Javier Sanchez. Tourist image，evaluation variables and after purchase behavior：inter-relationship ［J］. Tourism Management，2001，22（3）：607-616.

［85］Gartner W C. Image Formation Process ［J］. Journal of Travel and Tourism Marketing，1993，2（3）：197-212.

［86］David Bowen. Antecedents of Tourist Consumer Satisfaction and Dissatisfaction（CS/D）on longhaul inclusive tours：a reality check on theoretical Considerations ［J］. Tourism Management，2001，22（1）：49-61.

［87］Kenneth Ewart Boulding，The Image：Knowledge in Life and Society ［M］. Ann Arbor：University of Michigan Press，1956.